마흔

6

『마을』을
구독해주십시오!

―――――――

『마을』을 21세기 마을의 삶을 상상하고 실행할
"공론의 장"으로 만들어가기 위해
여러분의 구독과 후원이 절실히 필요합니다.
『마을』을 구독하고 후원하는 가장 좋은 방법은
마을학회 일소공도의 회원으로 가입하시는 것입니다.

『마을』 구입
마을학회 줄기회원으로 가입하시면 절판되지 않은
과월호와 신간호를 모두 무료로 우송해드립니다.
비회원이신 분도 학회에서 구입하시면 정가의 20%를
할인해드리고 『마을』 3호를 무료로 증정합니다.
* 창간호 PDF파일은 홈페이지에서 무료로 다운로드 받으실 수 있습니다.

사무국 maeulogy@gmail.com
홈페이지 https://cafe.naver.com/oolocalsociety
계좌 농협 351-0966-6069-13 (예금주 마을학회 일소공도)
온라인서점 알라딘 / 예스24 / 인터파크도서 / 교보문고

마을학회
회원 가입 안내

―――――――

뿌리회원

가입비　2만 원 이상
혜택　　마을학회 월간 웹진 《일소공도》를 보내드립니다.
　　　　『마을』을 할인가로 드립니다.

줄기회원

가입비　2만 원 이상과 월회비 1만 원 이상
혜택　　마을학회 월간 웹진 《일소공도》를 보내드립니다.
　　　　마을학회에서 발간하는 연구자료물을 무료로 보내드립니다.
　　　　과월호와 신간호 『마을』을 모두 무료로 보내드립니다.
　　　　마을학회가 연 2회 개최하는 강학회 참가비를 할인해드립니다.

후원회원

후원금을 기부하여
마을학회 일소공도의 활동을 지지하실 수 있습니다.
후원금액에 따른 다양한 혜택을 드립니다.

회원가입 신청 안내와 신청서 다운로드 https://cafe.naver.com/oolocalsociety

차례

열며

006 지금은 자본주의 시스템 전환을 위해 연대할 때 | 박영선

트임1 코로나 이후 사회와 농촌의 가능성

013 '더불어 삶'의 궁리, 코로나 이후 '철학'의 쓸모 | 유대칠

030 코로나 이후의 경제?:
아직도 끊임없이 성장해야 한다는
'GDP의 논리'가 판을 친다 | 김상철

042 코로나에서 희망 읽기:
정신의료 상황과 사회적 농업의 가치 | 안병은

056 사회적 거리 '좁히기' | 정기황

포토에세이 한국 근현대 마을 공간 변천기 4

070 변방의 가을 | 강홍구

트임2 자치와 지원/보조, 그 경계의 불편함

091 농업·농촌에 쓰이는 공공재정, 어떻게 볼 것인가 | 김정섭

099	보조사업 이대로 괜찮습니까?: 마을공동체의 자산화를 모색하며 ǀ 임경수
111	보조사업이 농업과 농민에게 미치는 영향 ǀ 박기윤
120	행정 보조금의 의미와 개선점 ǀ 구자인
136	마을 자립 과정에 대한 보고서: 협동조합젊은협업농장 주변에 투입된 보조금에 관하여 ǀ 정민철

버림 **농업·농촌·농민 연속좌담 5**
159 농촌 마을에 보조금이 들어오면 ǀ 강마야, 구자인, 김정섭, 정민철

서평 **책 너머 삶을 읽다**
222 정착이라는 신화:『농경의 배신』ǀ 장정일
229 삶의 자세로서 '리터러시':『유튜브는 책을 집어삼킬 것인가』ǀ 김건우

234 저자들
237 마을 총목차

| 열며 | 지금은
자본주의 시스템 전환을 위해
연대할 때

박영선
본지 편집위원장

1

과학자들의 최근 보고에 따르면, 지구온난화가 그들의 예상보다 훨씬 급격하게 가속되고 있다고 한다. 정확한 예측력을 자랑하던 과학자들조차도, 어떤 재난이 닥쳐올지 예상할 수 없을 만큼 그 가속도가 두렵다고 토로한다. 북극에서는 기온이 다른 지역보다 2배 이상 빨리 상승하면서 '좀비 화재'가 이어지고, 시베리아 동토가 녹아내리며 거대한 싱크홀들이 발생하고 있다. 호주에 이어 남미와 북미 대륙에서는 지금도 대규모 화재가 계속되고 있다. 코로나19는 닥쳐올 재난과 현 인류가 겪을 수밖에 없는 절대적 위기의 아주 작은 시작에 불과하다는 것이 기정사실이 되어간다.

『저렴한 것들의 세계사』(북돋움, 2020)에서 리즈 파텔과 제이슨 무어는, 인류가 생태계의 최고 포식자가 되고 개체수가 급증하면서부터 지구상 생물들의 멸종과 자연파괴는 서서히 시작되었지만, 이것과 차원이 다른 대멸종과 자연파괴가 일어난 결정적 원인이 인류의 일부가 "인간과 나머지 지구 생명망의 관계" 자체를 자본주의화했기 때문이라고 분석한다. 지구온난화가 초래한 현재의 재난들은, 자연과 생명을 착취해서 얻은 '저렴한' 물질적 풍요와 기술적 편리함을 마치 인간의 본질적 우월성에 주어지는 선물인 양 누리며 지불하지 않았던 누적된 비용을 한꺼번에 지불해야 할 때가 닥쳤음을 뜻한다. 이 대가를 치르는 과정이 어느 정도일지는 전문가들을 비롯한 그 누구도 예측하지 못한다.

이처럼 앞이 안 보이는 절망적 상황에서, 인간은 무엇을 해야 하고, 무엇을 할 수 있을까? 일각에서는 자본주의 시스템의 중지 혹은 근본적 수정을 역설한다. 이 주장이 너무 급진적이지 않으냐고 반문할 수 있다. 그러나 기후변화로 인해 코로나19뿐 아니라 전 지구에서 동시에 벌어지는 자연재난들의 심각한 실상을 조금이라도 살펴보면, 이 주장이 결코 급진적이지 않음을 인정할 수밖에 없다. '일단중지'의 행위는 인류의 절멸을 피하기 위한 최소한의 기본 노력에 불과하다. 코로나19를 계기로 뒤늦게 체감되기 시작한 기후위기는, 그 주된 원인인 자본주의 시스템을 전면 재고하고, 전환을 위한 또 다른 시스템을 실험할 것을 우리에게 요청/명령한다. 지금 '시스템의 전환'은 만약 인류가 지속가능한 미래를 원한다면 무조건 받아들여야 하는 명령 같은 것이다. 그러나 자본주의의 원활한 작동을 통해 막대한 부와 권력을 누려온 소수의 인간들은 이 시스템을 포기하지 않을 것이다. 아마도, 자본주의 시스템에서 소수가 가져갈 부와 권력을 생산하기 위해 저렴한 노동력을 제공해온 사람들, 자본주의로 인해 초래된 팬데믹과 기후위기에 의해 가장 먼저 희생될 수밖에 없는 사람들이 전환을 위한 실험에 동참하지 않을까.

자본주의는 단순한 경제 시스템이 아니다. 이것은 수세기 동안 계속된 유럽의 지구식민화/세계시장화 과정을 거치면서, 전 지구인의 생활방식과 감각과 감정, 무의식까지 지배하고 있다. 시스템 전환의 필요성에 동의한다면, 우리는 일상에서 자신의 삶의 방식 자체를 전환하기 위해 성찰과 실험을 수행해야 한다. 왜냐하면 우리는, 단순히 자본주의 시스템을 위해 동원된 일방적 희생자라기보다 자본주의를 통해 생명도륙과 자연파괴에 가담하고 물질적 풍요와 편리함을 일정하게 분배받은 협력자이자 당사자이기도 하기 때문이다. 그러나 '흩어진 개인들'은 국민국가와 자본주의 시스템이 원활히 작동하기 위해 길들여진 '사사화私事化된 주체privatized subject'의 울타리에서 벗어나기 어렵다. 흩어진 개인들이 울타리를 넘어 서로 연대할 때, 전환의 가능성은 그나마 높아질 수 있다. 자본주의 시스템의 최상층에 있는 소수의 인간들이 던져주는 저렴한 희망의 미끼를 물 것인가, 아니면 절망의 심해에서 일말의 가능성을 상상하며 전환을 위한 실험에 동참할 것인가. 마을학회 일소공도의 창립 취지와 『마을』이 발신하는 메시지의 핵심은, 이 가능성 즉 연대와 실험을 통한 시스템 전환의 가능성을 (자본주의에 의해 식민화되어온) 농촌이라는 장場에서 상상하고 실험해보자는 것이다.

2

이번 호에 실린 글과 사진 들은 이같은 '전환'의 긴급성에 대한 인식, 전환을 위해 필요한 여러 층위에서의 비판적 성찰과 또 다른 시스템에 대한 상상과 제안, 이로부터 실행되는 연대와 실험의 사례들을 담고 있다.

코로나19 대유행 사태는 자본주의의 필연적 산물인 과밀한 대도시 공간, 그리고 글로벌 마켓으로 단일화된 전 지구 공간이 인간의 죽음을 전파하는 공포의 공간임을 발견하게 했다. 이러한 반전은 농촌이라는 장소에 잠재된 그러나 그동안 발견/발현되지 못한 가능성, 대안적 시스템과 생태적 삶의 방식을 보다 급진적으로 실험할 장으로서 농촌이 지닌 가능성에 대해 생각해보게 한다. 물론 기후변화의 주범인 국내 탄소배출량의 24%를 차지하는 농업·축산업·임업이 주로 이루어지는 곳이기 때문에, 농촌 역시 코로나19를 비롯한 자연재난의 책임에서 자유로울 수 없다. 게다가 위기와 문제에 대처하는 중앙정부와 지자체의 관행적·일방적·시혜자적 정책설계와 행정은 지방과 농촌의 가능성을 사장시킬 뿐 아니라, 있는 문제들을 더욱 악화시켜 주민들의 삶과 환경 자체를 황폐하게 만든다. 이런 문제의식에서, 이번 호의 트임1과 2가 기획되었다. 트임1에서는 코로나 이후에 요청되는 '삶과 철학, 경제, 의료와 농업, 생활공간'에서의 전환과 실험을 다룬다. 트임2와 벼림(연속좌담)에서는, 중앙정부와 지자체로부터 농촌에 일방적으로 뿌려지는 시혜적인 돈(보조금)이 어떻게 농업과 농촌, 농민과 주민을 자본에 길들이고 사사화하는지 그 세부를 진단하고 보다 근본적 해결책을 모색한다.

현재, 자본주의가 추동하는 세계시장화에 의해 전 지구의 작은 오지 마을들까지 도시화되고 있다. 한국의 지방도시와 농촌도 점점 '서울의 크고 작은 파편들'이 되어간다. 포토에세이의 사진들은 강홍구의 미발표 연작 《변방의 가을》 중 일부이다. 사진들은 2000년대 초 재개발 광풍이 시작될 무렵 수도권과 지방 도시 근교 마을들의 "아이러니한" 가을 풍경을 담고 있다. 이 풍경들은 지금 거의 사라졌고, 마을들은 도시의 일부가 되었다. 이런 추세라면, 아직은 농촌인 마을들도 사진 속 마을들과 동일한 '변방의 경로'를 밟을 것이다. 이 필연의 경로를 변경하려면, 시스템 전환을 위한 실험이 마찬가지로 필요하지 않을까.

제임스 C. 스콧은 우리를 지배해온 상식인 '인류 문명의 진보와 국가 탄생의 결정적 계기가 농경과 정착생활이었다는 표준서사'가 얼마나 잘못된 것인지를 선사학과 고대사에 관한 지식의 파편들을 재검토하고 연결함으로써 규명했다. 목적과 발상의 전환을 통해 완강한 신화에 도전하는 스콧의 역작 『농경의 배신』에 대한 장정일의 서평, 그리고 개인의 충만한 내적 삶에 필요한 리터러시(문해력)의 역량을 공공성의 맥락에서 재조명하는 김성우·엄기호의 대담집 『유튜브는 책을 집어삼킬 것인가』에 대한 김건우의 서평은 사고실험과 개념 전환에 관심있는 독자들에게 좋은 자극제가 될 것이다.

『마을』6호에 흥미로운 관점을 제시하는 글과 사진을 주신 필자들께, 그리고 마을학회를 지지하고 후원해주시는 모든 분께 감사드린다.

트임1

코로나
이후 사회와
농촌의 가능성

'더불어 삶'의 궁리, 코로나 이후 '철학'의 쓸모 | 유대칠

코로나 이후의 경제?:
아직도 끊임없이 성장해야 한다는 **'GDP의 논리'**가 판을 친다 | 김상철

코로나에서 희망 읽기: 정신의료 상황과 사회적 농업의 가치 | 안병은

사회적 거리 '좁히기' | 정기황

'더불어 삶'의 궁리, 코로나 이후 '철학'의 쓸모

유대칠
철학노동자
오캄연구소 소장

'홀로 있음'에서 '더불어 있음'으로

코로나19가 여전히 현재형인 지금 '철학의 쓸모'를 생각한다. 그것이 지금 철학노동자가 할 수 있는 거의 유일하게 가치로운 일이라 믿기 때문이다. 결과부터 이야기하겠다. 이젠 '더불어 삶'을 궁리해야 할 때다. 오랜 시간 우린 '홀로' 있는 '나'만을 생각했다. '나'만이 더 소유하고 누리겠다는 생각에 '나'와 '더불어' 있는 '너'의 소중함은 지워졌다. '너'가 지워진 상태의 '우리'가 제대로 '우리'일 수 없다. '나'의 선택에 의해 만들어진 '우리 편'이 있을 뿐, '모두'가 더불어 있는 '나'와 '너'의 '우리'를 처음부터 믿지 않았다. 그렇게 '홀로' 외롭게 살아왔다.

'각자도생各自圖生'은 슬픈 현실을 그리는 말인 듯하다. '홀로' 더 많이 소유하고 '홀로' 더 많이 누리겠다는 곳에 '너'의 아픔이 보일 리 없다. '너'의 아픔은 그저 '남'의 아픔이며, '나'와 상관없는 '남'의 아픔에 신경쓸 것이면 차라리 더 많이 '홀로' 소유할 방법을 궁리하는 편이 더 현명했다. 세상이 그러니 말이다. 그렇게 돌아가는 세상에서, 진정한 '우리'가 있다며, '더불어 살자' 이야기하는 것은 괜한 양심의 가책만 일으킬 뿐이다. 양심의 가책으로 남보다 더 빨리 '홀로' 앞서갈 시간을 놓칠 수 있다면, 차라리 '우리'도 '더불어 삶'도 없다 생각하면 그만이다. 원래 세상은 '홀로 있음'의 공간이라 생각하면 그만이다.

그런데 우린 그것이 얼마나 끔찍한지 너무나 잘 안다. '남'의 아픔에 고개 돌리고 있을 때, 그 아픔은 곧 '나'의 아픔이 된다. '나'는 부정하고 있었지만, 사실 '남'의 아픔이고 고개 돌린 그 아픔이 '우리'의 아픔이며, '우리' 가운데 '나'와 '너'의 아픔이었기 때문이다. 어리석게도 그것을 보지 못하고 그저 '홀로' 달려가면 그만이라 생각했다. 그런데 희망은 그 '홀로 있음'이 아닌 '더불어 있음'으로 찾아왔다.

2020년 3월 인터넷은 중국과 대구에 대한 조롱의 글귀들로 가득했다.[1] 그들에게 중국과 대구의 아픔은 '남'의 아픔이었다. 열등하고 미개한 '남'의 아픔에 지나지 않았다. 그러니 그들의 해결책은 아주 간단했다. 중국과 대구로의 문을 닫아걸어 버리는 것이다. '더불어' 있지 않고 '홀로' 따로 있음으로 해결하려 했다. 그러나 지금은 안다. 문을 닫아걸어야 한다는 미국은 세계에서 가장 희생자가 많은 나라이고, 중국과 가장 먼 나라인 브라질은 두 번째로 희생자가 많은 나라이며, 대구와 무관하게 수도권에서 코로나19는 일어났다.

처음부터 '더불어' 있어야 했다. 처음부터 '더불어 있음'의 소중함을 알아야 했다. 이미 지구는 따로 흩어져 '홀로' 있을 수 없을 만큼 매우 가까이 '더불어' 있다. 더 이상 '남'의 문제라며 고개 돌리고 조롱할 문제는 이 세상에 없다. 그리고 더 이상 이 혼란의 시기에 답을 내려줄 우리 밖 누군가도 없다. 이젠 '나'와 '너', 이 혼란의 주체인 '우리'가 '더불어' 답을 궁리해야 한다.

오랜 시간 동안 우리는 우리 사회의 많은 문제를 해결하기 위해 유

---

1 이와 관련해서는 다음 기사 참조. 오연서·권오성 기자, 〈중국 검색하면 감염·공포…'짱깨' 혐오표현 사흘만에 31배〉, 《한겨레신문》, 2020년 3월 10일.

럽을 찾았다. 미국과 일본을 찾았다. 이젠 그 답을 그들에게서 구할 것이 아니라, 더불어 찾아야 한다. 우리가 되어 찾아야 한다. 코로나19 이후 우리는 '홀로 있음'의 세상에서 '더불어 있음'의 세상으로 나아가야 한다. '나' 아닌 이의 아픔도 '우리' 가운데 '나'와 '너'의 아픔이 되며, 그렇게 '나'와 '너'가 고난의 주체이자 답의 주체가 되어 '더불어' 해결해야 한다. 이제 그런 시대로 나아가야만 한다. 코로나19는 그것을 보여주었다.

철학과 더불어 삶

'철학'은 '더불어 삶에 대한 궁리'다. '철학'에 대한 이런저런 현학적이고 추상적인 정의들이 많다. 자칫, 철학에 대한 현학적 정의는 철학을 박학함을 자랑하는 수단이 되게 한다. 또, 그에 대한 추상적 정의는 철학의 문제를 '지금 여기'의 삶에서 벗어난 언어유희로 만들어버린다. 이 둘 가운데 어떤 것이든 철학은 '지금 여기' 우리의 삶엔 그리 쓸모 있어 보이지 않는다.

정말 제대로 '살아있는 철학'이라면, '지금 여기' 우리의 삶 속 '뜻'을 품고 '더불어' 있어야 한다. 그렇지 않다면, 그런 철학은 사실 없어도 그만이다. '철학의 쓸모'는 그런 자기과시나 현실도피가 아니다. '철학의 쓸모'는 '더불어 삶에 대한 지혜'다. '철학의 까닭'은 바로 그 '지혜'를 얻기 위함이다. 자신과 조금만 다르면 바로 선을 긋고, 누가 더 똑똑한지 싸울 준비를 하는 것이 '철학의 까닭'은 아니다. 정말 그런 것이 철학이라면 이미 죽어 있음이 당연하다.

'철학'의 본래 말은 '필로소피아philosophia'다. '지혜를 사랑함'이라는 뜻이다. 여기에서 '지혜'는 '더불어 삶에 대한 지혜'다.[2] 그런 지혜가 아니라면, 철학이 어찌 민중의 삶 속에서 '뜻'을 품고 다가갈 수 있겠는가. '홀로' 더 많이 소유하게 하고 더 많이 누리라 권고하는 자기 개발의 비법이 아니라, '더불어 삶에 대한 지혜'가 바로 그것이다. 그런 지혜를 사랑함이 '철학'이고, 그런 지혜를 사랑하는 사람이 '철학자'다. 플라톤Platon과 아리스토텔레스Aristoteles는 남보다 더 똑똑하기 위해 철학하지 않았다. 그들의 치열한 형이상학적 사유는 박식함을 자랑하기 위함이 아니라, '더불어 삶의 지혜'를 위한 수단이었다.

플라톤의 작품『국가』와『법률』은 "어떻게 더불어 살 것인가"에 대한 지혜다. 사사로운 욕심 없이 '모두를 위한 좋음'을 따지고 고민하는 철학자가 한 나라의 왕이 되어야 한다는 그의 생각에서, 그가 생각하는 '철학의 쓸모'를 읽을 수 있다. 그런 점에서 아리스토텔레스의『니코마코스 윤리학』과『정치학』역시 '더불어 삶에 대한 지혜'다. 로마의 사상가 키케로Cicero가 자신의『의무론』에서 고민하는 것도 결국 그것이다. 아우구스티누스의『신국론』은 '홀로 있음으로 서로 싸우는 나라'가 아닌 '더불어 있음으로 서로 사랑하는 나라'를 제안한다.

이 모든 철학자들의 철학은 결국 '더불어 삶에 대한 지혜'다. 우리가 지난 과거의 철학에서 배울 것은 바로 이것이다. 그리고 지금 우리가 앞으로 해야 할 철학도 바로 이것이다. 코로나19로 아픈 지금 우리에게 필요한 '철학의 쓸모'도 바로 이것이다. 어떻게 더불어 살 것인가 말이다. 마스크 넘어 나에게 네가 코로나19를 전할지 모를 그 불안 속에서 어떻게 더불어 살 것인가.

---

2   유대칠,『대한민국철학사』, 이상북스, 2020. '더불어 있음'에 대한 기본 논의는 이 책을 참고.

'철학 없음'이라는 외상

종종 흩어진 '우리'를 두고, 우리의 '철학 없음'을 당연시하는 이들이 있다. '더불어 삶의 지혜'가 우리에겐 없단 말이다. 하지만 조금 더 자세히 들여다보면, '더불어' 뭉칠 수 없게 한 그 지독한 폭력이 있었다. 그리고 그 흩어진 우리의 모습이 그 폭력의 상흔傷痕임을 알게 된다. 이것이 한국만의 문제겠는가? 유럽과 미국 그리고 일본 등의 제국주의에 찢겨버린 역사가 어디 한국만의 문제겠는가? 그리고 자신들만 '홀로' 누리며 살겠다고 다른 이를 지배하고 무시한 이들이 어디 한국에만 있었겠는가? 그럼에도 불구하고, '더불어' 있으려는 애씀 또한 어디 한국만의 것이겠는가?

윗사람은 윗사람으로 아랫사람은 아랫사람으로 찢어서 '홀로' 살 것이 아니라 '동학東學'의 지혜로 '더불어' 살아보자 할 때, 일본군까지 데려와 방해한 양반들을 보자. 그들에게 '더불어 삶'은 관심 밖이며 오직 '홀로 삶'뿐이다. 자기들만 '홀로' 잘 살겠다며 친일파의 길도 망설이지 않은 이들을 보자. 해방 이후 이젠 독재의 편에서 우리를 다시 찢은 이들을 보자. 그들로 인하여 우리는 '더불어' 있지 못했다. 찢어지고 찢어졌다. 그 찢어짐은 깊이 박혔다. 그래서인지 너무나 당연히 우리는 우리 자신을 결핍된 존재로 보았다. 갈기갈기 찢겨진 그 모습이 마치 우리 자신의 본모습이라도 되는 듯이 말이다. 갈기갈기 찢겨진 그 상흔을 보며, 누군가는 '철학 없음'을 판결하였다. '더불어 있음의 지혜'가 부족하다 단언해버렸다. 그러면서 그 '없음의 자리'를 유럽의 철학으로 채우자 제안하였다. 이 땅의 찢어짐은 이 땅의 궁리함으로 치유될 수 있다. '남'의 병으로 만들어진 '남'의 약은 지금 이곳의 참고 사항이 될 순 있지만, 지금 이곳의 약이 될 순 없다. 그럼에도 세계를 지배하는 유럽, 그 유럽을 따라하자 제안했다. 그 유럽만이 가장 합리적인 답이라 제안했다. 그 힘을 믿으며 말이다. 그런데 답이라던 유럽도 미국도 일본도 코로나19 앞에선 답이 없었다. 흩어졌고, 때론 합리적이지도 않았다. 그리고 여전히 '더불어 삶'은 없고 '홀로 삶'뿐이었다.

유럽엔 '너'가 없다

이 땅 많은 지식인들이 그리워한 것은 '근대 유럽의 철학'이다. 그런데 근대 유럽 철학엔 '너'가 없다. '나'뿐이다. '나' 아니고서는 '남'뿐이다. 그것도 의심할 수도 없을 만큼 제대로 있는 것은 '나'뿐이고, '나'만큼 '남'은 제대로 있지도 못하다. 고대로부터, 유럽은 '나' 중심이었다.

'너'란 '우리 안 나 아닌 나'이다. 그렇기에 '너'의 아픔은 '우리'의 아픔을 통해 '나'의 아픔이 된다. 하지만 '남'은 '우리 밖 나 아닌 것'이다. 그러니 당연히 '남'의 아픔은 '우리'의 아픔도 '나'의 아픔도 아니다. 그렇다면, 유럽이라는 '나'에게 아시아와 아프리카의 눈물은 '우리' 안 '너의 눈물'이 아닌 '남의 눈물'이다. 그렇기에 부끄러움 없이 유럽 밖의 사람들을 노예로 삼기도 했고, 동물원 철창에 전시도 했다. 유럽은 '더불어 있음'을 몰랐다. '홀로 있음'뿐이었다.

고대 헬라스 철학자인 '아리스토텔레스'의 신, 즉 가장 완전한 존재는 철저하게 '홀로' 있는 존재다. 이 세상 모든 것이 사라져도 그의 존재는 끄떡없다. 흔히 '부동의 원동자 ho ou kinoúmenon kineî', 즉 스스로는 움직이지 않으며 다른 모든 것을 움직이게 하는 존재라 불리는 그런 신은 조금 차갑게 이야기하면 다른 모든 것을 존재하게 하고 소멸시킬 수 있지만, 그 자신은 다른 누구의 도움도 필요하지 않으며, 그 무엇과도 '더불어' 있지 않다. 누구의 지배도 받지 않으며 누구의 영향도 받지 않는다. 오직 스스로가 스스로의 원인일 뿐이다. 철저하게 '홀로' 있을 뿐이다. 바로 그런 존재가 신이고, 가장 완전한 존재다. 모든 불완전한 존재가 되고 싶어 하는 존재가 바로 그러한 존재다.

데카르트의 "나는 생각한다. 그러므로 나는 존재한다cogito ergo sum"라는 명제는 데카르트 자신의 의도와 상관없이 '부동의 원동자'의 또 다른 모습이다. 신과 같이 '나' 역시 다른 누구도 필요 없이 스스로 있다. '나'는 '나'로 충분하다. 그리고 가장 확실하게 존재한다. 이제 '나' 이외 다른 모든 것은 '나'로 인해 있어야 한다. '나'만이 '홀로' 합리적이며, 의심할 수 없는 존재이기 때문이다. 그런 '나'이기에 '나 아닌 것'들은 '나'로 인하여 합리적으로 되어야 한다. 유럽이란 '나', 그 유일한 주체 앞에 유럽 아닌 아시아와 아프리카는 '나'로 인하여 합리적으로 되어야 할 수동적인 그 무엇일 뿐이다.

유럽의 시선을 가진 유럽의 남

유럽에 의해 유럽식으로 합리화된 유럽 아닌 이들에게 유럽의 시선은 답이었다. 합리적으로 된다는 것은 유럽적으로 된다는 것이었다. 지금 이곳의 문제는 지금 이곳이 유럽이 아니기 때문이라 믿었다. 지금도 유럽에 살았다거나 살고 있다는 것을 일종의 권위로 우리에게 훈계하는 이를 만나기는 그렇게 어렵지 않다. 20세기 현대문학가 김동인을 보자. 그는 자신이 처음으로 사랑하게 된 여인을 금발의 백인 여성 '메리'라고 했다.[3] 하지만 그 금발의 백인 여성은 조선 청년에겐 너무 멀리 있는 이상향이었다. 현실에 없는 플라톤의 이데아와 같았다. 그렇기에 현실에선 그녀와 가장 많이 닮은 일본 여성 세미마루와 사랑에 빠진다.[4] 그에게 유럽은 도달하고픈 이상향의 세상이었다. 그러나 너무 멀었다. 그나마 일본이었다. 유럽과 비슷한 일본 말이다. 결국 일본을 사랑하지만, 그 사랑의 마지막 이상적 지향은 유럽을 향했다. 엄밀하게 유럽만이 유일한 답이다.

아직도 유럽만을 답으로 아는 이들은 많다. 항상 '유럽 따라하기'를 이 땅의 여러 부조리를 해결하는 유일한 답이라는 식으로 이야기한다. 유럽에 산다는 혹은 살았다는 그 사실 하나만 가지고, 유럽과 비교하며 우리를 훈계하는 이들을 흔히 본다. 어쩌면 우리의 밖에 있다는 것, 그것 하나를 가지고 우리의 안을 지적한다. 정말 우리의 남으로 있다는 그것 하나만 가지고 말이다. 하지만 그 역시 그가 그토록 열망한 유럽이 아니다. 유럽의 시선으로 유럽 사람이 되고 싶은 유럽의 남일 뿐이다. 유럽과 더불어 있지도 자신이 살아가는 그곳과도 더불어 있지 못하는 외로운 '홀로 있음'일 뿐이다.

코로나19, '더불어 있음'을 보여주다

코로나19는 이 모든 것을 무너뜨렸다. 유럽만이 '답'이 아니다. 유럽만이 역사의 '주체'도 아니다. 답은 다른 곳에서 나올 수 있다. 합리는 오직 유럽만의 것이 아니다. 어쩌면 당연한 그 사실을 우린 단지 말로만 알 뿐 현실로 알지 못했다.

---

3 김동인, 「女人-追憶의 더듬길」, 『별건곤』 제24호, 1929년 12월 10일, 112~119쪽.
4 이영아, 「김동인의 참사랑론과 소설적 형상화 양상 고찰」, 『김동인 문학의 재조명』, 서울: 새미, 2001.

처음엔 미개한 생식生食 문화의 중국에서나 일어난 병으로 여긴 것일까? 그저 중국'만'의 일이라 생각했다. 그저 문을 닫으면 그만이라 생각했다. 우리 '밖' 중국이 우리 '안'으로 들어오지 않으면 그만이라 생각했다. 그래서인지 우리 가운데 중국의 모습을 혐오하며 마치 그가 코로나19인 듯이 조롱하고 무시했다. 미국에서 일어난 황인에 대한 폭력들을 보자. 심지어 미국의 대통령조차 중국에 대한 자신의 혐오를 숨기지 않았다. 중국인에 대한 혐오는 곧 동양인에 대한 혐오로 이어졌다. 한국인 역시 길가에서 미국인에게 폭행당하기도 했으니 말이다. 이미 이러한 혐오는 심지어 한국인의 중국인을 향한 혹은 일본인의 중국인을 향한 혐오로 이어지기도 했다. 그것은 중국의 일이지만 한국과 일본은 아니라면서 말이다. 마치 자신이 중국 밖 미국이나 유럽의 편에 서 있는 듯이 중국의 코로나19를 조롱했다. 자기 안 중국인을 혐오하며 중국과의 모든 문을 닫아 걸면 코로나19는 미개한 그들만의 문제로 끝날 것으로 보았다. 그런데 문제는 그렇게 간단하지 않았다.

2020년 2월 이미 미국을 비롯한 70여 개국이 문을 닫았다. 하지만 중국'만'의 문제로 끝나지 않았다. 2020년 8월 미국은 확진자가 464만 명이며 사망자는 15만 6,000명이다. 대통령까지 나서 중국에 대한 혐오를 멈추지 않은 미국이다. 하지만 그렇게 문을 닫아도 소용없었다. 중국의 문제는 중국만의 것이 될 수 없었다. 오히려 더 커졌다. '남'의 문제가 아닌 '우리'의 문제로 처음부터 '더불어' 고민해야 했다. 중국은 있는 그대로 자신의 상황을 나누고 미국은 그 상황을 남의 것으로 배제하지 말아야 했다. 그러나 그러지 못했다. 중국과 미국은 정치적으로 그리고 지리적으로 멀고 먼 나라지만, 이미 '남'으로 치부할 수 없을 만큼 가까이 있었다. 문을 닫아걸어도 소용없을 만큼 가까웠다. 지금 가장 큰 피해국은 문을 닫아건 미국이다. 중국의 지구 반대편 브라질은 현재 확진자가 267만 명이며, 사망자는 9만 2,568명이다. 미국 다음으로 큰 피해국이다. 멀어도 '남'의 문제가 아니다. 이미 그럴 수 없는 세상이다.

'나'만이 '홀로' 세상을 지배하겠다며 자신의 힘과 이성을 과시하던 유럽과 미국 그리고 일본은 그 '홀로 있음'의 한계를 드러냈다. 일본은 자신만을 생각했다. 올림픽을 해야 한다는 그 생각, 그 생각은 코로나19의 현실을 온전히 받아들이지 못하게 만들었다. 아무 문제없다는 어떤 합리적 근거도 없는 말만 되풀이하며 점점 문제를 더 크게 만들었다. 유럽은 중국의 일이 멀리 중국만의 것이라 생각했다. 합리적 근거 없이 그저 유럽까지 도달하지 못할 것이란 생각으로 어떤 대처도 하지 않았다. 그런 비합리적인 태도 가운데 수많은 이들이 죽었고 죽어가고 있다.

많은 한국인들에게 이것은 충격이었다. 한국의 많은 지식인들에게 유럽은 답의 공간이다. 이 사회에 이런저런 문제가 있을 때면, 유럽을 따라하자 외치곤 했으니 말이다. 그런데 그곳은 비합리적일 뿐 아니라, 답을 기대할 상황도 아니었다. 철학이라면 유럽을 생각했지만, 과연 그곳에 '더불어 삶의 지혜'가 있는지 의문이다. '홀로' 있겠다는 권리와 자유에 대한 외침 속에 마스크와 사회적 거리가 무시되었다. '홀로 있음'의 가치가 '더불어 있음'을 이겼다. '나'로 있음이 '나'와 '너'가 '더불어', '우리'로 있자는 생각을 이겼다. 그렇게 코로나19는 홀로 있는 개인과 무방비한 정부로 인하여 점점 확대되어 지금도 여전히 진행 중이다. 과연 그곳에 '더불어 있음의 지혜' 즉, 철학이 있단 말인가?

영국은 8월 현재 확진자가 304명이며, 사망자가 6만 4,119명이다. 프랑스는 확진자가 18만 8,000명이며, 사망자는 3만 265명이다. 스페인의 확진자는 29만 9,000명이며, 사망자는 2만 8,445명이다. 이탈리아는 확진자가 24만 명이며, 사망자는 3만 5,146명이다. 독일은 확진자가 21만 1,000명에 사망자는 9,224명이다(이하 코로나 확진자 수 정보는 다음 사이트 참고 https://g.co/kgs/X8Lxws). 다른 유럽의 국가들 역시 다르지 않다. 미국은 더 말할 것도 없다. 미국 대통령은 한국의 성과를 인정하지 않으며, 여전히 하루에도 많은 이들이 쉼 없이 죽어가는 자국의 현실을 자화자찬했다. 과연 그곳에서 답을 찾을 수 있기는 한 것인지 의심스러울 뿐이다.

이제 '철학의 쓸모'를 구할 때다!

유럽만이 '철학의 주체'라며 '유럽 철학 바라기'에 빠진 제법 많은 자칭 철학자들이 있다. 몇몇 유럽 철학자들 같은 이가 없기에 우리의 현실이 이와 같다는 식으로 호통치며 교육에서 환경 그리고 정치까지 우리는 그저 결핍의 존재일 뿐이라 단언하는 이들이 제법 많다. 하지만 그들이 기대하던 유럽의 답, 미국의 답 그리고 일본의 답은 없었다. 오히려 유럽의 '밖', 유럽의 '남'에게서 쓸모 있는 '답'이 찾아왔다. '쿠바'를 보자. 2020년 8월 현재 쿠바의 확진자는 3,093명이며, 사망자는 88명이다. 너무나 잘 대처하고 있다. 그뿐인가? 쿠바의 의료진 90명은 수만 명이 코로나19로 죽은 이탈리아로 달려갔다. 부족한 의료진으로 힘든 이탈리아의 아픔을 남의 아픔이 아닌 우리의 아픔이자 자신들의 아픔으로 안은 것이다. 이미 전 국민 무상의료를 실현하고 있는 쿠바는 '더불어' 삶의 범위를 단순히 자신 안에 구속하지 않고 밖으로 향했다. '홀로 살자'가 아닌 '더불어 살자'의 삶이 코로나19 가운데 쿠바 자신뿐 아니라, 그들의 밖으로까지 희망으로 드러난 셈이다. 이미 오래전부터 쿠바는 부유한 경제 강국이 아니지만, 가난하고 힘겨운 나라에

많은 의료진을 파견하여 그들의 아픔과 함께하고 있었다. '더불어 있음'의 가치를 실천하고 있었다. 단지 우리의 시선이 유럽과 미국 그리고 일본 등을 향하고 있는 동안 그 소중한 애씀을 보지 못한 것이다.

한국은 자신들도 합리성을 지닌 주체가 될 수 있음을 보여주었다. 물론 이런저런 문제점이 있다 하여도 중요한 것은 수많은 이들이 죽어가는 지금, 한국의 코로나19에 대한 경험과 대처 그리고 많은 이들의 '자기 내어줌'은 세계 여러 나라의 모범이 되었다. 한국의 코로나 진단 키트는 매우 유용했다. 미국에서 가장 잘 코로나19를 이겨내고 있는 메릴랜드 주는 한국의 코로나 키트를 사용하고 있다.

'더불어 있음'은 '서로의 없음'을 향하여 '자기 내어줌'으로 온전해질 수 있다. 자신만이 답이고 자신만이 가장 합리적이며, 다른 이의 성과에 대해선 듣지도 생각하지도 않는다면 그는 누구와도 진심으로 '더불어' 있을 수 없다. 흩어진 '홀로 있음'들은 누가 더 강한지 다투며 있을 수밖에 없다. 더불어 있지 못하고 지배하고 지배당하는 관계만이 있을 뿐이다. 유럽은 아직 더불어 있을 준비를 하지 못했다. 물론 미국이나 일본 역시 마찬가지다. 자신들이 식민지로 다스리던 비합리의 공간, 그곳이 자신들에게 답을 제시하고 희망의 문을 열 것임을 기대하지 못했다. 자기 안에 없음을 인정하지 못했다. 그러나 코로나19는 그들 역시 '있음의 주체'이기도 했지만 그만큼이나 '없음의 주체'이기도 하다는 것을 알려주었다. 자신들 역시 자기 아닌 이들과 '더불어' 있을 자리가 있다는 것을 알려주었다.

이제야 제대로 '철학의 쓸모'를 궁리해볼 때다. 더불어 우리 됨이 가능한 시간이 왔다. 유럽의 답을 따라 모인 세상도 아니고, 유럽과 유럽 아닌 곳이 서로 다투며 누가 이길 것인가를 따지던 세상도 아니다. 서로의 없음, 그 없음을 향하여 뜻 있는 자기 내어줌으로 서로가 서로에게 더불어 있을 수 있는 시간, 그렇게 정말 진지하게 '우리'를 생각할 수 있는, 알맞게 절실한 시간이 찾아온 것이다.

이 사회의 문제도 결국은 더불어 있음과 홀로 있음의 문제다

'홀로 있음'의 시대가 저물고 있다. 인천의 어느 학원 강사를 보자. 그는 14명에게 코로나19를 전파했다. 그의 학생들, 그 학생의 부모, 그 학생의 친구, 그 학생의 다른 선생, 그리고 자신의 지인에게 전했다. 그러나 그는 거짓된 말로 자신의 잘못을 숨겼다. 오직 자신만을 생각했다. 그의 '홀로 있음'으로 그와 '더불어' 있던 이들은 지워져버렸다. '더불어' 있어야 했다. 한국에서 코로나19의 아픔을 가장 크게 경험한 곳은 '대구'다. 31번 확진자로 대표되는 한 종교 집단의 '더불어' 있지 못한 '홀로 있음'이 대구를 더 아프게 했다. 자기 종교를 위한 거짓이라면 그 역시 '좋음'이란 생각은 그들과 '더불어' 살아가는 이들을 아프게 했다. 대구 안은 그렇게 '홀로 있음'으로 힘겨웠다. 대구 밖의 제법 많은 이들이 대구를 '홀로' 있으라 조롱했다. 하지만 희망은 '더불어 있음'으로 일어난다. 대구의 아픔을 남의 아픔이 아닌 우리의 아픔으로 안아준 이들이 희망이며, 대구 안에서도 힘겨운 서로를 위하여 기꺼이 자신의 것을 내어놓는 '자기 내어줌'의 '더불어 있음'이 희망이었다.

'철학'은 '더불어 삶에 대한 궁리'라 했다. 코로나19의 시대, 참다운 철학의 쓸모가 절실하다. 마스크 저편 어쩌면 나에게 코로나19를 전할지 모를 그와 어떻게 더불어 있을지 우린 진지하게 궁리해야 하기 때문이다. 그러나 분명한 것은 그의 아픔을 남의 것으로 '홀로' 있게 두지 않아야 한다는 것이다. 중국과 대구만의 아픔이라 아무리 소리치고 문을 닫아도 그 아픔은 결국 우리 모두의 아픔이 되었다. 이제 나 아닌 이의 아픔도 '남'의 아픔이 아닌 세상이다. '남'이라 멀리하기엔 이미 충분히 서로가 서로와 '더불어' 있다. 인정하든 그렇지 않든 말이다. 사실 현대 사회의 많은 문제는 '홀로 있음'에 있다. '나 아닌 이'의 아픔은 그저 '남'의 아픔이라 고개 돌리며 자신의 욕심만 생각함에 있다.

 '도시'와 '도시 이외 농촌과 어촌' 사이의 문제도 결국 '홀로 있음'의 문제다. 서로가 서로와 '더불어 있음'이지 않을 때, 도시에게 농촌과 어촌의 문제는 '남'의 문제다. 그럴 수 없을 만큼 이미 충분히 서로가 서로에게 더불어 있기에 더 이상 농촌의 문제는 외롭게 '홀로' 두어서는 안 된다. 성차별의 문제 역시 마찬가지다. 그것은 당신의 문제일 뿐이라고 그 아픔을 '홀로' 외롭게 둔다면, 문제는 곧 우리에게 다가온다. 학벌의 문제 역시 마찬가지다. 누리는 자에게 그저 '남'의 아픔으로만 다가온다면, 자신의 어떤 것도 포기할 수 없는 '남'의 아픔일 뿐이라 그들을 외롭게 '홀로' 둔다면, 곧 우리 모두의 문제로 다가올 것이다. 이미 다가와 있기도 하다. 코로나19를 생각해 보자. 과연 중국만의 문제가 될 수 있는 세상인가! 대구만의 문제가 될 수 있는 세상인가 말이다. 이제 '나 아닌 이'의 문제는 '남'의 문제가 아니라, '우리' 가운데 '나'의 문제로 '더불어' 고민하고 '더불어' 다투어야 할 문제가 되어 있다. 이미. 이제 '더불어 있음의 지혜'에 더 힘을 모아야 한다. 제대로 '철학의 쓸모'를 활용해야 한다.

도시와 농어촌, 결국 '우리'일 뿐이다

'생명'이란 '균형을 유지하고 있음'이다. 치우치지 않음이다. 물 한 방울도 귀한 사막 한가운데 작디작은 나무 한 그루를 상상해보자. 어쩌면 이 나무는 온실 속에서 충분한 영양분과 정원사의 손길을 받은 나무에 비해, 형편없이 초라할지 모른다. 그러나 그 힘겨운 상황 속에서도 치열하게 균형을 유지하기 위해 애쓸 것이다. '뿌리'만 살자고 '물'을 '잎'과 '줄기'에 나누지 않는다면, 혹은 '꽃'만 살자고 모든 것을 자기 '홀로' 소비해버리면, '균형'은 무너지고 죽게 될 것이다. 그러한 죽음은 자연스럽다. '뿌리'와 '꽃' 그리고 '줄기' 등이 '홀로', '자기 아픔'만 생각하며 '자기주장'만 고집한다면, 풀 한 포기라는 이름으로 '더불어' 있는 '우리'가 되지 못하고, 죽어 사라질 것이다.

'뿌리'는 더 높은 지위에서 더 낮은 지위의 '꽃'과 '줄기'에게 '시혜施惠'하는 것이 아니다. 서로가 서로를 통하여 '더불어' 살아간다. 서로가 서로에게 절실하다. 시혜의 대상은 그렇지 않다. 없어도 상관없다. 제대로 건강하게 살아 있다면, '나'를 위함이 곧 '우리' 가운데 '너'를 위함이고, '너'를 위함이 '우리' 가운데 '나'를 위함이다. 다르게 '홀로' 있어 보이지만, 항상 '더불어' 있다.

'도시'와 '농어촌'을 보자. 극단적으로, 농어촌은 노년만의 공간이 되어가고 있다. 청년들은 너무나 당연히 도시로 몰린다. 이 문제는 도시와 도시 사이에서도 그대로다. 결국 수도권만 남게 될 것이고, 그 이외 지역은 노년의 공간이 된 뒤 사라져버릴 것이다. 인구학의 연구결과들은 이런 미래를 합리적으로 예언하고 있다. 결국 농어촌의 사라짐은 누구나 인정하는 객관적 흐름이 되어가고 있다. '생명'이란 '균형을 유지하고 있음'이다. 건강한 생명은 균형을 잘 유지하고 있을 때 가능하다. 이미 우리 사회는 죽어가고 있다. 건강하지 않은 지 오래되었다.

'뿌리' 혹은 '꽃'이 풀 한 포기의 모든 영양분을 '홀로' 차지하고 있다면, 건강한 풀이라 할 수 있을까? 도시와 농어촌의 문제, 수도권과 비수도권의 문제를 다시 생각해보자. 어차피 사라질 곳이라 결정지어 버리고, 마지막 시혜를 하듯이 농어촌과 비수도권을 바라본다면, 건강한 '더불어 있음'의 미래를 준비한다고 할 수 있을까?

선진국의 코로나19 치료제 독점이 죄악인 것은 결국 그들만 '홀로' 살겠다는 그 역겨운 마음 때문이다. 그 '홀로 있음'은 균형을 파괴할 것이고, 결국 자기 자신도 무너지게 할 것이다. 그것은 '죄악'이며 잔혹한 '폭력'이다. 코로나19 이후 '중국'은 결국 '미국'의 '남'이 될 수 없으며, '대구'는 결코 다른 지역의 '남'이 될 수 없었다. 그럴 수 없을 만큼 서로 긴밀하게 연결되어 있다. 즉 우리가 인정하지 않을 뿐, 이미 밀어낼 수 없을 만큼 '우리'는 '우리'로 존재하고 있다. 농어촌의 아픔을 '남'의 아픔으로 볼 것이 아니라, '우리' 가운데 '나'의 아픔으로 받아들여야 한다. 시혜의 대상으로 농어촌을 볼 것이 아니라, '우리' 가운데 '나'의 문제로, 서로가 '더불어 주체'가 되어 해결하려 해야 한다.

'도시 밖'은 '우리 밖 남'의 공간이 아니라, 도시와 '더불어' 건강한 미래를 균형 속에서 일구고 살아간 '우리' 가운데 '나 아닌 나'의 공간이다. 결코 '남'의 공간이 아니다. '도시'는 '도시 밖'을 '남'으로 보지 않아야 한다. 지금이라도 쉼없이 우리 자신을 '남'이라 도려낼 것이 아니라, 서로가 서로에게 더욱더 건강하게 상호의존적인 주체와 주체의 만남을 고민해야 한다. '뿌리'와 '꽃' 그리고 '줄기'가 그렇듯이 말이다.

'더불어 있음'의 시대를 준비한다

철학은 '더불어 삶에 대한 궁리'다. 그 더불어 주체가 오직 유럽이기만 한 시대, 오직 강자이기만 한 시대. 홀로 누군가만 주체이며 다른 것을 지배하고 다른 것을 수동적인 것으로만 내버려두던 그런 '홀로 있음의 시대'는 사라져간다. 그 시대 그 많은 현학적인 철학들이 가진 이들 사이 가득히 유행했지만, 돌아보면 어느 하나 제대로 지구촌 모두를 더불어 잘살게 하는 지혜를 일구고 그것을 실천하는 데에는 제대로 이르지 못했다. 설령 그런 철학이 있다 해도, 그것은 책 속 글로만 있을 뿐이었다.

코로나19는 더 이상 '홀로 있음'의 시대가 아닌 '더불어 있음'의 시대가 열렸음을 알려주었다. '더불어 있음'의 시대, 그 시대에 우리는 '더불어 서로 주체'가 되어야 한다. 나 역시 나로 당당히 홀로 존재하며 동시에 너와 함께 더불어 살아감을 이제 조금 더 진지하게 고민해야 한다. '홀로' 있는 나를 온전히 지우고 '더불어'만을 이야기한다면, 자칫 획일적인 세상이 되어버릴 수 있기 때문이다. 코로나19는 우리에게 '더불어 있음의 시대'를 요청한다. 오직 '홀로 있음'만이 답인 것이 아니라, '홀로 있음'과 '더불어 있음'의 조화 속에 '나'와 '너', 이 두 '홀로 있음'이 '우리'라는 '더불어 있음' 가운데 서로 어떻게 외롭지 않게 있을 수 있는지 더욱더 진지한 철학함이 필요한 시대다. 이제 그것이 제대로 '철학의 쓸모'가 될 그런 시대다.

코로나 이후의 경제?
아직도 끊임없이 성장해야 한다는 'GDP의 논리'가 판을 친다

김상철
나라살림연구소
연구위원,
서울시민재정네트워크
기획위원

예견되었던 위기가 나타나고 있다. 단기적으로 보면 코로나19도, 이번 여름을 강타한 길고 긴 장마와 물난리도 또다시 지역사회로 스며들고 있다. 코로나19는 낯선 손님 같다. 누구도 내일이 개학이라는 생각으로 방학을 지내지 않는다. 언제나 방학이라는 마음이 압도하는 것이다. 하지만 개학은 예정되어 있고 그렇기 때문에 느닷없다고 생각되더라도 누구나 알 법한 결말이다. 사실 이건 어리석음이라기보다는 인간 종의 어처구니없는 생존법일 수 있다. 토마스 디에츠 등 위험사회학자들은 이런 위험의 회피가 심리학적·인류학적·지리학적 배경을 두고 나타난다고 진단한다.[1] 특히 근대에 들어 과학기술에 대한 신뢰가 신앙 수준으로 높아지면서, 이같이 위기를 외면하려는 행동이 합리화된다는 것이다. 해결책으로 제시하는 것은 한국 사회에서도 오랫동안 이야기되었던 '성찰성'이다. 성찰성은 어려운 개념인데, '직관적으로는 문제없다고 생각했던 것에서 문제의 원인을 찾으려는 태도'라고 볼 수 있겠다. 기본적으로 성찰은 성찰의 주체를 향하는 사고방식이니 말이다.

그런 점에서 기후위기의 구체적인 형태로서 드러난 코로나19와 길

---

[1] 토마스 디에츠·스콧 프레이·유진 로사, 「위험, 기술, 그리고 사회(1)」, 『시민과학』, 김명진 옮김, 참여연대 간행물, 2002.

고 긴 장마는 극복해야 할 시련도 아니고 적응해야 할 변화도 아니다. 오히려 우리가 옳다고 생각해왔던 것들을 근본적으로 다시 꺼내놓고 하나씩 하나씩 살펴봐야 한다. 이런 맥락에서 우리 사회가 기후위기를 비롯한 현재의 위기를 어떻게 수용하고 있는지를 진단해보고, 이를 좀 더 성찰적인 방식으로 바꿀 수 있는 방향을 제안하고자 한다.

경제의 '정상경로'라는 신화

코로나19는 우발적인 위기가 아니라 어쩌면 오랜 기간 인류와 함께 해야 할 위기라는 진단이 지난 5월에 나왔다. 문재인 대통령은 '그린뉴딜은 우리가 가야 할 길임이 분명하다'라는 메시지를 내놓았다. 그동안 시민사회가 기후위기에 대한 적극적인 대응을 위해, 해외의 그린뉴딜과 같은 종합적인 전환 계획이 필요하다고 요구해왔던 것에 비춰보면 뒤늦은 반응이었다. 하지만 역설적으로 그동안 정부의 정책 방향에서 기후위기 대응이 언제나 뒷전으로 밀려 있었다. 그렇기 때문에 정부 내에서 그린뉴딜을 효과적으로 수행할 만한 역량이 준비되어 있는가라는 점에서 보면, 문대통령의 메시지는 즉흥적인 것이기도 했다. 그래서 그런지 지난 7월에 발표된 「한국판 뉴딜 종합계획」에 제시된 내용은 여러 면에서 시사적이다. 특히 그것이 서두에 이야기한 '위기에 대한 인식'이라는 점에서 그렇다.

여러 쟁점에도 불구하고 이번 계획에서 먼저 눈이 가는 것은 전제에 대한 부분이다. 해당 계획의 첫머리에 추진 배경을 설명하면서 '왜 한국판 뉴딜이 필요한가?'라는 질문을 던진다. 그리고 이에 대한 답으로 세 가지를 내놓았다. 첫째, 우리 경제가 성숙 단계로 진입하면서 성장

세가 하락 추세를 보이고 있고, 사회안전망이 미흡해서 양극화가 심화되고 있다는 것이다. 저성장 문제가 양극화 문제와 병렬적으로 놓여있다는 것은, 현재의 사회경제적 양극화가 지금까지의 성장정책에서 비롯된 것이라는 인식이 없다는 뜻이다. 둘째, 예기치 못한 코로나19 충격이 대공황 이후 전례 없는 경기 침체를 초래했다는 것이다. 코로나19 때문에 각국의 강도 높은 봉쇄 조치 과정에서 경기 침체와 일자리 충격이 발생했다. 이 때문에 '소득 감소⇨수요 위축⇨대량 실업'의 악순환이 나타날 우려가 있다는 것이다. 그래서 구조적 변화에 대한 개혁이 지체될 경우 생산성 둔화 추세가 심화되면서 성장경로 자체가 하락할 수 있다고 진단한다. 마지막 세 번째는, 미국의 뉴딜정책에 버금가는 한국판 뉴딜을 추진하겠다는, 다소 이해하기 힘든 의욕이다. 다른 나라보다 빠르게 정상 성장경로로 회복하겠다는 것이다. 그래서 디지털, 그린 경제의 필수 인프라 구축 등에 집중 투자해서 투자 회복과 일자리 창출을 견인하겠다는 내용으로 이어진다. 이런 배경에 공통적으로 나타나는 개념이 있다. 그것은 바로 '경제성장'에 대한 이야기다. 지난 7월 14일 문재인 대통령이 '한국판 뉴딜 대국민 보고대회'에서 내놓았던 종합계획은 화려한 프레젠테이션을 통해서 공개되었다. 아래 〈그림 1〉이 바로 그것이었다.

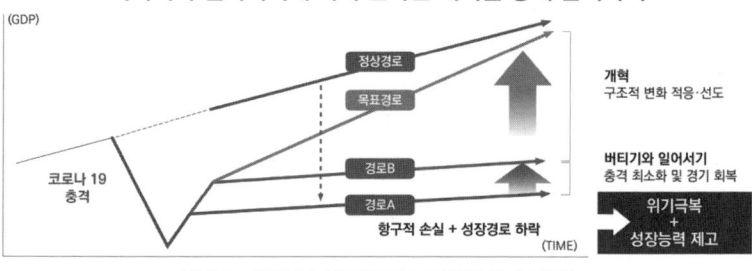

그림 1 | 한국판 뉴딜 대국민 보고대회 발표 자료[2]

이렇게 2차원적인 좌표에서 중요한 축은 시간과 GDP(국민총생산, Gross Domestic Product)로 제시된다. 즉 우리 경제가 추구해왔던 정상적인 경로라는 것은, 코로나19 이전까지 한국 경제가 보여준 GDP의 성장 추세를 직선으로 이어가는 선인 셈이다. 그런데 코로나19로 인해 이것이 하락했고, 따라서 회복이라는 것은 바로 코로나19 이전의 정상적인 경로와 격차를 얼마나 효과적으로 줄이느냐 하는 것으로 측정된다. 이런 그림 하나를 가지고 현 정부의 경제정책에 대해 진단하는 것은 너무 단순한 것 아니냐고 할 수도 있다. 하지만 이 그림이 중요한 이유는, 문재인 정부의 한국판 뉴딜의 기본적인 방향성이 가지고 있는 한계를 보여주기 때문이 아니라, 저 그림이 우리 같은 평범한 사람들에게도 상식적인 감각이 되어 있다는 사실을 깨닫게 하기 때문이다.

최근 사회적으로 논란이 되었던 부동산 정책은 다양한 정서적 구조를 드러냈다. 가장 적극적이었던 반감은, '앞으로 오를 수 있었던 내 집 가격이 영향을 받는다'는 박탈감이었다. 그러니까 아직 실현되지 않은 미래의 이익을 마치 확실하게 보장되어 있는 것처럼 인식하면서, 거기에 영향을 미치는 정책들은 모두 '비정상적인 것'이거나 '나에게 피해를 주는 것'으로 생각한다. 이와 비슷한 정서 구조는 비트코인을 둘러싼 논란에서도, 사모펀드 비리를 둘러싼 논란에서도 발견할 수 있다. 이런 경제 구조는 '적절한 수요를 창출함으로써 경제를 성장시킬 수 있다'라는 제2차 세계대전 이후의 합의 구조, 우리가 '케인즈주의'라고 부르는 바로 그 경제 이념의 구체적인 형태다. 물론 투기를 옹호한 적은 없지만, 케인즈주의의 핵심적인 기조는 앞서 말한 미래 수익에 대한 정서적 측면, 즉 경제성장에 대한 낙관적 전망을 배경으로 한다.

2 기획재정부,「한국판 뉴딜 종합계획」발표 자료, 2020. 7.

그리고 이를 달성하기 위해 정부가 선제적으로 재정을 활용해서 민간의 유효 수요를 만들어주어야 한다는 인식에 바탕한다.

물론 구체적인 현실의 사상적 구조는 하나의 단일한 경제 이념이 압도하지는 않는다. 하지만 정부에서부터 평범하게 생각하는 생활인의 정서까지 관통하고 있는 것이라면 '상식화된 생각'이라고 할 수 있겠다. 우리는 한국판 뉴딜에서 보여준 정상경로라는 표현에 냉소를 보낼 수 있지만, 이걸 무시하기는 힘들다. 이미 출퇴근하는 버스나 지하철 안에서 사람들이 들여다보고 있는 주식 차트와 농성장에서조차 이야기되는 선물시장의 동향에서, 그리고 '집값이 올라 좋겠다'는 평범한 술자리 푸념 속에서 이미 실제로 작동하는 힘이기 때문에 그렇다.

GDP 사회를 넘어서

케인즈주의와 마찬가지로 경제성장의 지표로서 GDP는 대공황과 제2차 세계대전이라는 전대미문의 재앙이 만들어낸 산물[3]이다. 콜린 클라크와 사이먼 쿠즈네츠라는 경제학자가 당시의 경제 상황을 드러낼 수 있는 지표를 만들어냈고, 이를 바탕으로 프랭클린 루즈벨트는 정부의 막대한 재정 투자를 설명해낼 수 있었다. 왜냐하면 GDP라는 구조에는 정부가 재정을 사용하는 것도 포함되기 때문이다. 하지만 곰곰이 생각해보면 정부 투자를 GDP에 넣는다는 것은 이중 계산에 가깝다. 왜냐하면 정부의 재원이라는 건 궁극적으로 시민이나 기업이 낸 세금으로

---

3 GDP에 대한 내용은 다이앤 코일의 『GDP 사용설명서』(김홍식 옮김, 부키, 2018)와 로렌조 피오라몬티의 『GDP의 정치학』(김현우 옮김, 후마니타스, 2016)을 참고했다. 앞의 책은 GDP가 등장한 현재까지의 논쟁을 잘 설명한 균형 잡힌 입문서이고, 뒤의 책은 GDP의 사회정치적 권력에 대한 비판서다.

조성되는 것인데, 세금으로 나가기 전의 생산량이 GDP에 포함되기 때문이다. 또한 광고비나 금융 및 투기 거래도 GDP에 산정되면서 경제성장의 '질적인 측면'이 의도적으로 과소평가되었다. 무엇보다 GDP의 가장 큰 문제점은 '커지면 커질수록 좋다'라는 무제한적인 팽창의 논리를 가지고 있다는 점이다.

〈그림 2〉에서 볼 수 있듯이 GDP는 인류의 전체 역사에서 보면 상당히 우발적인 측면이 강하다. 1750년에서 1950년까지의 추세를 고려하더라도, 1950년대 이후의 GDP 성장은 압도적인 예외다. 특히 이를 인구 증가와 비교해보면 더욱 분명하게 드러난다. 인구 증가와 GDP 증가 사이의 폭은 지속적으로 커져왔다. 한 사람이 가지는 부의 규모가 그만큼 커진 셈이다. 이런 추세는 인간이라는 유한한 존재가 무한정

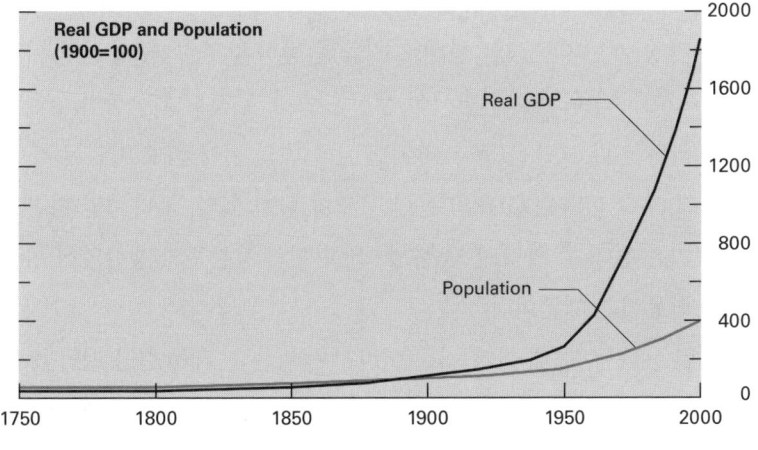

그림 2 | 1750년부터 2000년까지 세계 GDP와 인구의 변화 추이[4]

[4] 드롱의 연구를 인용해서 그래프로 만든 IMF의 2000년 판 「세계경제전망」 보고서에서 가져왔다. 드롱의 연구는 다음과 같다. Bradford J. Delong, "Estimating World GDP: One Million B.C.-Present", 1998.

커지는 부를 가지는 상황을 '긍정적이고 필요한 것'이라고 인식하도록 만들었다. 그러니까 GDP가 내장하고 있는 논리는 '많으면 많을수록 좋다'는 규모의 논리라고 할 수 있다.

GDP의 논리가 너무 큰 이야기이거나 추상적이어서 뻔해 보일 수도 있다. 하지만 앞서 부동산 문제나 비트코인 등의 상황에서 볼 수 있듯이, 우리 사회 깊숙이 자리 잡고 있는 심층 심리를 구성하는 논리이기도 하다. 무엇보다 GDP의 논리는 대안 논리에도 깊숙이 들어와 있다. 대표적인 것이 과학기술의 발전으로 인한 일자리의 종말과 더불어 제안되는 기본소득론이다. 기본소득론은 이념이나 사상이라기보다는 정책 묶음에 가까운 개념인데, 그만큼 다양한 스펙트럼을 지닌다. 여기서 주목하고 싶은 부분은 한국 사회에서 기본소득의 대표적인 형태로 이야기되는 현금직접지원 방식의 내용이다. 서울시의 청년수당이나 경기도의 기본소득이라는 형태로 도입되었고 지난 코로나19 상황에서 각종 재난지원금의 형태로 지급된 방식을 말한다. 당연히 이런 보편적·기본적 현금지급 방식의 장점은 크다. 무엇보다 당장의 생계난을 해소하는 데 도움을 준다. 하지만 그 이면의 논리는 '소비의 증가 ⇨ 성장의 지속'이라는 GDP의 논리 구조와 닿아 있다. 왜냐하면 기본소득의 기본 원리 중 하나인 '충분성'[5]은 현재의 자본주의 생산양식 아래에서 작동하기 때문이다.

이런 논리는 '현대 화폐 이론'이라고 불리는 논리와 현금 지급을 결합한 형태, 즉 정부가 직접 화폐를 찍어내어 이를 국민들에게 직접지원하자는 주장을 담고 있는 내용에서 잘 드러난다.[6] 이노우에 도모히

---

[5] 기본소득은 보편성, 무조건성, 개별성, 정기성, 현금 지급의 원칙과 더불어 '지급되는 재원이 기본적인 생활의 필요를 해소할 수 있을 정도로 충분한 규모로 제공되어야 한다'는 충분성의 원칙으로 구성되어 있다.

로의 주장은, 기존에 민간은행을 통해서 만든 신용으로는 충분한 수요를 만들어낼 수 없으니, 정부가 직접 발권을 해서 이를 국민들에게 지급함으로써 수요를 만들어내자는 생각으로 단순화할 수 있다. 도모히로는 이를 '직접적인 재정파이낸스'라고 부른다. 특히 그는 국채의 발행을 통해서 발생시키는 신용을 중요한 수단으로 제시한다. 그리고 이런 재정 효과를 거시경제학의 측면에서 옹호하는 데 집중한다.

여러 쟁점이 있을 수 있지만, GDP의 논리에서 주장하는 것처럼 '왜 그렇게까지 수요를 만들어내야 하는가?'라는 질문을 던질 수 있다. 그러니까 국민에게 충분히 소비할 수 있는 재원을 제공한다는 것은 무엇을 충분하게 만든다는 것인가? 하는 질문이다. 실제로 이노우에 도모히로의 주요한 논리에서 '경제성장이 곧 고용이고 안정이라는 주장'을 발견하는 것은 그리 어려운 일이 아니다. 무엇보다 그의 책에선 '무한에 가까운 성장'이라는 이미지에 대해 어떤 주저함도 발견할 수 없다.

농촌이라는 경계

지난 4월 농촌진흥청에서 발표한 자료에 따르면 코로나19 위기 상황일 때 소비자들이 국내산 농산물을 더 찾고 있다는 조사 결과가 있었다. 수입 봉쇄 조치로 인한 수입 물품의 부족 등을 고려하지 않은 단순 선호 조사였기 때문에 중요한 의미를 가진다고 보기는 힘들지만, 가장 간과되고 있는 부분을 말해준다는 면에서 생각해볼 필요가 있다.

---

6 이 부분은 최근 출판되고 있는 일본의 신진 학자 이노우에 도모히로의 책을 참고했다. 『거품경제라도 괜찮아』(강남훈·송주명·안현효 옮김, 다돌출판, 2019), 『기본소득의 경제학』(송주명·강남훈·안현효 옮김, 진인진, 2020)이 출판되어 있다.

평소 마트를 가득 채운 수입 농산물이 줄어들면 소비자들은 당연히 국내산 농산물을 찾게 된다. 그런데 만약 국내산 농산물조차 찾을 수 없다면 어떻게 될까? 이는 단지 가상의 이야기가 아니라 실제 수입의 존도가 높은 일부 품목인 콩류나 밀·옥수수 등에서 나타난 현실의 이야기이기도 하다. 상반기에는 비축분이 있었기 때문에 당장 영향을 받지는 않았다. 하지만 2015~2018년 식량자급률이 평균 23%밖에 되지 않는 상황에 비춰보면 상반기의 상황은 '운이 좋았다'고 할 만하다. 기후위기 문제와 농업을 연결해보면 더 복잡한 이야기가 나온다. 현재 온실가스 배출 원인 중 농업이나 임업 활동으로 인한 배출이 24% 정도에 달한다. 이는 나머지 산업 부문의 배출보다 높은 수준이다. 우리가 주식으로 삼고 있는 벼는 특히 온실가스 배출이 높은 작물이어서, '벼농사 대신 차라리 태양광발전 농사를 짓자'[7]는 주장까지 나오는 상황이다.

이런 상황인데도 지난 7월에 발표한 정부의 「한국판 뉴딜 종합계획」에는 농업과 관련한 내용이 없었다. 그나마 언급된 것은 '주요 투자사업 및 제도 개선 과제'라는 항목에서 인공지능AI를 통해서 산업 고도화를 추진하는 데 포함된 '스마트 팜'이 유일하다. 이것도 농업 생산 디지털화를 위해 과제를 개발하고 첨단 무인자동화 농업시범단지를 조성하겠다는 내용이다. 자율주행 무인트랙터, 농업용 드론이나 로봇 등 첨단 농기계를 도입하겠다는 것이다. 이런 내용이 농촌 현실을 얼마나 반영하고 있는지는 둘째 치고, 저런 방식이 더 유리한 대농 중심

---

[7] 기후변화행동연구소의 김재삼 전문위원이 쓴 〈벼농사와 온실가스, 그리고 대안〉에서 제시된 방안이다. 개인적으로는 이런 단순 대체 방식의 접근법은 각각의 요소가 가지고 있는 복합적 성격을 단순화한다는 측면에서 동의하지 않는다. 단적으로, 수입해오는 식량은 자체적으로 생산한 식량보다 더 많은 온실가스를 배출할 것이기 때문이다.

의 농업 구조가 바뀌지 않을 것이라는 점만은 분명히 알 수 있다.

지난 총선에서 논의되었던 농민 기본소득의 경우에도 기본적인 소득 보전 외에 현재의 농업 구조를 어떻게 바꾸고 바꿀 수 있는지에 대한 구상은 빠져 있다. 반면 농촌은 농업이나 농사와는 떼어서 '지역'이라는 이름으로 말해진다. 그러다 보니 대부분의 지역사업이 비수도권 지역의 광역도시, 그 다음으로 중심도시로 흘러가고 군 단위로 가더라도 읍 단위에서 맴돌다 흩어진다.

코로나19의 장기화로 인해 피해를 입은 학교급식 재료 공급업체들을 지원해주기 위해 농산물 꾸러미가 도시의 가정에 보내졌다. 쌀이나 야채가 학생 1인당 20만 원 한도에서 보내졌는데, 고마운 일이긴 하나, 그 덕분에 동네 야채가게를 들를 일이 사라졌다. 기존에 매달 현지에서 사먹던 쌀 주문을 잠시 중단했다. 그러면서 드는 생각이 결국 근본적이고 좀 더 바뀌는 방향이 아니라 '현상 유지를 위한 돌려 막기'가 아닌가 하는 것이었다. 꾸러미로 보내온 말끔하게 포장된 농산물을 보면서 과연 이 정책이 위에서 아래로 흐르고 있는 것이 맞는지 의문이 들었다.

결국 농촌이니 농사니 해도 앞서 장황하게 설명한 GDP의 논리에서 얼마나 벗어나 있는지 '성찰적'으로 되물을 필요가 있다. 그럼에도 불구하고 이 질문이 도시에서보다 농촌에서 먼저 던져질 필요가 있다고 보는 이유는, 새로운 경제 모델이라는 것은 결국 '한계를 인식하는 농사의 경계'[8]에서 출발할 수 있다고 보기 때문이다. 케이트 레이워스의 『도넛 경제학』(홍기빈 옮김, 학고재, 2018)에서는 '단일한 복합사회 생태

---

8 농사는 땅에 의하여 제한을 받고 또한 올해의 작업이 바로 내년에 영향을 주면서 조건을 형성하기 때문에 생산의 다양한 경계를 반복적인 경험을 통해서 생각하도록 한다.

계'로서 경제를 바라보는 시각을 제시한다. 이 시각은 땅의 한계를 분명히 인식하고 인간의 삶이 지구의 맥락과 긴밀하게 닿아 있다는 원초적 경험이 가능한 곳에서 만들어질 수 있다는 것이다. 레이워스가 책에서 제시하는 그림은 도넛 모양이다(그림 3). 도넛이 왜 중요한가 하면, 기존의 GDP 논리가 '부족하다'는 이유로 끊임없는 생산과 성장을 당연시할 때, 도넛 경제학은 부족과 동시에 과잉의 문제도 함께 다루기 때문이다. 「한국판 뉴딜 종합계획」에서 제시한 정상경로는 끊임없이 GDP가 상승하는 경로다. 그런데 도넛 경제학은 GDP의 적정성을 묻는다. 지금은 충분하지 않냐고, 오히려 지금보다 더 줄여야 하지

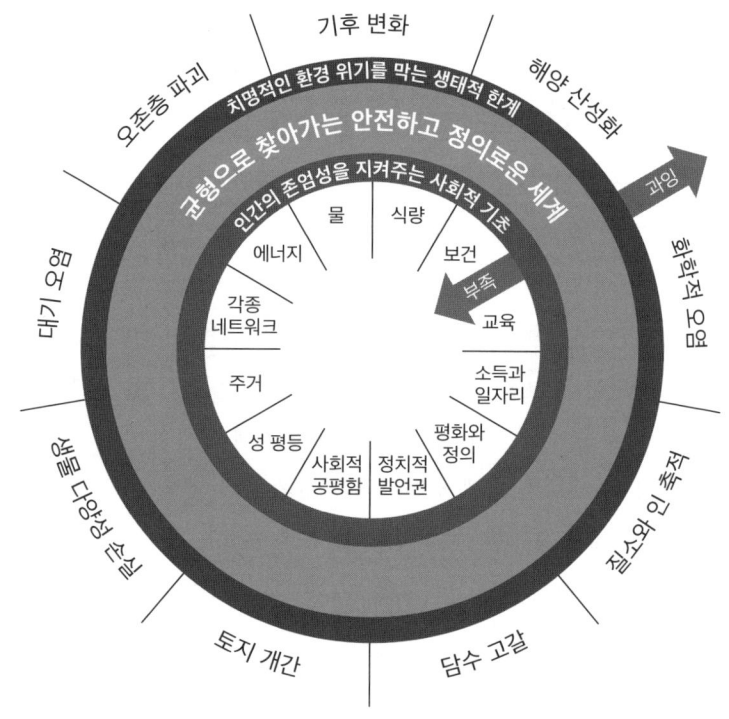

그림 3 | 도넛 경제학의 단일한 복합사회 생태계 모델

느냐고 묻는다. 이를 통해서 우리는 우리의 삶이 물질적 풍요로 질식되는 상황에서 벗어나, 불편하더라도 오래도록 지구 위에서의 삶이 유지되는 것을 희망하고 선택할 수 있다.

이렇게 본다면 현재 경제 체계에서 농촌은 무시되거나 버림을 받은 것이 아니라, 끊임없이 체계와 불화하고 있는 것이라고 볼 수도 있겠다. 그런 점에서 새로운 사회경제의 논리는 바다 건너에 있는 것도 아니고 오래전에 지구를 떠난 선지자들의 머릿속에 있는 것도 아닐 것이다. 사실 기후위기는, 그리고 기후위기의 구체적 현실인 코로나19와 길고 긴 장마는 이런 '사고의 전환'을 우리 모두에게 요구하고 있다.

코로나에서 희망 읽기

정신의료 상황과
사회적 농업의 가치

안병은
정신과 전문의
협동조합행복농장 이사장

일상이 된 코로나19

질병은 삶을 따라다니는 그늘, 삶이 건네준 성가신 선물이다. 사람들은 모두 건강의 왕국과 질병의 왕국, 이 두 왕국의 시민권을 갖고 태어나는 법, 아무리 좋은 쪽의 여권만을 사용하고 싶을지라도, 결국 우리는 한 명 한 명 차례대로, 우리가 다른 영역의 시민이기도 하다는 점을 곧 깨달을 수밖에 없다.[1]

저녁, 작은형에게서 전화가 왔다. 용건을 나누기 전 코로나19와 관련해 안부 인사를 한다. 형은 코로나19로 병원 운영에 지장이 없는지를 묻는다. 마치 배를 곯는 것이 다반사였던 시절, 진지는 드셨는지가 문안 인사였던 것과 비슷하다. 코로나19는 그렇게 우리의 일상이 되었다.

2020년 1월 19일, 관광 목적으로 한국에 입국한 중국 국적 여성이 코로나19 첫 확진자로 판명됐다. 이후 산발적으로 확진자가 발생했다. '신천지'발 확진자 수가 많아지기 전까지 나는 크게 코로나19에 신

---

[1] 수전 손택, 『은유로서의 질병』, 이재원 옮김, 이후, 2002, 15쪽.

경쓰지 않았다. 애써 외면했다는 것이 더 정확한 표현이다. 정부나 언론이 지나치게 호들갑을 떤다는 부정적인 생각을 가져서 그랬던 것일까? 코로나19의 실체와 그 위험을 인지하지 못했던 것일까? 직업이 의사이기도 하지만, 개인적 경험을 통해 나도 전염병의 위험성은 익히 알고 있었다. 2009년 신종플루가 유행할 당시, 나도 신종플루에 감염되어 며칠 동안 병원에 입원해 치료를 받은 적이 있다. 2015년 메르스 유행 당시에는 운영하는 병원 수입에 적잖이 타격을 입었다. 나라 전체, 아니 세계 전체가 앓는 질병 앞에서 나는 이유를 알 수는 없지만, 그저 쉬이 지나갈 것이라는 믿음을 가지고 안일하게 생각했다. 그러나 내가 바랐던 것처럼 코로나19가 쉬이 흘러가지는 않았다. 확진자가 늘어나고 정부가 코로나19 방역 지침을 강화하자, 진료를 줄이고 집단 프로그램도 중단하는 등 병원 운영에 차질이 발생했다. 당연히 금전적 손해도 뒤따랐다.

진료 시간도 단축했고, 평소 거절하기 힘들었던 강의나 자문 요청도 줄었다. 의사 생활을 시작하고 한 번도 누리지 못한 여유로운 시간을 보내게 됐다. 강제로 주어진 휴식 시간에 나는 보고 싶었던 책도 마음껏 보고, 산속에서 많은 시간을 보냈다. 어쩔 수 없이 찾아온 시간을 잘 즐기는 척한 것일까? 아니면 끝을 알 수 없는 단절된 시간에서 벗어나려고, 시간을 소모하기 위해 그랬던 것일까? 나는 그렇게 계속 외면하고 싶었던 것 같다.

6월 말, 아내가 다니는 교회에서 코로나19 확진자가 나왔다. 동시에 내가 자주 자문하고 방문하는 정신건강센터에서도 확진자가 발생했다. 그렇게 코로나19는 일순간에 나의 곁으로 다가왔다. 외면만 하고 있을 수는 없었다. 모두의 일상이 되어버린 코로나19와 함께하는 지금의 삶에 대하여, 사람의 마음을 관찰하는 의사로서 고민해봐야겠다고 생각했다.

코로나19 앞에서 우리는 평등하지 않다

뿐만 아니라, 난 말이죠. 페스트 안에 있는 게 더 편안해요. 그런데 왜 내가 그것을 저지하는 데 끼어들어야 하는지 알 수 없군요.[2]

진료실에서 한 대학생이 말한다. 온라인 수업을 하면서 1학기를 마쳤는데 참 편했단다. 등하교하는 시간이 절약되고, 친구와 별다른 이유 없이 만나 노래방과 피시방에서 허비하던 시간도 줄었다고 한다. 물론 친구와 노는 것은 자극적이고 재미있지만, 따라가기에 벅찼던 적도 많았다는 것이다. 거절하고 싶었는데 전에는 그러지 못했다고. 그에게는 코로나19 이후의 삶의 속도가 자신에게 더 잘 맞는 것이다. 그는 얼굴이 한결 편해 보였고 호소하는 증상도 많이 줄었다.

코로나19가 너무 무서워 집 밖을 나가지 못하는 또 다른 대학생이 있다. 그는 자신이 코로나19에 감염되어 죽을 수도 있다는 생각에 집에만 머물렀다. TV에 나오는 코로나19로 인한 사망자 수는 단순한 숫자가 아니다. 양적인 숫자가 중요한 것이 아니었다. 그건 언제든 바이러스를 통해 죽음이 그에게 전염될 수도 있다는 공개된 경고다. 죽음이 내 옆에 와 있고 나도 피할 수 없음을 의미한다. 죽음의 숫자가 그렇게 반복적으로 장기간에 걸쳐 인터넷 포털에 노출된 적이 또 있을까? 그는 죽음이 두렵다. 죽음의 가능성이 도사리고 있는 밖으로 나갈 수 없다. 그는 코로나19 이후 외식을 한 번도 하지 못했다.

코로나19로 전 국민이 마스크를 쓰기 이전부터 한 중학생 아이는 마스크를 썼다. 밖에 나갈 때는 물론이고 집 안에서도 웬만하면 마스크를

---

2 알베르 카뮈, 『페스트』, 김화영 옮김, 책세상, 2015년, 217쪽.

썼다. 아이는 다른 사람의 침이 자신에게 묻을까봐 두려워했다. 침으로 오염될지 모른다는 걱정 때문이었다. 길거리·대중교통·학교 등 사람이 말을 하고 침이 튀는 세상은 아이에게는 극도로 피하고 싶은, 공포로 가득한 곳이었다. 그런데 전 세계가 코로나19로 뒤덮였다. 사람들은 침으로 감염되지 않기 위해, 감염시키지 않기 위해 마스크를 착용했다. 자신뿐만 아니라 거리의 모든 사람이 마스크를 착용했다. 이제는 한여름에도 두꺼운 마스크를 착용하는 자신이 남들에게 이상해 보일까, 눈에 띄지 않을까 걱정하지 않아도 됐다. 모두가 마스크를 쓴 세상은 아이에게 안전한 곳이 되었다. 집 안에 숨지 않고, 남들 눈에 띄지 않고 세상에 나갈 수 있었다. 여전히 불편하지만, 마스크를 쓰지 않은 사람이 있으면 두렵지만, 그래도 아이에게는 살 만한 세상이 되었다.

학원이 너무 가기 싫은 고등학생이 있다. 그러나 안 갈 수 없다. 아버지는 무슨 일이 있어도 학원은 가야 된다고 강요한다. 코로나19가 한창 극성일 때 지자체의 권고로 2일간 학원이 문을 닫았다. 너무 좋았지만 딱 이틀뿐이었다. 그 후 학원은 코로나19와 상관없이 계속 수업을 했다. 학교는 세 달 쉬었고 개학 후에는 격주로 나가고 있다. 코로나19가 더 유행하길 바라는 아이는 코로나19보다 학원이 더 싫다.

또 어떤 중학생 아이는 코로나19 관련 뉴스를 챙겨 보고, 휴대폰으로 코로나19 기사를 수시로 확인한다. 오늘은 어제보다 확진자 수가 더 늘었길, 어디선가 집단감염이 발생했기를 내심 바란다. 확진자 수가 줄고 사태가 잠잠해지면, 학교에 가야 하기 때문이다. 온라인 수업 기간이 너무 길어져서 교육부가 등교를 결정했을 때, 그는 교육부의 결정이 섣부르다며 아쉬움을 넘어 불만을 표했다. 그나마 격주로 나가게 되어 다행이라고 했지만, 그는 코로나19 덕에 학교를 아예 가지 않았으면 했다. 코로나19는 아이에게 정당하게 학교를 가지 않아도 되는 천재일우의 기회였다. 아이는 매년 학기 초에 적응을 힘들어했고, 새로 만나는 친구들과 소통하기 어려워했다. 그는 '보통 친구'들이 자신과 다른 존재라고 생각했다. 다른 아이에게는 적당한 사회적 거리가 이 아이에게는 불편하고 견디기 힘든, 너무 가까운 거리였다. 학교를 나가게는 되었지만 개학이 늦어져 학교 가는 날이 많지 않았고, 등교해서도 굳이 말을 건네지 않아도 됐다. 그는 코로나19로 자신에게 맞는 적당한 거리를 둘 수 있어서 좋았다.

'사회적 거리'가 처벌이었던 보호관찰 대상자들은 자신의 고립이 위로받았다고 말한다. 남들은 자유롭게 거리를 나다니는데 자신은 갇혀 사는 처지, 그 상대적 박탈감으로 그들은 괴로워했었다. 그런데 코로나19 공포로 사람들이 스스로 격리한 채 집에서만 생활하게 됐다. 나만 집에 있어야 하는 게 아닌 것만으로도 마음에 위안이 되었단다.

조현병을 앓고 있는 40대 중반의 남성은 낮시간 동안 이용하던 정신건강센터의 프로그램이 중단되자 특별하게 시간을 보낼 것이 없었다. 돈이 있는 것도 아니고 그저 집에서 지내야 됐다. 힘들고 외로웠다. 그러다 센터를 이용하는 다른 회원의 집에 옹기종기 모여 시간을 보낸다. 그래도 함께할 수 있는 사람들이 있어서 다행이란다. 코로나19조차도 모두에게 평등하지 않았다.

자가격리, 너무 멀어진 사회적 거리

같은 시내에서도 특히 피해가 심한 구역을 격리시키고 직무상 불가피하다고 생각되는 사람 이외에는 외출을 금하는 조치가 내려졌다. 그때까지 그 지역에 살던 사람들로서는 그러한 조치가 유난

스럽게 자기네들에게만 불리하게 취해진 일종의 약자 학대라고 생각하지 않을 수 없었다. 그래서 모든 경우에 있어서 그들은 자신들과 비교해보면서 다른 지역의 주민들은 마치 무슨 자유민처럼 생각하고 있었다. 반면에 다른 지역 사람들은 곤란한 순간에 부닥쳐도, 다른 사람들은 그래도 자기네들보다 덜 자유롭다는 것을 상상하고는 어떤 위안을 얻는 것이었다. '항상 나보다 더 부자유한 사람이 있다'라는 것은 그 무렵에 가질 수 있는 유일한 희망을 요약하는 표현이었다.[3]

수원의 한 정신건강센터를 방문했던 회원 중에 확진자가 있었다. 그 사람과 접촉했던 직원과 몇몇 조현병 당사자들은 2주간 자가격리를 하게 되었다. 그들을 인터뷰할 기회가 있었다. 인터뷰 내용을 정리해 보았다.

그들이 자가격리 대상자임을 통보받았을 때 처음으로 들었던 공통된 생각은 '내가 슈퍼전파자가 되면 어떻게 하나, 가족이나 동료 및 친구들에게 전염되었으면 어떻게 하나'라는 걱정이었다. 그러다가 시간이 조금씩 지나면서 자신이 왜 격리를 당해야 하나 반발감도 생겼다고 한다. 집에 격리되어서 그런대로 자유로웠지만, 휴대폰 어플과 보건소 직원의 주기적인 전화 등을 통해 자신이 통제당하는 느낌이 들었고, 그래서 두렵고 힘들었다고 한다. 문 밖에 가족이 있었지만, 그 시간이 많이 외롭고 굉장히 무기력하며 밥맛도 없었다고 한다. 한 직원은 정신병원에서 실습 당시 만났던 강제 입원된 분들의 마음을 조금이나마 이해하게 되었다고 말했다. 폐쇄병동 환자들은 단순히 나가지 못해서

---

[3] 알베르 카뮈, 같은 책, 231쪽.

힘든 것보다 통제당하는 것, 병동의 감시체계에 더 화가 났던 게 아니었을까? 핵심은 격리당하고, 통제받고, 자유를 침해받는다는 것이다.

한 직원은 정신병원의 폐쇄병동이 상당히 치료적이고 정신질환자의 안전을 위해서 좋은 곳이라고 생각했다. 하지만 자가격리를 경험해 본 뒤에는 생각이 바뀌었다. 정신병원이 환자의 자유를 침해하고 통제하면서까지 강제 입원 치료를 한다고 해서 과연 효과적으로 치료할 수 있고 환자를 위하는 방법일까 하는 강한 의심이 들었다고 했다. 자율성이 없어지니 무기력감이 누적되는 것을 느꼈다. 시간이 지나며 이 생활에 젖으니 아무것도 하고 싶지 않았다고 했다. 이런 생활이 반복되니 인간에게 자유가 얼마나 소중한지 느낄 수 있었다고. 특히, 어플을 통해서 자신이 누군가에게 통제되고 있다는 생각이 강하게 들자 놀랍고 무섭기까지 했다. 마지막 검사 결과가 나올 때까지 불안감은 좀처럼 줄지 않았다. 만약에 양성 판정이 나와서 격리를 더 하게 되면 어떻게 해야 하나 막막해졌다고 한다. 자신의 일상을 잃어버리는 것은 몹시 무서운 일이었다.

> *한 가지의 감옥살이를 다른 한 가지의 감옥살이에 의하여 대신 표현해보는 것은, 어느 것이건 실제로 존재하는 그 무엇을 존재하지 않는 그 무엇에 의하여 표현해본다는 것이나 마찬가지로 합당한 일이다.[4]*

그런데 자가격리를 했던 조현병 당사자 회원들의 반응은 사뭇 달랐다. 이미 정신과 병원에 입원해본 경험이 있던 분들은 격리 기간이라

---

4 다니엘 디포의 말. 알베르 카뮈의 같은 책 11쪽에서 재인용.

고 해서 특별히 힘든 게 없었고 크게 박탈당한 것도 없었다고 했다. 그들의 삶은 어쩌면 이미 사회에서 격리된 것이나 다름없기 때문 아니었을까? 어차피 평소에도 만날 사람이 없으니 밖에 나가나 안 나가나 차이가 없다는 것이다. 오히려 보건소나 센터에서 주기적으로 연락해주니 그러한 관심이 좋기까지 하다 했다. 코로나 유행 기간에 정신건강센터 프로그램이 중단되어 주로 집에 있게 되면서 다른 할 거리가 필요했는데, 예전에 회사 다닐 때 들었던 라디오를 다시 들으며 위로를 받았다고 했다.

건강한 이기주의

사람들은 이웃사람을 믿을 수 없다는 것, 나 자신도 모르게 그의 페스트에 감염될 수 있고, 방심한 틈을 타서 병균을 옮겨올 수 있다는 것을 너무나 잘 알고 있었던 것이다. 코타르처럼, 사실은 자기가 같이 사귀고 싶은 상대인데도 그 모든 사람이 혹 밀고자일 수도 있다고 생각하며 지낸 사람들은 그 감정을 잘 이해할 수 있었다.[5]

코로나19 전파가 확산되고 장기화되면서 중국인 입국 문제, 신천지 교인 문제, 이태원 클럽발 성소수자 문제가 차례로 대두되었다. 사람들은 너무 쉽게 혐오를 표현했다. 슈퍼전파자의 배경이 드러나자, 혐오감이 극으로 치솟았다. 정신과 의사로서 이러한 현상을 마음 편히 바

---

5 알베르 카뮈, 같은 책, 267쪽.

라볼 수 없었다. 때로는 절망적인 마음까지 들었다. 사실 유행 초기에 나는 마스크 착용에 거부감이 있었다. 하지만 외래 진료에서 만난 사람들의 이야기를 듣고 보니 점차 마음이 달라졌다. 그들에게 마스크를 착용하는 이유를 물어보았다. 단지 타인에게 욕을 안 먹기 위해서가 아닐까 생각했지만 예상은 빗나갔다. 대다수의 사람은 주변의 가족과 친구, 지인 등에게 자신의 비말이 튀지 않게 하려고 착용한다고 했다. 물론 타인의 비말을 막는 이유도 있겠지만, 자신이 가까운 사람에게 해를 끼쳐서는 안 된다는 생각이 더 크게 작용했다는 것이다. 나는 이런 마음은 건강한 마음이라고 생각한다. 소중한 사람들을 지키고 싶다는 마음, 거기에 자신이 한 역할을 하겠다는 마음은 코로나19 시대를 겪는 우리가 잘 간직해야 한다.

> *이처럼 외관적으로는 포위된 상태 속에서의 연대 책임을 시민들에게 강요하고 있던 질병은 동시에 전통적인 결합 형태를 파괴하고 개인개인을 저마다의 고독 속으로 돌려보내고 있었다. 그것은 혼란을 초래했다.*[6]

'사회적 거리두기' 개념은 나의 또 하나의 관심 주제였다. 정부는 코로나19 바이러스의 지역사회 감염을 차단하기 위해 그 심각성과 방역 조치의 강도에 따라 1단계부터 3단계로 구분해서 권고 수칙을 마련해 시행하고 있다. 그 가운데 마스크 쓰기는 사회적 거리두기의 필수 조건이다. 그런데 나는 사회적 거리두기를 조금 다른 관점으로 바라보고 싶다. 사실 그동안 우리 사회는 물리적으로 너무 가까웠던 것이 아닐

---

[6] 알베르 카뮈, 같은 책, 267쪽.

까? 정서적 교류 없이 그저 물질적인 과밀함 때문에 심리적 압박에 시달렸던 것은 아닐지 생각해본다. 미국의 사회학자 리스먼이 사용했던 '군중 속의 고독'이라는 말이 떠오른다. 오히려 지금을 편안하게 느끼는 사람들도 적잖이 만난다. 특히 모든 현대인은 대인관계조차도 지나치게 강요받고 있었던 것이 아닐까? 지금껏 사무실 중심, 공간 중심으로 사람들을 몰아넣고 학업이든 직업 활동이든 해야만 했지 않은가? 이제 자기만의 공간에서 시간적인 여유를 가지고 작업할 수 있으며, 의무감으로 참석해야 했던 대인관계에 자신을 소모할 필요가 없어졌다. 어쩌면 코로나19 이후에도 우리는 건강한 사회적 거리두기가 필요할 수 있다는 생각이 들었다.

다음으로 고민해봤던 주제는 죽음이다. 사람들은 왜 이렇게 코로나19를 무서워할까? 수개월 동안 매일같이 코로나19 확진자 수와 사망자 수가 공개됐다. 우리 모두는 죽은 자의 수와 사연이 실시간으로 중계되는 상황을 접하며, 그동안 크게 생각해보지 않았거나 멀리했던 죽음을 가까이 느낄 수밖에 없었다. 자신도 죽음의 희생자가 될 수 있다는 가능성과 두려움이 그리 멀리 있지 않은 것이다. 확진자가 부지기수로 늘어나는 외국의 사례를 보며 대한민국에 살고 있다는 사실에 안도하는 사람들의 모습도 본다. 마치 노아의 방주에 올라타 있는 것처럼 느끼는 것은 아닐까? 우리 세대가 타인의 죽음이 나의 죽음이 될 수도 있다는 것을 이렇게까지 느껴본 적이 있을까? 코로나19를 두려워하는 것 이면에는 결국 죽음을 극도로 두려워하는 인간의 본성이 있음을 의미한다. 코로나19에 대한 극단적이고 비이성적 두려움을 보면서 나는 죽음에 대한 공개적인 논의가 필요하다고 생각했고, 더 나아가 우리 개개인이 각자의 죽음에 대한 태도를 성찰해보기를 권하고 싶다.

코로나19와 농촌, 그리고 사회적 농업

코로나19 속에서 교훈을 얻어야 한다고 말하면, 생업을 잃고 절망에 빠진 사람이나 코로나19로 사랑하는 사람을 잃은 자를 더 큰 절망 속으로 밀어넣게 되지 않을까? 우리를 괴롭히고 가두어놓은 이 전염병이 우리를 새로운 길로 인도해줄 거라는 희망을 품어본다면, 신의 섭리만을 말하는 자만큼이나 무책임한 것일까? 코로나19 시대에 희망을 보았다고 말하는 일은 헛된 것일까? 그저 암울한 현실과 그리고 더 암울할 미래를 언급하는 것이 아니면 그저 침묵하는 것이 나을 것 같기도 하다.

코로나19를 겪으며 들었던 생각을 정리해보면 이렇다. 첫째, 개인의 사회적 조건을 따질 리가 없는 코로나19이지만, 코로나19는 모두에게 평등하지 않았다. 사회적 약자는 더욱 고난을 겪었고, 코로나19 시기 동안 더 많은 것을 상실했다. 코로나19는 그들에게 가장 가혹했다. 둘째, 코로나19 시기와 그 이후에도 우리에게는 개인적 삶을 존중하는 건강한 사회적 거리두기가 필요하다. 셋째, 위기가 닥칠 때마다 똘똘 뭉쳐서 타인을 배려하는 마음으로 위기를 극복하는 한국인의 공동체 의식을 다시 한 번 확인했다. 이런 경험을 잘 살릴 수 있다면 모두가 함께하는 진정한 공동체도 가능하다. 앞으로도 위기 속에서 발견한 공동체적 가치와 역량을 사람들 사이에 조성하고 끌어낼 수 있어야 한다. 넷째, 질병 앞에서 너무 죽음을 두려워하면 필요 이상으로 공포를 경험한다. 죽음을 감추려고만 한다면 비이성적인 사고로 이어진다. 따라서 건강하게 삶과 죽음을 이야기하고 나눌 수 있는 자리가 필요하다. 다섯째, 무분별한 확진자 동선과 공개된 개인 정보를 관음적으로 탐닉하는 병리적 모습 또한 관찰되었다. 우리가 힘들어하고 두려워하는 것은 자신의 부끄러울 수 있는, 감추고 싶은 일상이 낱낱이 알려지는 것과 과도하게 개개인의 자유가 통제되는 것이다. 공익과 개인의 자유 사이에서 정도正道를 찾는 것이 필요하다.

코로나19를 겪으며 얻은 교훈을 농촌과 사회적 농업에 적용한다면 어떨까? 코로나19 이후 사람들은 점차 자신의 '동굴'을 찾아 농촌으로 올 것이다. 농촌과 사회적 농업은 코로나19 사태 이후 여러 문제와 우려 속에서 분명 하나의 대안이 될 수 있다. 내가 아는 지인은 코로나19 시기에 자연 속에서 장기간 캠핑 생활을 했다. 농촌 학교를 다니는 아이들은 도시와 달리 더 많은 날 동안 학교에 나갔다. 코로나19로 인해 삶의 공간이 바뀌고 있다. 농촌 공간이 가진 유연함과 여유로움은 이제 큰 이점이자 가능성이 될 것이다. 농촌에는 이미 사회적 거리가 형성되어 있으므로 도시민에게는 훌륭한 피난처가 될 수 있다.

농촌과 자연은 엄마의 품, 영혼이 쉴 수 있는 곳, 여유, 한가로움이라는 속성을 가진 것으로 보통 생각한다. 도시의 경쟁 구조에 적응하지 못한 사람, 너무나 가까운 관계로 지치고 힘들어 자신만의 공간이 필요하고 온전히 자신의 삶을 구축할 필요가 있는 사람, 도시 생활에서 배제되고 소외된 사람은 농촌과 자연을 찾아올 것이다. 하지만 농촌이 과연 기대하던 유토피아일까? 도시와는 달리 적당한 사회적 거리를 유지할 수 있고, 위안을 얻을 수 있는 곳으로 너무 쉽게 여겨지는 것은 아닐까? 어쩌면 무턱대고 도시와 반대되는 개념으로서 농촌이 제시되는 것 같다.

농촌에서의 생활이 단지 동굴에 갇힌 고립된 삶이 되어서는 안 된다. 사람과 사회에 지쳤기에 외부를 차단한 채 살고자 한다면 그것은 도시에서도 가능할 것이다. 개인이 고립된 채 타인과 소통하지 않는다면 점차 자신을 상실할 수밖에 없다. 농촌에서 개인과 개인은 각자의 거리를 존중하는 범위 내에서 서로가 머무르고 소통할 수 있어야 한다. 너무 멀어도, 너무 가까워도 좋지 않다. 정말로 적당한 거리가 필요하다.

사회적 농업에는 사회에서 배제된 자들이 참여하고 있다. 사람들은 이들이 가진 장애를 이유로 그들의 개인적인 생각이나 의지를 존중하지 않고 무심코 침해하기도 한다. 능력이 부족하고 문제가 있다는 시각을 가지고 모든 걸 다 해주려고 하거나, 무조건 가르치거나 지시하려고 한다. 이는 건강한 자아의 형성을 침해한다. 건강한 사회적 거리를 유지한다는 것은 각자의 자아 경계를 침범하지 않는 적당한 거리를 갖는 것이다. 자아 경계를 지나치게 침범한다면 지나치게 의존적이거나 방어적인 자아가 형성될 것이다.

우리는 코로나19 시기에 타인을 보호하기 위해 불편을 감수하는 모습을 보았다. 돌보는 일은 인간의 본성이다. 소외된 계층이라 할지라도 각자가 서로를 돌볼 수 있다. 배제된 자들을 일방적 수혜의 대상으로 볼 게 아니라, 그들 스스로 서로를 돌볼 수 있는 장場을 만들어야 한다. 그러기 위해서는 농촌이 과도하게 통제하고 얽매는 환경이 아니라 자율성을 존중하는 환경이어야 한다. 우리 안에 있는 돌봄의 본성을 끌어낸다면, 자연을 돌보고 농작물을 돌보고 서로를 돌보고 스스로를 돌보는 것으로 이어질 수 있다.

나는 여전히 전염병으로서의 코로나19를 정부나 의료전문가처럼 심각하게만 바라보지는 않는다. 코로나19만큼, 아니 그보다도 더 위험한 심리적이고 사회적 전염병인 자살과 경제적 전염병인 빈곤 등을 국가가 코로나19처럼 철저히 방역하면 어떨까 하는 생각을 자주 했다. 코로나19처럼 눈에 보이고, 원인균이 존재하고, 진단 가능한 전염병은 어쩌면 그런대로 다행스러운 것인지도 모른다. 자살이나 빈곤 같은 또 다른 '코로나'는 코로나19 이상으로 피해를 끼쳤지만, 왜 그렇게 방제 활동을 못했을까 하는 아쉬움이 크다. 코로나19를 잘 극복하고, 그리고 그 힘을 바탕으로 또 다른 코로나들도 잘 극복할 수 있길 바란다.

'코로나corona, 일명 광관光冠'은 태양처럼 빛을 내는 별을 둘러싼 대기이다. 평소에는 태양이 워낙 밝은 탓에 볼 수 없지만 개기일식 때 태양이 달에 가리면 태양에 씌워진 관처럼 빛나는 코로나를 관찰할 수 있다. 그 빛은 우주 공간으로 수백만 킬로미터를 뻗어나간다. 코로나바이러스감염증-19로 전 세계가 힘겨운 시기를 보내고 있지만, 그 속에서 미처 보지 못했던 우리가 가진 힘, 빛나는 희망을 봤다고 하면 너무 억지스러울까? 위기를 이겨낼 수 있는 건 기대와 희망이고, 위기 속에서 우리는 더 나아갈 수 있다.

사회적 거리 '좁히기'

정기황
건축가
사단법인 문화도시연구소 소장

코로나19로 정부는 지역사회 감염을 차단하기 위해 '사회적 거리두기'를 권고한다. '사회적 거리두기'는 단순한 물리적 거리가 아니라 사람 간 접촉을 통한 전염을 최소화하기 위한 조치다. 도시에서는 한 사람이 짧은 거리를 이동해도 불특정 다수와 접촉하게 되고, 근무 환경에 따라 수십·수백 명과 접촉할 가능성이 높아서 전염을 막기 위한 쉽고 빠른 조치였다.

실제로 도시에서의 강력한 '사회적 거리두기' 이후 카드 사용량 통계 분석을 보면, 집에서 반경 500m 내에서 카드 사용량이 8.0% 증가, 3km 밖에서는 12.6% 감소했다.[1] 반면 농촌에서는 불특정 다수와 외지인을 접촉할 가능성이 매우 낮다. 도시와 달리 인구 밀도가 매우 낮기 때문에 사회적 반경[2]은 물리적 거리로서 그 범위가 넓지만 다수의 밀접 접촉, 특히 불특정한 사람과의 밀접한 접촉 횟수는 '0'으로 수렴된다. 따라서 도시에서의 '사회적 거리두기'를 일반화해 농촌에 적용하는 것은 적절해 보이지 않는다.

---

[1] 이완 기자의 다음 기사 참조. 〈'사회적 거리두기'에 카드사용 집 500m 반경 집중〉, 《한겨레신문》, 2020년 4월 23일.

[2] 사회적 반경은 개인이 일상생활을 영위하기 위한 경제·여가 활동 등으로 직장·지역사회에 영향을 주는 전반적 활동의 범위를 뜻한다.

코로나19 사태 '이전'부터 심해져온
농촌의 사회적 거리두기

'사회적 거리두기'는 다수의 불특정한 사람과 접촉할 수 있는 사회적 반경을 제한하는 장소적 개념이다. 이것은 건조 환경[3]과 인간 활동성 조건에 따라 큰 차이를 지닌다. 정부는 '사회적 거리두기'에 따라 다중이용 시설의 운영 중단을 권고한다. 다중이용 공공시설은 폐쇄하고, 민간의 종교·실내체육·유흥 시설은 운영 중단을, 개인의 모임·외식·행사·여행 자제를 권고한다. 하지만 농촌 마을은 도시와 같이 불특정 다수와 접촉할 수 있는 다중이용 시설이 없다. 게다가 개인이 불특정 다수와 접촉하는 활동도 거의 없다. 이런 농촌의 특성과 코로나19 전염의 상관관계를 코로나19 현황을 기준으로 비교·분석해서 현재 농촌 공간이 안고 있는 문제점과 가능성을 살펴보려 한다.

코로나19 확진자는 대구·경북 지역의 특수 상황 외에는 도시 지역인 서울과 경기에 집중되어 있다. 접촉자 현황을 지역별로 균일하게 비교하기 위해 확진자 1인당 접촉자(자가격리자) 수를 보자. 2020년 7월 28일 현재 서울시 확진자는 1,580명이고 접촉자는 13만 1,570명으로, 확진자 1명당 접촉자 수는 83.3명이다. 충청남도의 확진자는 189명이고 접촉자는 3,598명이다. 확진자 1명당 접촉자 수는 19.0명이다. 이 중 홍성군의 확진자는 4명이고 접촉자는 22명으로, 확진자 1명당 접촉자 수는 5.5명이다. 도시 지역보다 농촌 지역의 접촉자 수가 현저히 적은 것을 알 수 있다. 홍성군의 확진자 4명은 내포 신도시에 사는 부부, 미국 유학생 1명, 그리고 홍성읍 거주자 1명이었다. 홍성읍에 거

---

[3] 건조建造 환경은 자연 환경에 대비해 인간의 활동으로 조성한 건축과 도시를 포함하는 인공 환경 built environment 전체를 뜻한다.

주하는 네 번째 확진자는 접촉자가 관내에 6명, 타 지역 7명으로 지역 외부 활동이 많은 사람이었다. 도시 지역에서 확진자가 수십·수백 명의 불특정 다수를 접촉하는 것에 비해 농촌 지역은 접촉자 수 자체가 아주 적다는 것을 확인할 수 있다.

도시와 농촌의 사회적 반경 차이는 코로나19로 발생된 것이 아니라 그전에 이미 일반화된 현실이었다. 코로나19가 그동안 농촌에 대한 정책이 없었음을 드러냈을 뿐이다. 지방정부는 위기 상황에서 그 지역에 적절한 정책보다 중앙정부의 지침을 따르기에 급급했다. 중앙정부의 지침은 도시를 기준으로 한 도시정책이었다. 이는 한국이 해방 이후 군사정권기를 거치며 채택한 개발국가development nation 모델을 지금까지 유지하는 것과 무관하지 않다. 이 시기는 정부 주도로 '개발독재·압축성장' 등으로 불릴 정도로 빠른 개발이 이루어졌다.

한국 정부는 도시 중심으로 질적 향상보다 양적 성장에 집중된 물리적 확장을 주도했다. 도시가 성립하기 위한 보편적 조건인 도시 밀도, 주거 환경, 노동 환경, 빈부 격차, 공공 공간(광장·공원·놀이터 등 포함)의 향상보다 재개발을 통한 아파트 공급 등에 집중해왔다.[4] 농촌정책은 도시개발정책에 비하면 부수적인 것에 불과했다. 특히 인구수를 기준으로 한 정책은 인구의 도시 집중이 심화될수록 그만큼 더 농촌을 소외시켜왔다. 농촌이 사회적 변화를 수용하기보다 혈연 중심의 전통적인 마을(농업) 형태를 유지하고 있거나 유지하려는 경향을 보이는 것은 그 방증이다.

---

4 서울·수도권 인구는 전국 인구 대비로 보면, 1949년 7.1%·20.7%, 1960년 9.8%·20.8%, 1970년 17.6%·28.2%, 1980년 22.3%·35.5%, 1990년 24.4%·42.8%, 2000년 21.4%·46.2%, 2010년 20.1%·48.9% 변화 추이를 보인다. 인구 변화는 1960~90년까지 30년 동안 집중되었으며, 이 시기 서울은 약 816만 명이 증가했고, 수도권은 1,338만 명이 증가했다. 1990년 이후에도 수도권을 중심으로 인구가 증가하고 있다. 수도권을 제외한 지역 또한 광역도시 등에 인구가 집중되었다.

표 1 | 한국 농가 인구 변화 추이

연도	2010	2011	2012	2013	2014	2015	2016	2017	2018	2019
농가 인구수 (단위: 만 명)	306	296	291	285	275	257	250	242	231	224
농가 인구 비율 (단위: %)	6.2	5.9	5.8	5.6	5.4	5.0	4.9	4.7	4.5	4.3

* 도시·농촌 인구 비율: OECD(data.oecd.org), National population distribution(Urban regions/Rural regions), 2014.
* 통계 출처: 통계청, 「2019년 농림어업조사 결과」, 2019.

그동안의 농촌정책은 주거 환경, 노동 환경, 빈부 격차, 도농 격차, 공공 공간의 부족 등 농촌의 삶의 질 향상을 위해 선결해야 할 기본 문제들보다 농산물 수매 같은 소극적 지원과 보존에 집중되었다. 그러다 보니 농촌은 지리 조건, 인적 조건, 농업 형태 등 각 마을의 조건에 따라 환경적·경제적 격차도 커졌다. 이런 이유로 농촌은 생산(노동) 환경이 악화되고, 인구가 감소하고, 노령화율은 높아졌다. 그러면서 주거 환경이 낙후되고, 이 때문에 또다시 인구가 감소하게 된다(표 1). 이런 악순환은 농촌 마을의 소멸을 가속화했다.

그사이 한국은 경제협력개발기구OECD 35개국 중 도시 인구 비율 상위 5위 국가가 되었다. 경제협력개발기구 35개국 중, 도시 인구 비율 상위 10개국과 농촌 인구 비율 상위 10개국의 코로나19 감염자와 발생률을 비교해보면 도시화의 문제가 확연하게 드러난다. 두 대조군의 평균을 보면 큰 차이가 없어 보인다. 하지만 도시 인구 비율 상위 10개국 중 선도적으로 방역한 한국과 검사자 수가 적은 일본, 농촌 인구 비율 상위 10개국 중 집단면역정책을 편 스웨덴, 사회적 거리두기 미흡으로 코로나 19가 대유행한 아일랜드[5]를 제외한 나머지 국가들의 발

---

5 2020년 7월 10일 BBC뉴스는 'Coronavirus: Republic of Ireland's R number rises back to one'이라는 기사를 통해 활동이 많은 25세 이하 세대의 사회적 거리두기 미흡을 다음과 같이 지적했다. "글린 박사는 신규 감염자의 77%가 25세 이하 연령층인 것으로 확인되었다고 덧붙였다."

표 2 | OECD 35개국 도시 인구 비율 상위 10개국과
농촌 인구 비율 상위 10개국의 코로나19 발생률 비교

국가		인구 (2016) (단위: 만 명)	도시 인구 비율 (OECD 2014)		농촌 인구 비율 (OECD 2014)		코로나19 감염자 (2020.07.20)	
			비율 (평균: 48.2)	순위 (전체 35개국)	비율 (평균: 25.1)	순위 (전체 35개국)	인원 (단위: 명)	발생률 (10만 명당)
도시 인구 비율 상위 10개국	네덜란드	1,713	85.1	1	0	34	51,526	300.8
	벨기에	1,159	83.4	2	2.5	31	63,706	549.7
	영국	6,788	70.1	3	2.0	32	294,792	440.0
	호주	2,550	70.0	4	19.9	21	11,441	44.9
	한국	5,178	69.6	5	17.1	23	13,771	26.6
	라트비아	189	59.9	6	44.1	8	1,189	62.9
	독일	8,378	57.1	7	17.5	22	202,612	241.8
	일본	12,648	56.5	8	12.1	26	25,096	19.8
	캐나다	3,774	56.4	9	27.6	17	110,338	292.4
	포르투갈	1,020	53.0	10	20.2	20	48,636	476.8
	평균	4,340	66.1	-	16.3	-	82,311	245.6
농촌 인구 비율 상위 10개국	아일랜드	494	27.5	23	72.5	1	25,760	521.5
	핀란드	555	28.9	22	59.1	2	7,318	131.9
	슬로베니아	208	0	33	56.2	3	1,940	93.3
	스웨덴	1,010	22.3	26	47.8	4	77,281	765.2
	폴란드	3,785	21.9	27	46.9	5	40,104	106.0
	노르웨이	542	20.4	29	46.9	6	9,015	166.3
	오스트리아	901	24.0	25	45.0	7	19,569	217.2
	라트비아	189	59.9	6	44.1	8	1,189	62.9
	리투아니아	272	27.1	24	41.8	9	1,915	70.4
	덴마크	579	30.2	21	41.8	10	13,173	227.5
	평균	854	26.2	-	50.2	-	19,726	236.22

* 코로나19 감염자: 보건복지부 코로나19 국외 발생 현황(ncov.mohw.go.kr), 2020년 7월 20일 9시 기준.
* 국가별 인구: 2020 통계청 KOSIS 기준.

생률 평균을 비교해보자. 도시 인구 비율 상위 8개국은 301.2명, 농촌 인구 비율 상위 8개국은 134.4명으로 코로나19 발생률은 2.24배 이상

의 차이를 보인다. 각 국가의 방역정책, 지정학적 위치 등에 따라 편차가 있지만 도시와 농촌이라는 생활 환경이 코로나19 바이러스 감염에 영향을 미치고 있음이 확인된다.

한국은 코로나19 상황에서 초기 대응과 방역정책으로 확산을 막은 국가다. 하지만 인구 밀도가 높은 도시 지역에 감염자가 집중된 것은 다른 국가와 동일하다. 한국의 10만 명당 발생률(질병관리본부 7월 20일 기준)이 높은 곳을 지역별로 보자. 대구 284.59명, 경북 52.36명, 서울 15.17명, 세종 14.61명, 광주 12.84명, 인천 12.58명, 대전 11.26명, 경기 10.82명, 충남 8.76명, 울산 4.97명, 강원 4.67명, 경남 4.61명, 부산 4.60명, 충북 4.44명, 제주 3.73명, 전북 2.15명, 전남 1.88명 순이다.

국가별이나 한국의 지역별로 볼 때 코로나19의 전염은 도시 지역에 집중됐다. 공간적으로는 종교시설, 방문판매시설, 의료시설(병원·요양원), 물류센터, 학원, 클럽 등 불특정 다수가 밀폐된 공간에 모이는 곳에 집중되어 있다. 사회적으로는 마스크, 자가격리 등 최소한의 방역수칙을 지키지 않고 불특정 다수와 접촉하면서 확산되었다. 또 열악한 근무 환경에서 집단으로 일하는 노동자, 요양원과 병원 등의 의료시설 입원 환자, 밀접 접촉을 할 수밖에 없는 주거 환경에서 사는 가족 등으로 확산되었다. 가족을 제외하고는 익명성이 통용되는 공동체성이 약한 집단, 타인의 안전에 무관심한 폐쇄적 공동체 등을 중심으로 불특정 다수의 밀접 접촉을 통해 확산되었다고 볼 수 있다. 그런데 이 또한 농촌 마을에서는 불가능에 가까운 조건들이다.

이는 홍성군의 코로나19 양상에서 잘 나타난다. <표 3>에서 홍성군 장곡면의 2019년 인구 밀도 현황을 보면, 1㎢에 53.7명이 분산되어 살고 있다. 지리적 조건, 연령, 노동 환경 등으로 볼 때 접촉 자체가 어려운 환경이다. 농촌에는 사람이 집단적으로 모이는 생활문화·생활체육

표 3 | 인구 밀도 변화 추이(단위: 만 명)

연도		2010	2011	2012	2013	2014	2015	2016	2017	2018	2019
전국	인구수	5,052	5,073	5,095	5,075	5,114	5,153	5,170	5,178	5,183	5,185
	인구밀도	485.6	503.3	508.5	506.5	510.4	509.2	516.0	516.8	517.3	517.5
서울	인구수	1,031	1,025	1,020	1,014	1,010	1,002	993	986	977	973
	인구밀도	17,041.3	16,942.1	16,859.5	16,760.3	16,694.2	16,562.0	16,413.1	16,297.5	16,148.8	16,082.6
충남	인구수	208	210	203	205	206	208	210	212	213	212
	인구밀도	252.9	255.3	246.8	249.2	250.4	252.9	255.3	257.7	258.9	257.7
홍성군	인구수	8.8	8.8	8.8	9.0	9.2	9.5	10.0	10.2	10.1	10.0
	인구밀도	198.2	198.2	198.2	202.7	207.2	214.0	225.2	229.7	227.5	225.2
장곡면	인구수	0.35	0.35	0.34	0.34	0.33	0.32	0.31	0.31	0.30	0.30
	인구밀도	63.6	63.6	61.8	61.8	60.0	58.2	56.4	56.4	54.5	53.7

* 한국 면적: 100,188㎢, 서울 면적: 605㎢, 충남 면적: 8,226㎢, 홍성 면적: 444㎢, 장곡면 면적: 55㎢.
* 출처: 통계청, 「시도통계 : 시군별 세대 및 인구수」, 2020.
* 인구 밀도는 명/㎢으로 표기.

표 4 | 홍성군 장곡면 인구·세대수 변화 추이

연도	연령별 인구수											합계	세대수	세대당 인구
	0~9	10~19	20~29	30~39	40~49	50~59	60~69	70~79	80~89	90~99	100~			
2010	159	257	306	287	383	524	623	776	201	24	5	3,545	1,665	2.13
2011	132	253	280	242	376	549	604	781	219	24	4	3,464	1,648	2.10
2012	126	240	279	224	365	550	571	791	247	23	4	3,420	1,656	2.07
2013	120	210	277	205	362	557	565	775	248	36	4	3,359	1,656	2.03
2014	119	188	242	183	344	556	564	756	293	31	3	3,279	1,637	2.00
2015	111	185	218	179	331	547	599	696	336	34	2	3,238	1,634	1.98
2016	102	161	193	169	308	511	625	646	375	38	2	3,130	1,605	1.95
2017	88	149	196	162	292	495	608	638	398	37	3	3,066	1,597	1.92
2018	90	128	194	166	271	493	597	609	442	39	3	3,032	1,597	1.90
2019	81	122	174	149	254	476	626	591	481	47	2	2,953	1,594	1.85

* 출처: 통계청, 「시도통계 : 시군별 세대 및 인구수」, 2020.

시설 등의 공간은 존재하지도 않는다(장곡면의 경우 그림 1 참고). 사회적 활동으로 만나는 사람의 수도 매우 제한적이다. 농촌에서는 이미 오래전부터 '사회적 거리두기'가 의도하지 않았더라도 심해지고 있었

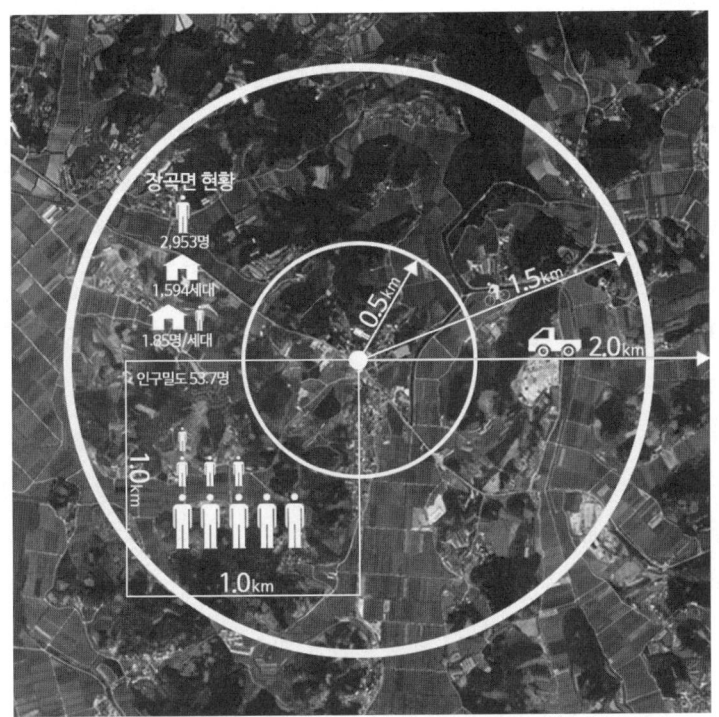

그림 1 | 충청남도 홍성군 장곡면의 인문지리적 환경

*공공 공간: 행정복지센터, 주민자치센터, 지역아동센터, 초등학교, 보건지소, 치안센터, 우체국, 의용소방대, 농협.
*상업 공간: 식당 4개소, 다방 2개소, 하나로마트, 슈퍼마켓, 약국, 관광버스회사, 농기계 수리소, 건강원, 양조장 각 1개소.

다. 그런데도 늘 똑같은 노인들 3~4명이 사용하는 마을의 유일한 커뮤니티 시설인 마을회관조차 폐쇄되었다.

한국의 전체 인구는 2010년 이후에도 소폭으로 상승하고 있으나, 농업 인구는 2010년 이후에 연간 평균 8만 명 이상씩 감소하고 있다. 서울은 인구가 감소하고 있으나, 수도권과 지방 일부 도시들이 인구가 증가하고 있다. 홍성은 도청 소재지가 이전되면서 신도시가 건설되고,

인구가 소폭 증가했다. 하지만 홍성군 장곡면은 2010년 이후에 지속적으로 감소하고 있으며, 이는 홍성군 내에서도 신도시를 중심으로 인구가 증가하고 있음을 알 수 있다(표 3).

인구 밀도로 보면, 1인당 점용 면적[6]은 전국 1,930㎡, 서울 60㎡, 충남 3,880㎡, 홍성군 4,400㎡, 장곡면 1만 8,340㎡다. 홍성군 장곡면은 전국에 비해 약 10배, 충남과 홍성군에 비해 약 4배, 서울에 비해 약 300배 정도 낮다. 홍성군 장곡면의 인구 감소 폭은 작아 보이지만, 〈표 4〉에 나타난 인구·세대수 변화 추이를 보면 그 심각성을 알 수 있다. 연령별 인구가 50~79세에서 60~89세로 이양되고 있고, 연령별 급증 인구는 급증하는 반면 50세 이하 인구는 급감하고 있다. 무엇보다 부모와 자식 1세대(30년) 간 인구가 이양되지 않고, 세대당 인구가 2명 이하로 감소했다. 이는 노동 가능 인구의 급격한 감소, 새로운 가족 단위 인구의 소멸, 독거노인 세대의 급증을 보여준다.[7]

건조 환경 측면에서는 빈집이 늘고 주택의 노후화가 가속되는 현상이, 마을 경관에 악영향을 미치며 확산되고 있는 것을 볼 수 있다. 현재 장곡면은 2㎢ 당 행정리가 1개씩 총 32개 행정리가 있다. 행정리 1개 당 약 50세대, 100명 정도의 인구가 분산·구성되어 있다. 현재 연간 59.2명, 7.1세대의 인구 감소폭을 보이고 있다. 2년마다 행정리 1개가

---

[6] 점용占用 면적은 독점적으로 차지할 수 있는 일정한 지역과 물리적 범위를 말한다.

[7] 인구는 부모 세대와 자식 세대가 하나의 쌍으로 나타난다. 예를 들어 30~39세의 부모 세대가 인구의 다수를 차지하는 지역이고, 이들에게 자식이 두 명씩 있다면 한 세대 차이인 0~9세의 자식 세대도 유사하게 인구 분포상에 다수로 나타나야 한다. '꺾은선 그래프'로 보면 몇 개의 굴곡이 있는 여러 개의 산처럼 나타난다. 하지만 장곡면의 경우에는 60~69세를 정점으로 굴곡 없이 하나의 산으로 나타난다. 이는 장곡면의 인구가 부모 세대와 자식 세대가 같이 있지 않고, 부모 세대만으로 이루어져 있음을 뜻한다. 따라서 자식 세대와 같은 새로운 인구가 유입되지 않고, 부모 세대가 노령화되어 독거노인 세대가 늘어나면서 전체적으로 세대수가 감소하는 현상으로 볼 때, 이미 인구 소멸이 나타나고 있음을 확인할 수 있다.

소멸되는 수준이며, 독거노인 세대가 급증하는 것을 볼 수 있다. 이 기준으로 보면 30년 내에 장곡면의 모든 마을이 소멸할 위기에 처해 있다. 장곡면은 돌봄이 필요한 미취학 아동, 초·중·고 학생과 70세 이상의 부부 또는 독거하는 고령층 인구가 전체의 약 50%이다. 앞의 〈그림 1〉에서처럼, 농촌에서 학교와 마을회관(경로당)은 이들의 거의 유일한 사회적 돌봄 공간이다. 그런데도 도시와 동일하게 폐쇄되었다.

장곡면은 코로나19 청정 지역이다. 장곡면뿐 아니라 모든 농촌 지역이 그렇다. 이는 농촌이 코로나19 이전부터 강력한 '사회적 거리두기'를 할 수밖에 없는 조건으로 형성되어 왔기 때문이다. 그럼에도 불구하고 코로나19로 더욱 강력한 '사회적 거리두기'를 요구받고 있다. 농촌은 코로나19 등의 전염병으로부터 환경적 안정성이 이미 확보되어 있다. 하지만 농촌의 특성을 고려하고, 농촌의 가능성에 기반하는 특정 정책은 없다. 도시를 기준으로 한 중앙정부의 보편화된 정책이 범하는 오류다. 또한 위기 상황에서 지역의 특정 조건에 대처할 수 있는 지방정부의 정책 부재가 만들어낸 오류다. 농촌 마을은 오히려 공동체의 신뢰를 기반으로 서로의 안전을 확인하고, 서로가 심적 안정을 돌봐주는 '사회적 거리 좁히기'가 필요하다. 특히 인구의 절반 이상이 고령자·독거노인 세대이므로 공동체 내에서 사회적 교류와 돌봄을 강화해야 한다. 즉, 현재 농촌의 특성상 각 개인이 개인의 안전을 위해 숨는 것보다, 적극적으로 서로를 지키는 행위가 개인과 공동체를 지키는 방법일 것이다.

농촌의 극심한 사회적 거리두기의 원인과 해결책

코로나 이전, 농촌에서 '사회적 거리두기'가 일어난 원인 중 하나는 '사사화私事化'[8]다. 농경 사회는 유한재인 토지 등의 공동 자산을 기반으로 집단적 노동을 통해 공동체를 영위했다. 이런 공동체에는 계契·두레와 같은 상호부조의 협동체가 계속 남아 있었다. 이 협동체는 농사일뿐만 아니라 문화·학습·정치·경제 활동의 결사체다. 구성원 간의 공감대를 기반으로 사회 전반을 함께 결정하고 나누는 마을의 의사결정기구이기도 했다. 자본주의 도입 이후에도 최근까지 농촌 마을에서는 사유지라 하더라도, 개발 등의 이유로 사용권을 결정하는 권한을 마을의 대표 기구가 가지고 있었다. 현재는 마을공동체의 권한은 사라지고, 개인의 사유재산권으로 모든 것이 결정된다. 이에 따라 농경지의 외지인 소유 비율이 높아지고, 마을 경관과 환경을 해치는 대규모 공장·축사 등의 개발이 자유로워졌다. 외부 자본의 유입으로 만들어지는 개발은 마을 경관뿐만 아니라 기존 공동체와 농업을 위축시키는 결과를 초래한다.

---

[8] 한나 아렌트는 『인간의 조건』(1958)에서 그리스 도시국가는 공적 영역인 폴리스Polis와 사적 영역인 가정Oikos으로 분리되어 있었으며, 가정은 필요와 욕구라는 필연성의 영역으로 강제와 폭력이 용인되었고, 폴리스는 이런 필연성에서 벗어나 자유와 행복을 누릴 수 있는 공론의 영역이었다고 말한다. 이렇게 사적 영역은 공적 영역의 토대가 되었다. 하지만 아렌트는 사적 영역을 사적 소유property와 부wealth로 구분했다. 부는 사적 영역을 공론화하고, 공적 영역을 사사화하면서 붕괴시킨다는 단서를 달았다. 아렌트는 근대 이후 국가에서는 공적 영역과 사적 영역의 구분이 사라지고, 모든 영역이 사적인 가정 영역으로 흡수되었다고 본다. 아렌트는 '사사화'를, 고전적인 가사 관리housekeeping와 시장 중심적 관리 관행으로 운영되는 국가와 근대성을 비판하는 개념으로 사용하고 있다. 국립국어원의 〈우리말샘〉에서는 사사화를 '사적인 경제 영역이 공적 영역을 지배하고 시민들의 자유로운 삶의 잠재성이 고양되지 못하는 사회에서 시민들이 소극적 자유를 찾아 친밀성의 내면적 영역으로 도피하는 경향'이라고 정의하고 있다.

따라서 마을 구성원 모두가 마을을 공동 자원으로 인식하고, 그 사용권을 중심으로 구성원 모두가 의사결정 주체로 참여하는 '사회적 거리 좁히기'가 필요하다. 지금이라도 합의가 이루어진다면 '공동체신탁'이나 '마을협정' 등을 통해 실현할 수 있다. 사적 영역에 매몰된 개인을 공적 영역의 주체가 될 수 있도록 하는 것이다. 이런 시도는 코로나19와 같은 위기 상황에서도 사회적 책임을 나눌 수 있는 마을의 민주성을 구축하는 근간이 될 수 있다.

다른 원인 하나는, 현재 농촌이 현안을 중심으로 미래를 예측하는 정부 주도적 정책에 의해서 만들어지고 있다는 점이다. 현재 농촌정책은 정주환경개선사업, 새뜰사업 등 정부 주도로 기획된 사업(예산)에 맞게 집행된다. 기존 사례를 기초로 해서 단기적으로 마을을 조성하는 방식이다. 특정 마을과 공동체의 구체적 필요가 아닌 기획된 사업에 맞게 마을과 공동체를 끼워 넣는 방식이다. 따라서 마을 구성원 모두의 주체적 참여가 어렵고, 몇몇 특정 주체의 이권에 따라 결정되거나, 남은 사업비를 다 쓰기 위해 불필요한 시설사업이 이루어지는 경우가 많다. 이는 관리·운영 역량을 갖춘 인적 자원이 없는 시설만을 양산한다. 그러면서 마을의 갈등을 키우고, 기존 공동체마저 와해시키기도 한다. 따라서 마을 구성원 모두가 마을을 만들어가는 주체로 참여해 마을의 구체적 미래를 기획하고, 점진적으로 만들어가는 과정을 계획할 수 있도록 지원하는 것이 우선되어야 한다.

몇 가지 해결책을 제안한다. 첫째, 현안인 노령화 문제 해결을 위해 노인 이용 시설을 늘리고 유치원·초등학교 등을 폐교시키는 것은, 젊은 세대들의 귀농·귀촌 등을 제약해 마을을 더 어렵게 만든다. 둘째, 인구 감소·세대 감소·노령화로 형성되는 빈집과 주택 노후화 문제를 사유재산권 문제라고 방치하고 개입을 회피하기 때문에, 마을 경관을 비롯한 마을 전체에 공적 피해를 입히고 있다. 이런 문제들은 각 마을공동체 내의 공감대 형성과 사회적 노력을 통해 해결해야만 하는 문제다. 공동으로 마을 경관을 관리하고, 주택 개선 매뉴얼을 마련해야 한다. 또 공동의 교통수단을 마련하는 등 개인이 개별적으로 들이는 비용과 문제 해결을 위한 사회적 비용 모두를 줄이는 방식을 통해, 개별 가구의 실질소득을 높일 수 있다. 마을의 공동 관리·운영을 통해 공동체와 개인의 경제적 이익을 실현함으로써 최소한의 사회 안전망을 구축할 수 있을 것이다.

코로나19 위기는 현재 농촌이 안고 있는 문제들을 구체적으로 발견하고 인식할 수 있는 기회를 우리에게 제공했다. 발견된 문제를 빠르게 봉합할 것이 아니다. 사회적 합의를 통해, 새로운 농촌 마을의 미래 시나리오를 구성원 모두와 함께 만들어갈 좋은 계기가 되었으면 한다.

강흥구 변방의 가을

포토에세이 한국 근현대 마을 공간 변천기 4

01 〈소년은 달린다〉, 경기도 고양시 고양동
02 〈주말농장〉, 서울시 은평구
03 〈수확〉, 경기도 부천시 오쇠동
04 〈아궁이〉, 경기도 부천시 오쇠동
05 〈문 닫은 가게〉, 서울시 은평구 구파발(재개발됨)
06 〈시장〉, 경기도 고양시 고양동
07 〈군인상〉, 경기도 고양시 고양동
08 〈돼지〉, 전라북도 전주시 외곽
09 〈부처와 모텔〉, 경기도 양주시 장흥면

10 〈연기〉, 경기도 파주시 광탄면 용미리
11 〈보따리〉, 경기도 고양시 지축동(재개발됨)
12 〈생각하는 사람〉, 경기도 고양시 삼송동(재개발됨)
13 〈감시 초소〉, 서울시 강서구 고향동 김포공항
14 〈바구니〉, 경기도 고양시 신원동(재개발됨)
15 〈추성부秋聲賦〉, 경기도 부천시 오쇠동

* 사진들은 2002-2006년 사이에 촬영되었다.
* 연작명과 전시명은 《 》, 개별 작품명은 〈 〉로 표시했다.

《변방의 가을》에 관한 메모[†]

강홍구
사진작가

1 《변방의 가을》은 2002~2006년에 걸친 작업의 일부다.

2 처음에는 별 생각 없이 도시의 변두리를 돌면서 찍기 시작했다.

3 이것들을 모아서 하나의 연속된 작업으로 만들려는 시도는 2005년 무렵 시작되었다.

4 그러니까 로댕갤러리에서 전시한 《미키네 집》, 《수련자》 등과 거의 동시에 만들어진 작업들이며 한번도 발표한 적은 없다.

5 2006년에 몇 개의 작품이 보강되었고, 올해(2007년)에도 마찬가지가 될 것 같다.

6 제목이 '변방의 가을'인 것은 문자 그대로 서울 근교 농촌, 그린벨트 등의 변방을 찍었기 때문이다.

[†] 이 작업 노트는 《변방의 가을》 작업을 정리하면서 2007년에 썼다. 《변방의 가을》 연작은 이전에 발표한 적이 없다.

7 《변방의 가을》시리즈가 내 흥미를 끈 것은 도시화를 저지당한, 혹은 아직 도시화가 미치지 못한 인위적인 공간들이 보여주는 아이러니 때문이었다. 아니면 공간의 이중성이라고 해야 할지도 모르겠다. 어쨌든 가을은 노란색, 붉은색 따위의 식물의 변색에 의해 상처받은 공간을 위장한다. 그래서 변방의 가을 풍경은 아름답고, 우울하고, 비감하다.

변방의 가을을 찍고 만드는 동안 내 머릿속에 있던 것은 오래전에 본 단원 김홍도의 〈추성부秋聲賦〉였다. 〈추성부〉는 김홍도가 나이 들어 구양수의 문장에 촉발되어 그린 작품이다. 그림 자체는 다소 관념적이지만 단원의 다른 그림에서 볼 수 있는 중성적 태도가 없다. 대신에, 자신의 삶과 처지를 들여다보는 듯한 상징적인 분위기가 깊이 서려 있다. 단원의 그림에서는 드문 태도이다.

8 그러니까 《변방의 가을》은 내가 보고 느낀 일종의 현대적 '추성부'이거나 '추색부'이다.

9 꽤 오래전부터의 일이지만 도구로서 사진을 이용하면서도 이상하게 머릿속에 떠오르는 것은 사진이 아니라 전통적인 그림이나 그와 관련된 어떤 것들이다. 예를 들어 여름을 찍으면 늘 도연명의 「독산해경讀山海經」의 한 구절인 "맹하초목장(孟夏草木長, 초여름날 풀과 나무 무럭무럭 자라는구나)"이 떠오르고, 재개발 지구 화단을 보면 사임당의 〈초충도草蟲圖〉나 이암과 팔대산인의 그림이 떠오르는 식이다.

10 물론 그렇다고 사진으로 그런 그림들의 형식적 분위기를 흉내내거나, 패러디를(그건 이미 한 적이 있다) 하고 싶은 것은 아니다. 사진이

가지는 관념적 리얼리티를 살짝 깨부수고 동시에 이용하면서, 그 속에 있는 시각적 기호들을 은밀하게 상호충돌시키려는 것이다.

11 그 상호충돌은 대개 나무, 풀, 야산 따위와 인공적인 구조물인 집, 담, 길, 농기구 따위 사이에서 발생한다. 그게 궁극적으로 뭘 의미하는지에 대해서는 크게 관심이 없다.

12 다만 이 넌센스들이 우리 사회 전체에 대한 지표라는 것, 그 지표들이 아름답고 고통스러우며 어처구니없다는 것, 그러므로 그 아이러니가 사진기를 들고 있는 나를 망연자실, 무력하게 만든다는 것을 말하고 싶다.

13 당연히 이 시리즈는 아직 완결되지 않았고 작품 이미지들도 완전히 마무리된 것은 아니지만, 여기에 실린 사진들은 비교적 마무리가 이루어진 것들이다.

14 내가 찍었던 대부분의 공간은 사라져버렸다. 몇 년 지나지도 않았는데 재개발에 의해서. 따라서 《변방의 가을》은 일종의 소멸에 대한 사진이 되고 말았다. 그러니까 우리나라의 모든 풍경은 불안과 위협, 소멸의 공포 속에 있는 것이다. 우리 시대의 모든 공간과 시간이 그렇다고 하는 것이 더 정확할 것 같다. 공간을 보고 "국파산하재國破山河在"라고 읊을 수 있는 김홍도 시대의 감성은 철저히 과거의 것이 되었다. '나라가 사라져도 산하는 그대로네'가 아니라 '나라가 갈라지고 산하는 성한 곳이 없다(국분산하파國分山河破)'가 옳으리라.

트임2

자치와 지원/보조, 그 경계의 불편함

농업·농촌에 쓰이는 공공재정, 어떻게 볼 것인가 | 김정섭
보조사업 이대로 괜찮습니까?: 마을공동체의 자산화를 모색하며 | 임경수
보조사업이 농업과 농민에게 미치는 영향 | 박기윤
행정 보조금의 의미와 개선점 | 구자인
마을 자립 과정에 대한 보고서:
협동조합젊은협업농장 주변에 투입된 보조금에 관하여 | 정민철

농업·농촌에 쓰이는 공공재정,
어떻게 볼 것인가

김정섭
한국농촌경제연구원 연구위원

검색

인터넷 포털사이트에서 '나랏돈'이라는 말로 뉴스 기사를 검색했다. 첫 화면에 뜬 기사 제목들이다. "나랏돈은 눈먼돈, 인식전환 (…) 공공재정 부정수급 점검", "진중권, '나랏돈으로 치료받는 유튜버가 식단타령? 굶어봐야 정신 차린다'", "몰래 회사 차리고, 나랏돈 빼돌리고", "나랏돈으로 끌어올린 2분기 가계소득 반짝 증가 (…) 3분기 급락 우려", "출산율 0.92명 최저 (…) 나랏돈 210조 소용없었다", "나랏돈 과감히 풀자는 정치권 (…) 기획재정부 장관 또 시험대 올랐다", "재정이 경제회복 열쇠 (…) 나랏돈 최대한 쓰겠다는 당정", "근로 사업 재산소득 트리플 추락 (…) 나랏돈으로 떠받쳤다." 나랏돈, 다른 말로 공공재정 지출에 관한 세간世間의 관심이 어떤지 짐작할 수 있다. 그런 관심들을 크게 두 종류로 구분할 수 있다.

첫째는, 부정행위에 대한 비난이다. 정부 지침을 따르면 받을 자격이 없는 이가 지원금(혹은 보조금)을 받거나, 받은 나랏돈을 떼먹은 것에 대한 비난이다. 문제는, 그런 일이 생겨나는 게 언제나 나랏돈 받는 사람의 양심 불량 때문만은 아니라는 점이다. 특정한 목적으로 지출되는 나랏돈을 받을 자격이나 받은 나랏돈의 상세한 용처에 관한 규정 자체가 이치에 맞지 않는 때도 많다. 농업·농촌 분야의 재정 지출에서도 그런 예를 들 수 있다. 2020년부터 시행되는 '기본형 공익직불제'에 따라 직접지불금을 받기 위해 농업인이 따라야 하는 준수 사항은 무려 17개 항목이나 되는데, 지나치다는 지적이 있다. 지금은 고쳐졌는지 모르겠지만, 작년에는 문재인 정부 들어 의욕적으로 추진했던 '청년 창업농 영농정착 지원사업'의 보조금[1]을 받은 청년농업인이 그 돈으로 우체국 택배비, 통신비, 교통비, 전기요금 등을 지불할 수도 없게 만들어서 공분公憤을 불러일으킨 적이 있다. 지침에서 구매가 허용된 퇴비를 한 달에 100만 원어치 구매하고 다시 팔아서 현금으로 바꾸는, 이른바 '퇴비깡'을 해야 하는 것 아니냐는 쓰디쓴 우스갯소리가 나돌았다. '악법도 법'이어서 문제가 있더라도 일단은 규정을 지켜야 할 것 아니냐는 말에도 일리는 있지만, '악법을 지키는 것'으로 악법을 고칠 수는 없다.

둘째는, 공공재정 지출의 효과에 대한 논쟁이다. 코로나19 감염이 확산되면서 경기가 얼어붙고 일자리가 사라지는 마당에 언제, 얼마나 많은 나랏돈을 풀어야 위급을 면할 수 있겠느냐는 논쟁이다. 또는 출산장려금 같은 종류의 보조금은 지출해봐야 출산율이 올라가는 것도 아니어서 엉뚱한 곳에 잘못된 방식으로 나랏돈을 낭비한다는 비판이다. 농업·농촌 분야에 대한 정부의 재정 투입이 '밑 빠진 독에 물 붓기'라는 식의 주장이 전형적으로 여기에 해당된다. 해마다 가을 국정감사

---

[1] 이 보조금은 '영농자금' 및 '일반 가계자금'으로 사용 범위가 제한되어 있으며, 대상자에게 체크카드를 발급해 쓰게 하고 있다. 즉, 농업 목적뿐만 아니라 통상적인 의미에서 가구의 생활비로도 지출할 수 있게 설계된 정책이다.

때면 보수 성향의 언론에 빠짐없이 등장하는 단골 메뉴다. 그러나 이런 비판은 주의해서 살펴보아야 한다. 구체적으로 따져보지 않은 채 잘못된 자료에 근거하거나 나랏돈을 어떻게 쓸 것인가에 관한 가치판단의 문제를 도외시한 채 무작정 비판하는 경우도 많기 때문이다. 경우에 따라서는 밑 빠진 독이라 할지라도 물을 부어야 하고, 부었다고 하는 물이 실제로 충분히 많았는지를 살펴야 한다.

앞에 언급한 두 종류의 관심 외에 사람들이 잘 따져보지 않는 문제가 또 있다. 이하의 글에서 살펴보려는 내용이다. "농촌 마을에 투입되는 나랏돈은 어떤 성격의 것이며, 농촌 주민은 그 돈에 어떤 의미를 부여하고 어떻게 반응해야 하는가?"라는 물음에 관한 것이다. 공공재정, 즉 '나랏돈'은 여러 기준에 따라 다양한 방식으로 분류된다. 그 모든 분류 기준을 따라가면서 논의하기는 제한된 지면에서는 불가능하다. 이하에서는 주로 농촌 마을에 투입되는 '보조금'을 중심으로 논의할 것이다.

'보충성의 원칙'과 갑-을 관계

농업이나 농촌과 관련하여 쓰이는 나랏돈을 총칭하여 '농업·농촌 투융자'라고 부르기도 한다. 그중에는 농민이나 농가나 농촌 마을에 직접 투입되는 돈 외에 농업·농촌에 관계된 과학기술 연구나 농산물 소비 촉진을 위한 캠페인, 농식품 수출 기업을 돕는 등의 목적으로 쓰는 돈도 포함된다. 그런 것들을 빼고 난 나머지 나랏돈은 거의 대부분 '지원사업'이라는 명칭 아래 농민, 농가, 농촌 지역 등에 전달된다. 지원의 방식은 크게 '융자'와 '보조'의 두 갈래로 나누어볼 수 있다.[2] 이 글에서 주로 살펴보려는 것은 융자가 아닌 보조금 지원사업이다.

융자금과는 달리 보조금은 받은 이가 상환할 의무가 없는 나랏돈이다. 그래서 '공짜'라고 생각하기 쉽고, 보조금은 '눈먼 돈'이라는 말도 있다. 그러나 보조금이 '공짜' 또는 '눈먼 돈'일 리가 없다. 세상에 공짜가 없기도 하거니와, 보조금은 기본적으로 전 국민의 세금으로부터 나오는 돈인데 허투루 쓸 수 없기 때문이다. 따라서 보조금을 지원할 때에는 왜, 누구에게, 그 돈으로 어떤 일을 하라고(목적), 얼마나 제공할 것인지를 사전에 정할 수밖에 없다. 그렇게 정해서 실행하는 것들을 '보조금 정책사업'이라고 부른다. 빌려주었다가 돌려받는 자금이 아니기 때문에, 보조금 정책사업은 '왜 해야 하는가'라는 측면에서 세금을 내는 국민들이 정당성을 인정할 만큼 충분한 명분이 있어야 한다. 그래서 새로운 종류의 보조금 정책사업을 농림축산식품부에서 기획하더라도, 그대로 실행하기가 쉽지 않다. 정당성을 인정받고 보조금 예산을 배정받기까지 통과해야 할 관문들이 아주 많고 비좁다. 적어도 공공성公共性 측면에서 여러 사람들에게 유익한 일에 쓰는 돈이어야 한다는 것은 분명하다. 그 돈을 받은 이는, 그 돈이 공익에 부합한다고 여겨져서 승인된 용도로만 쓸 수 있게 정부나 지방자치단체가 마련한 지침을 따라야 한다.

이처럼 보조금은 아무나 일단 받고 나서 마음대로 쓸 수 있는 '눈먼 돈'일 수가 없는데, '보조금은 눈먼 돈' 또는 '보조사업은 묻지마 사업'이라는 인식이 팽배한 이유는 무엇인가? 보조사업 취지와 달리 개인

---

2 융자의 경우, 농협을 포함한 민간 금융기관이 잘 제공하지 않는 특정 목적의 자금 수요에 대응하여 나랏돈으로 대출상품을 만들어 보통은 시중금리보다 낮은 이자율로 농업인 등에게 빌려주는 정책사업의 형식을 띤다. 이 경우 농협이 대출 관련 업무를 정부로부터 위탁받아 수행하는데, 일반적인 대출금리보다 낮은 이자이기 때문에 그만큼의 이자 차이를 정부가 메워주는 경우가 많다. 그래서 '지원'이라는 말을 붙일 수 있다. 가령, '귀농지원자금'이라는 말로 통용되는 '자금대출'이 있는데, 전형적인 농업 분야 융자 형태의 지원사업이라 할 수 있다.

적인 이익을 앞세워 보조금을 제멋대로 사용해도 규제하거나 처벌하는 일이 별로 없어서, 즉 정부나 지방자치단체의 관리 및 감독이 느슨해서 그렇다는 지적이 있다. 물론 그런 측면도 있겠지만, 더 근본적인 원인이 있는 것은 아닐까? 왜냐하면 행정기관의 관리·감독은 지나치게 촘촘하고 세세해서 번거롭고 비효율적인 경우가 더 많을 정도이기 때문이다.

근본적으로는 보조금 지원사업을 설계할 때, 그리고 농촌에서 개인이나 집단이 보조금을 지원받아 사업을 실행할 때 가장 중요하게 여겨야 할 원칙이 지켜지지 않는 탓이 큰 듯하다. 바로 '보충성의 원칙 principle of subsidiarity'이다. 사회적인 문제 또는 정치적인 문제와 관련하여 해결 방법이 가장 잘 부합하는 직접적인 수준에서(가령 중앙정부보다는 지방정부에서, 국가보다는 지역에서) 현실에 부합하게 다루어야 한다는 원칙이다. 『옥스포드 영어사전』에서는 "중앙정부 당국은 지방 수준에서 수행할 수 없는 일들에 대해서만 보충적인 기능을 수행해야 한다는 원칙"이라고 풀이하고 있다.[3] 그래서 '보조'라는 말을 쓰는 것이다. 이 원칙을 확대 적용하면, 농촌 마을에서 여러 사람에게 바람직한 어떤 일을 하려고 할 때 우선은 마을 주민이 나서야 하고, 주민만의 힘으로는 이루기 어려운 부분에 대해서 지방자치단체나 정부가 자금을 지원하는 것이 '보조금 지원사업'이어야 한다. 달리 말하자면, 일하는 주체는 농민 또는 농촌 마을 주민이며, 정부나 지방자치단체는 그 일을 수행하는 데 필요한 것들 중 '일부분을 돈으로 도와주는' 보조자인 셈이다.

---

[3] 농업·농촌 분야를 비롯한 공공재정 투입의 원칙으로 '보충성의 원칙'을 크게 강조하는 유럽연합EU에서는, '유럽연합 수준이 아니라 유럽연합 회원국 수준에서 직접적으로 정책이 실행되어야 하고, 개별 회원국이 실행하기 어려운 부분에 대해서 유럽연합이 행동을 취한다'는 원칙으로 받아들여진다. "할 수 있는 일은 국가에서, 필수불가결한 일을 유럽연합이"라는 구호가 있다. 『옥스포드 영어사전』 웹페이지(http://oed.com).

예외 없는 원칙 없고, 원칙은 문서에나 존재하는 흐릿한 기억에 불과하다고 강변한다면 더 할 말은 없을지도 모른다. 그러나 원칙이 정말 원칙이라면, 농촌 마을에 투입되는 여러 종류의 보조금과 관련하여 되살펴보고 성찰할 지점들이 없을 수 없다. 그 가운데 두 가지만 짚어본다.

첫째는, 보조금 지원사업에서 보충성의 원칙이 잘 지켜지지 않는다는 점이다. 주민이 주도권을 지녀야 하고 공공 부문은 어디까지나 보조 역할에 머물러야 하는데, 보조금 지원사업에서 주민이 주도권을 유지하는 경우는 가뭄에 콩 나듯 드물다. 이렇게 된 데에는, 농촌 마을 주민 스스로 주도적인 역할을 포기한 탓도 있겠지만, 보조금 지원사업이 설계되고 시행되는 과정 자체에서 비롯한 탓이 더 클 수도 있다. 주도적인 입장이든 보조적인 입장이든 다 공허한 말이고, 결국은 '돈 주는 사람이 갑'이라는 논리와 인식이 횡행하고 있지 않은가? 정부나 지방자치단체의 공무원이 '돈 주는 사람'인 듯 보이지만 실제로는 그 돈이 공무원의 돈은 아니다. 보조금은 세금이니 국민의 돈인데, 그 돈을 맡아서 보조자 역할을 충실하게 수행해야 할 공공기관이 '갑질'을 하는 경우가 적지 않다. 보조금 지원사업에서 나타나는 '갑-을 관계의 역전'을 두고 '관 주도', '민주주의 부재', '하향식' 등등 여러 단어로 표현한다. 공공기관만을 탓할 문제는 아니다. '관 주도'여도 좋으니, 민주적으로 의사결정되지 않아도 좋으니, 어쨌거나 나에게 또는 내가 사는 마을에 보조금이 들어오면 일단 좋은 것 아니냐는 심사로, 앞뒤를 따져볼 겨를 없이 보조금 지원사업을 너도나도 신청하는 관행이 있음도 부정하기 어렵다.

둘째는, 정부나 지방자치단체 등 공공기관이 '보조금 지원사업'으로 할 일과 '위탁사업'으로 할 일을 구분하여 잘 따져보지 않고 웬만하면 보조금 지원사업으로 수행하기 때문에 문제가 생긴다는 점이다. 보조금 지원사업은 앞에서 설명한 것처럼, 민간 부문의 행위자(농민 또는 마을 주민)가 나서서 수행하려는 일 중에 어느 정도 공익을 창출한다고 인정될 경우에, 필요한 자원을 일부분 나랏돈으로 도와주는 사업이다. 그런데 정부나 지방자치단체의 책무 중에는 완전히 공공기관이 책임지고 처음부터 끝까지 해야 하는 일도 적지 않다. 현저하게 공익적인 정책이 그렇다. 가령 초등학교를 짓고 운영하는 일이나, 소방대를 운영하거나, 경찰을 유지하는 일이 그렇다. 이처럼 완전히 공공기관이 책임지고 해야 할 일이지만, 경우에 따라서는 공무원이 직접 수행하기 어려울 수도 있다. 그때에는 민간 부문의 개인이나 단체에 일을 대신 해달라고 맡기고 대가를 지불할 수도 있다. 그런 것을 '위탁사업'이라고 부른다. 약간의 부정확함을 무릅쓰고 거칠게 말하자면, 보조금 지원사업에서는 주민이 '공공기관으로부터 도움(보조)을 받는 입장'이지만, 위탁사업에서는 주민이 '공공기관으로부터 일을 해달라고 부탁받는 입장'이 된다. 그런데 마땅히 위탁사업으로 처리해야 할 일도 농촌에서는 보조금 지원사업으로 처리하는 경우가 적지 않다. 가령, 대도시 아파트 옆을 지나는 도로는 지방자치단체에서 환경미화원을 직접 고용해서 청소하거나 청소업체에 위탁을 주어 청소한다. 그런데 농촌에서 마을길을 공공기관 예산으로 청소했다는 말을 들어본 적이 없다. 대부분의 마을길은 사유재산이 아니라 지방자치단체의 소유다. 청소는 고사하고 파손된 마을길을 보수하는 일조차도, 공공기관이 직접 시행하거나 위탁해야 할 일임에도, 보조금 지원사업으로 진행하는 경우가 다반사다. 이런 식으로 권리를 누려야 할 농촌 마을 주민이 도움을 받는 입장으로 잘못 자리 잡게된다. 물론, 위탁사업으로 할 일과 보조금 지원사업으로 할 일을 칼로 두부 자르듯이 구분하기가 쉽지 않은 건 사실이다. 그럼에도 따지지도 않고 보조금 지원사업 일변도로 공공적인 일을 하기 때문에, 농촌 마을 주민들을 '도움 받는 처지'로 내모는 것은 부당하지 않은가?

거지의 밥그릇

농민이나 마을 사람들이 여럿에게 이익이 되는 어떤 일을 하려고 해도, 인적 자원과 자금이 부족해 시작하지도 못하는 일이 많다. 그럴 때 적절한 보조금은 아주 고마운 도움이 될 수 있다. 그러나 보조금은 어디까지나 '보조'의 기능을 수행하는 데 그쳐야 할 뿐이다. 보조금을 빌미로 '주도자-보조자'의 관계가 뒤집히거나 '갑-을 관계'가 왜곡되어 생겨나는 폐단이 날이 갈수록 쌓이는 듯하다. 국민의 세금으로 공익적인 일을 잘하자고 만든 정책들이 농민이나 농촌 마을 주민을 구차하게 도움을 애걸하는 입장에 있는 듯 왜곡시키고 몰아가는 듯한 인상을 주고 있지는 않은가? 정부와 지방자치단체가 당연히 수행해야 하는 현저하게 공공적인 사업은, 직접 수행하거나 농민이나 주민에게 정당한 대가를 지불하면서 청하는 위탁사업의 형태로 추진해야 할 것이다. 그리고 공공성이 인정되지만 주민들이 먼저 나서서 수행하고자 할 때, 일부분을 돕는 보조금 지원사업에서는, 공공 부문은 어디까지나 '보조자' 입장이라는 것을 잊어서는 안 된다.

공적 자금을 집행하는 것이 마치 거지에게 적선하는 일이라도 되는 양 착각하는 경우를 만나기도 한다. 그런 일들이 분노를 유발한다. 맹자는 이런 말을 남겼다. "한 그릇의 밥과 한 대접의 국을 먹으면 살고 먹지 못하면 죽을지라도, '야, 너!'라고 낮춰 부르며 던지듯 주면 길 가는 나그네도 받지 않고, 발로 차듯 주면 거지도 달가워하지 않는다."

보조사업
이대로 괜찮습니까?
마을공동체의 자산화를 모색하며

임경수
협동조합 이장 대표

1990년대 말 조사를 위해 농촌 마을에 다녔다. 그때 이상하게 생각했던 일 중 하나는, 헬스장에나 있어야 할 런닝머신이 마을회관마다 있는 것이었다. 도대체 누가 사용할까, 누가 사다놓았을까 의문이 생겼다. 농촌 마을이 관광사업을 시작하면서 여기저기 벽화가 그려진다. 그런데 벽화가 그려진 집은 수선하지 않는다. 단열이 되지 않는 그 집에서 할머니는 혼자 전기장판에 의지하며 겨울을 지낸다. 마을에 지원한 보조금이 만든 풍경이다.

어떤 이장은 마을사업을 하면 회관에 텔레비전이나 냉장고를 기부해야 한다고 당당하게 말했다. 그런 일에 원칙적이었던 나는 거부했고, 이후로 마을과 연락하지 않았다. 다른 이장은 마을 계획을 잘 세워주었으니, 계획대로 사업을 해달라며 마을의 보조금을 모두 넘겨주었다. 집을 짓고 돌담을 쌓으며 마을사업을 했고 그 이장님은 영수증 한 장으로 보조금을 정산했다. 그 마을은 지금도 이런저런 일을 잘하고 있다고 소식을 전한다. 마을에 지원한 보조금이 한 일이다.

농촌 마을 보조금은 주민의 주머닛돈이었다면 하지 않았을 일을 하기도 하고, 주민 혼자서 할 수 없는 큰일을 해내기도 한다. 또 누군가를 훌륭한 지도자로 만들지만, 경찰서로 데려가기도 한다. 농촌 마을이 보조금을 통해 다양한 사업을 한 지 20년이 지났다. 뒤를 한번 돌아보자.

농촌 마을 보조금 지원정책의 현황[1]

2000년대에 들어서면서 농촌 마을에 대한 다양한 지원정책이 시작되었다. 지금까지도 이러한 사업들과 비교되는 사업은 새마을운동이다. 1970년 4월 22일 한해旱害 대책을 논의하기 위한 지방 장관 회의에서 대통령 박정희는 수재민 복구 대책과 함께 대대적인 농촌 재건을 지시한다. 전국 3만 3,267개 행정리·동에 시멘트 335포대를 무상지원하고, 이를 마을에서 활용하도록 했다. 그런데 마을 주민이 협력해서 숙원사업을 해결한 마을과 그렇지 못한 마을이 생겨났다. 성과를 낸 마을에 시멘트 500포대와 철근 1톤을 무상공급하고, 주민의 자발적인 협동을 장려하면서 전국적인 새마을운동이 시작되었다. 이후 도시로도 확장되었고 정신운동으로 발전했다. 새마을운동에 대해서는 여러 가지 평가가 있다. 음주·도박 같은 농촌 사회의 부정적인 악습을 없애고 소득을 높였다는 긍정 평가도 있다. 하지만 새마을지도자를 중심으로 위임된 권력에 의해 획일적 개발을 유도해서 마을의 사회·경제·문화적 다양성을 무시했고 이 과정에서 마을의 생태 환경과 전통문화도 훼손되었다는 비판이 있다.

이후 농촌 지원사업은 주로 도로 개설, 경지 정리, 저수지 개발, 농수

---

[1] 이 글에서는 농촌·어촌·산촌을 통칭해서 '농촌'을 사용한다. '농촌'은 농촌 지역을 전반적으로 나타내는 말이다. '농촌 마을'은 리 혹은 몇 개의 리가 모여 있는 공간적 범위를 나타내는 말로 사용한다.

로 정비 등 낙후한 기반 시설을 조성하는 데 초점이 맞추어졌다. 1990년대에 들어서면서 농촌의 다양한 가치가 재조명됐다. 농촌 지원사업을 농산물의 유통·가공뿐 아니라 관광·체험·교육·문화·복지 등 여러 분야로 확대했고, 이런 과정에서 농촌 마을을 다시 보기 시작했다. 농촌 마을에 대한 지원사업은 산촌에서 먼저 시작한다. 산림청은 산촌 지역의 풍부한 산림 및 휴양 자원을 개발했다. 주민 소득과 연계하고 쾌적한 산촌의 정주 기반을 조성하는 것을 목표로, 1995년부터 산촌종합개발사업을 시작한다. 이 사업은 산촌진흥구역으로 지정·고시된 4,052개 마을을 대상으로 마을당 14억 원에서 16억 원을 순차적으로 지원하는 사업이다. 생활 환경 개선, 생산 기반 조성, 산촌 녹색체험 시설, 마을 주민 교육과 컨설팅, 프로그램 개발 등을 추진할 수 있다. 2007년 산촌생태마을조성사업으로 사업 명칭을 변경했다.

 1999년에는 강원도에서 새농어촌건설운동을 시작했다. 이 사업은 정신·소득·환경 분야로 나누어 1년 동안 농촌 마을이 자립적·종합적 노력을 하면, 이를 평가해서 우수 마을로 선정하고 5억 원의 상사업비를 지원한다. 상사업비는 다른 지원사업과 달리 유연하게 사용할 수 있다. 이 상사업비로 마을에 필요한 토지 구입, 한우 공동 입식, 마을회관 조성, 농기계 공동구입, 농산물 판매장이나 숙박시설 조성 등 다양한 사업을 할 수 있었다. 중앙정부의 본격적인 마을 지원정책은 농촌 관광과 관련해 이루어졌다. 농촌 관광은 농촌의 자연 자원과 생산 기반을 활용해서 도시민의 체험과 휴양을 도모한다. 이는 농민과 농업 관련 법인에게 융자금을 지원하는 관광농업사업에서 시작되었으나, 기대만큼 성과가 나타나지 않았다. 그래서 개인이 아닌 마을에, 융자금이 아닌 소액의 보조금을 지원하는 형태로 농촌과 관광을 연결하고자 했다. 대표적인 사업은 2000년에 시작한 농림부의 녹색농촌체험

마을사업, 농진청의 전통테마마을사업이다. 두 가지 사업 모두 2억 원의 사업비를 민간자본 보조의 형태로 지원하는 사업이었다. 유기농업을 실천하면서 도농 교류를 하고 있던 마을, 역량을 갖춘 지도자가 있는 마을에서 소기의 성과가 나타나기 시작했다.

이러한 성과가 알려지면서 아름마을가꾸기사업(행정자치부), 정보화마을사업(행정자치부), 역사문화마을조성사업(문화관광부), 자연생태우수마을선정사업(환경부) 등의 지원사업이 생겨났다. 2004년 농림부는 4~5개 마을을 권역으로 지정해서 최대 70억 원을 지원하는 농촌마을종합개발사업을 시작했다. 광역 지방자치단체와 기초자치단체도 농촌마을에 대한 자체적인 지원정책을 만들기도 했다. 지금은 없어진 사업도 있지만 사회적 경제와 관련해 새로운 사업이 다수 생겼고, 기존 사업의 대상과 내용을 조정해 다양한 사업으로 변하기도 했다. 이런 사업들을 모두 포함해서, 파악하기 어려울 만큼 복잡하고 다양한 농촌 마을 지원사업을 추진하고 있다. 그래서 한 마을에 여러 사업을, 마을의 규모와 특성에 상관없이 과도하게 중복해서 지원하고 있다는 비판이 있다.

마을 단위 보조금 지원정책의 문제점

마을 단위 보조금 지원정책으로 마을사업을 할 때에는 다른 마을과 사업 내용이 비슷해서 차별성이 없고 수익성도 갖추지 못한다는 문제가 있다. 하지만 그보다 더 심각한 지적은 보조금 지원이 마을 내부의 갈등을 부추기고 있다는 점이다. 마을사업에서 주민 갈등이 심한 이유는 무엇일까? 이는 농촌 마을이 잘 조직된 '공동체'인 동시에, 마을 주민이 직원인 '회사'가 될 수 있다는 무리한 가정 때문이다.

전통적으로 농촌 마을은 공동체였다. 품앗이로 농사를 짓고, 먹거리를 나누고, 울력으로 집을 짓고, 아이를 같이 돌보고, 마을의 대소사를 함께 해결했다. 이는 다른 마을이나 번화가로의 이동이 불편하고 정보 교류가 원활하지 않았기 때문이다. 함께 해결하는 것이 효율적이었거나 그렇게 할 수밖에 없었다. 하지만 지금은 상황이 많이 달라졌다. 마을 안에서 다른 주민과 같이하지 않더라도 얼마든지 농사를 짓고, 또 살 수 있다. 예전처럼 꼭 필요하지도 않고 어쩔 수 없이 해야 하는 것도 아닌데 공동체로 사업을 하라고 한다. 더구나 가족도 공동체라 하고 지구도 공동체라 할 만큼 '공동체'라는 단어가 다양한 의미로 쓰인다. 사람마다 이해하는 내용과 수준이 다른 '공동체'를 하라고 하니 더 혼란스러울 수밖에 없다.

그러면 마을은 기업이 될 수 있을까. 경제적인 목적을 가진 마을의 활동 중에 가장 대표적인 것은 작목반이다. 하지만 작목반은 기업과 다르다. 기업은 전체의 잘 조직된 활동으로 수익을 만들어내고 조직과 개인의 계약을 통해 그 수익을 배분하지만, 작목반은 그렇지 않다. 생산 과정의 경비를 줄이고 유통 과정의 효율을 높이기 위해 관련된 일을 공동으로 하지만, 농사는 각자의 몫이다. 그래서 개인의 농사 규모와 역량에 따라 수익이 달라진다. 마을에 소득과 관련된 경제 활동은 그리 많지 않았고 역할과 책임이 분명한 하나의 조직을 만들어 사업을 하는 경우는 더 없었다. 예전에 나도 회사 역시 공동체가 되어야 한다는 생각으로 직원들에게 공동주택을 지어 같이 살자고 제안했더니, 호응하는 사람이 하나도 없었다. 어느 누가 자신이 일하는 회사의 사장과 한집 한마을에서 살고 싶을까. 마을은 삶을 지탱하는 공간이다. 마을 전체가 수익을 위해 움직이고, 이 때문에 권력과 위계가 생기면 개인은 삶을 지탱하기 어렵다. 마을 전체가 회사가 되어 소득을 높이고,

잘사는 마을을 만들 수 있다는 생각은 현실적이지 않다.

 마을·공동체·회사가 뒤섞인 무리한 가정 때문에 보조금을 지원받은 마을은 모두 비슷한 어려움을 겪고 있다. 이를 정리하면 이렇게 요약할 수 있다.

① 마을 주민이 대부분 참여하는 법인을 조직하라고 한다. 하지만 고령화된 마을에서 이렇게 법인을 만들기는 어렵다.
② 활동하기 어렵거나 관심이 없는 주민이 사업 조직의 구성원이 되면, 사업 추진에 번거로움이 많이 생긴다.
③ 출자금을 작게 하면 토지를 구매하는 등의 사업 준비가 어렵고, 1인당 같은 금액으로 하면 열심히 일할 주민이 없을 것이고, 자유롭게 하면 돈만 내고 일하지 않는 주민에게 수익이 돌아가니 출자금을 정하는 것이 어렵다.
④ 그래서 마을사업에 참여하는 사람은 봉사하라고 하는데, 언제까지 그렇게 할 수 있나. 그렇게 하면 나중에라도 사업이 잘되는 것일지 자신이 없다.
⑤ 마을사업에 참여하지 않거나 관심이 없는 사람이 마을사업으로 수익이 생기기 시작하면, 갈등을 일으키고 고소와 고발 등 극단적인 상황을 만든다. 이를 통해 마을은 주저앉는다.
⑥ 마을사업으로 수익이 발생하면 어르신이나 마을에 어려운 이웃을 돕고 싶은데 언제 그렇게 할 수 있을지 모르겠다.

 30대 후반에 다른 나라의 생태 마을 혹은 공동체 마을을 탐방하고 다닌 적이 있다. 방문한 마을에서 꼭 했던 질문은 '공동체가 잘 운영되는 조건이 무엇인가'였다. 그 답은 조금씩 달랐지만, 종합적으로 정리해보면 다음과 같다.

① 공동체는 공동으로 가진 것이나 공동으로 하는 일이 있어야 한다.
② 공동체 구성원은 공동으로 가진 것과 공동으로 하는 일이 무엇인지를 똑같이 인식하고 있어야 한다.
③ 공동으로 가지고, 공동으로 했을 때 혼자 가지거나 혼자 하는 것보다 더 큰 효과가 있어야 한다.
④ 민주적이고 합리적인 의사결정구조가 있어야 한다.

그런데 많은 공동체에서 추가적인 조건으로 글루glue가 있어야 한다고 했다. 글루는 이 네 가지의 공식적인 조건에도 불구하고 생기는 구성원 간의 갈등을 해결하고, 공동체 구성원이라는 자부심과 자존감을 유지하는 비공식적인 무언가라고 했다. 일본의 '코로하나' 공동체는 식사와 회의 전후에 부르는 합창이 글루였고, 유럽의 한 공동체는 춤이 글루이다. 공동체 방식의 사업 조직인 협동조합은 이 공동체의 조건, 4+α를 정확하게 충족하고 있다. 조금 더 확장하면 일반적인 회사도 이 조건을 만족해야 잘 운영할 수 있다. 모든 조직은 공동체성을 가지고 있기 때문에 이 조건은 일반적일 수 있다. 오히려 기존의 공동체 운동과 활동이 이 일반적 조건을 충족하지 못했던 것이 아닐까.

넓게 보면 가족에서부터 마을, 마을기업, 사회적 기업, 일반 회사 등 모두 공동체이다. 다만 이 공동체들이 운영되는 힘은 각각 다르다. 다양한 스펙트럼상에 있는 공동체 혹은 조직이 움직이는 동력을 집단성, 경제적 동기, 글루로 나누어 살펴보면 〈그림 1〉과 같다. 가족은 주로 집단적 의식에 의해 유지되지만, 기업은 경제적 이익에 의해 움직인다. 그림에 따르면 농촌 마을이 공동체인 동시에 회사의 성격을 가지

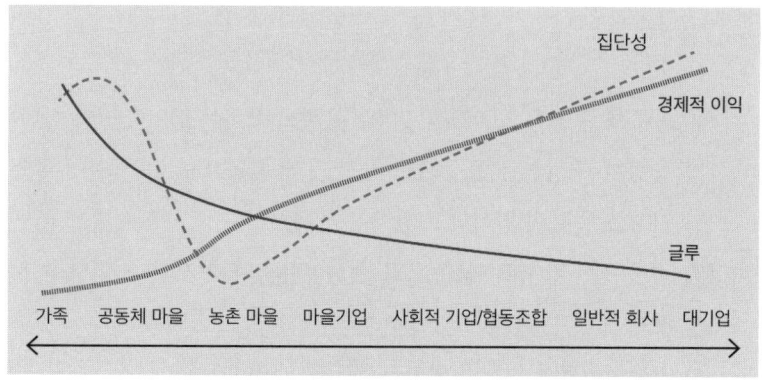

그림 1 | 다양한 공동체가 유지되는 요인들 간의 관계

려면 집단성, 경제적 이익, 글루가 적절하고 조화롭게 작동해야 한다. 그만큼 어려운 일이다. 농촌 마을은 하나의 단일한 공동체로 볼 수 없으며, 또한 기업 같은 경제적 이익이 중요한 사업 조직으로 만들기도 어렵다.

마을 단위 보조금 지원 방식의 개선 방안

마을 단위 보조금 지원사업의 근본적인 문제는 마을을 하나의 공동체 혹은 기업으로 보고 있어 발생한다. 그래서 '마을=공동체, 마을=사업 조직'이라는 생각을 버리면 된다. 마을 내부의 다양한 주민 활동과 사업을 담으면 된다. 농촌 마을에 아직 공동체가 남아 있다고 이야기하는 것은, 과거에 다양한 공동체 활동을 했었고 또 흔적이 남아 있기 때문이다. 하지만 그 활동은 마을 주민 전체가 참여하는 잘 조직된 활동이 아니다. 모든 주민이 작목반에 속해서 같은 농사를 짓지 않듯이, 공동체 활동에도 주민 모두가 참여하지 않았고 참여가 강요되지도 않았다. 필요한 일이 있으면 서로 모여 그때마다 일을 했다. 마을은 그런 상황을 포용하고 사람과 일을 느슨하게 조율했다.

이렇게 개념을 정리하면 마을사업을 위해 만들어야 하는 사업 조직에 마을 주민 전체가 참여할 필요가 없어진다. 실제로 사업을 추진하고 운영하는 주민 중심으로 만들면 된다. 즉 마을식당을 한다면 부녀회가 영농조합이나 협동조합을 만들어 운영하면 되고, 체험장을 운영한다면 청년들을 중심으로 사업단을 만들면 된다. 하지만 보조금을 직접 조합이나 사업단에 지원할 수 없다. 마을 단위 보조금 지원사업은 마을에 지원한 것이고, 그 지원금에 대한 수혜는 마을 전체에 돌아가야 하기 때문이다. 마을 단위 보조금 지원사업에서 일어나는 갈등도 이 부분에서 시작된다. 마을사업은 주민 전체가 공유하는 자원인 마을의 역사·문화·전통·공간을 활용하는 사업이다. 그런데 일부 주민에게만 이익이 돌아가는 것으로 보이기 때문이다.

그러면 보조금을 어떻게 지원해야 할까. 마을 주민 전체가 참여하는 사단법인·재단법인·사회적협동조합·협동조합·영농조합과 같은 법인이 있다면, 이 법인에 보조금을 지원하면 된다. 하지만 법인을 만드는 방법과 절차가 까다로워 조금 더 만들기 쉬운 '마을회'를 활용할 수 있다. 마을회는 법적으로는 비영리민간단체이며 정관과 회의록을 작성해서 지자체에 등록하면 된다. 마을회는 세무서에서 고유번호를 부여받아 사업자 등록도 가능하며 부동산도 소유할 수 있다. 민법 제275조에 따르면 '총유總有'라 해서, 개인과 법인이 아니더라도 개인이 모인 집단이 부동산을 소유할 수 있도록 하고 있다. 종중의 부동산도 이 방식으로 등기한다.

이렇게 마을을 대표하는 법인이나 마을회에 보조금을 지원해서 만들어진 공간과 시설은 마을 전체의 소유가 된다. 이제 마을과 실질적인 사업 조직과의 관계를 정리해야 한다. 마을식당을 만들었다면 이 식당은 마을이 소유한 것이고 실질적인 사업 조직, 예를 들어 부녀회는 이 식당을 임대해서 활용할 수 있다. 그리고 부녀회는 식당의 수익을 임대료 혹은 마을 기금으로 마을과 공유한다. 사업 조직이 마을에 하나일 필요도 없다. 사업 내용에 따라 마을식당을 운영하는 조직, 체험장을 운영하는 조직, 농산물을 가공하는 조직 등 여러 개를 만들 수 있다. 마을은 각 사업 조직이 공유한 수익을 모아 마을 전체 발전을 위해 쓰거나 취약계층을 지원하는 등 공공적으로 활용할 수 있다. 개발위원회 등에서 논의하고 총회를 통해 의결하면 될 것이다. 이렇게 하면 사소한 갈등으로 마을 전체가 흔들리는 일은 줄어든다. 실질적인 사업 조직이 제대로 사업을 추진하지 않거나 문제가 생기면 마을은 이 조직을 바꾸면 된다. 보조금으로 만들어진 자산을 소유하는 주체와 활용하는 주체를 분리했기 때문에, 역할과 책임은 분산되고 문제가 발생하면 대응할 수 있는 역량은 늘어난다. 이에 따라 갈등 관리는 구조화되고 대안을 찾기가 쉬워진다.

　마을사업의 문제점 가운데 다른 하나는 보조금으로 만든 자산이 사유화되는 현상이다. 마을 단위 보조금으로 토지를 매입할 수 없어 마을이 소유한 토지가 없는 경우, 주민의 토지를 활용하기도 한다. 대개 토지를 가진 주민이 사업 조직에도 참여한다. 때문에 사업을 추진할 때 토지를 가진 주민의 입김이 강해지고, 이 주민이 보조금으로 만들어진 시설을 사유화할 가능성이 생긴다. 마을이 토지를 임대하는 경우 보조금 지원을 받기 위해서는 임대를 장기간으로 설정해야 한다. 하지만 임대 기간이 끝나면 소유는 모호해진다. 법적으로 토지는 주민, 건축물은 마을의 소유이다. 하지만 이는 마을사업이 잘 추진되든 그렇지 않든 분쟁과 갈등의 소지를 만든다. 그래서 사유화를 암묵적으로 인정하기도 한다. 마을사업을 추진할 때 마을을 대표하는 법인이나 마을회가 토지를 소유하고 보조금을 지원받는 것이 바람직하다.

하지만 마을이 공동의 토지를 가지고 있지 않거나 토지를 살 수 있는 자금이 없는 경우가 있다. 이럴 때는 보조금으로 토지를 매입하고 관련 시설을 주민 스스로 조성하는 지원 방식으로 전환하는 것을 고민해볼 필요가 있다. 강원도의 새농어촌건설운동의 경우 상사업비를 지원하기 때문에, 토지 매입이 가능해서 더 다양한 마을사업을 할 수 있었다. 마을이 사업 계획을 수립하면 그 사업을 추진할 대상 토지를 매입할 수 있도록, 마을을 대표하는 법인이나 마을회에 보조금을 지원한다. 그리고 실질적인 사업 조직이 스스로 자금을 모아 그 토지 위에 관련 시설을 만들도록 하는 것이다. 이렇게 하면 사업 조직은 자신이 할 수 있는 사업 규모에 맞게 시설을 조성한다. 때문에 불필요하게 큰 규모의 시설을 만들지 않을 것이고, 정부 조달 방식보다 적은 비용으로 시설을 조성할 수 있다. 물론 특정한 주민의 토지를 매입하면서 발생할 수 있는 문제, 토지 매입가를 공정하고 합리적으로 결정하는 문제 등을 해결해야 한다. 하지만 마을 단위로 지원한 보조금이 사유화되는 일은 막을 수 있을 것이다.

또한, 보조금이 아니라 융자 지원을 고려해볼 수 있다. 마을 단위 지원사업은 아니지만 최근 행정안전부가 지역자산화 지원사업을 시작했는데 참고할 만하다. 행정안전부는 시민단체나 사회적 경제조직이 지역사회에 필요한 토지와 공간을 개인이나 공공기관의 소유가 아닌 공유 방식으로 소유·관리할 경우 저렴한 금리의 융자금을 지원한다. 금리가 낮고 상환 기간이 길면 융자 지원도 보조금 지원과 유사한 효과를 낼 수 있다. 농촌 마을이 자산을 소유·관리할 투명한 구조를 갖추고 보조금·융자 지원을 통해 자산을 확보한다면, 이 자산은 없어지지 않는다. 지금 당장 활용하지 않더라도 농촌의 새로운 가치를 발견하고 들어오고 있는 청년들이나 그들의 자녀가 활용할 수 있을 것이다. 마을 단위 보조금 지원사업을 보다 장기적인 안목으로 바라봐야 한다.

'돈'보다 마을의 '공동체성'이 우선되어야

농업·농촌 분야의 보조금이 역할을 다하고 있는지에 대해 답을 찾다 보면, 모두 직불제로 전환하는 것이 맞지 않나 싶기도 하다. 하지만 보조금 정책은 미래의 사회 변화에 대응하고 공공적·공익적 목적을 위해 필요하다는 주장에 일정 부분 동의한다. 그러기에 농촌 마을 보조금은 필요하다. 왜냐하면 농촌 마을이 그 역할을 하지 못하면 농촌 사회를 유지하기 위해 더 많은 비용을 지불해야 할 것이므로. 이제 농촌 마을이 보조금 지원사업의 목적에 맞게 마을사업을 할 수 있게 해야 한다.

현장에서는 지원정책의 목적이나 내용과 상관없이, 지원받는 주체의 역량에 따라 그 성과가 달라지는 상황을 수없이 보아왔다. 보조금을 지원하기 전에 마을의 역량이 있는지, 민주적·합리적으로 운영되는지 판단해야 한다. 그렇지 않다면 역량을 갖추고 거버넌스를 형성할 수 있도록 작은 활동부터 하게 해야 한다. 마을사업이 마을에서 할 수 있는 모든 일을 단기간에 다 해버리는 종합 사업이 되어서는 안 된다. 모든 마을이 역량에 맞는 사업을 하나씩 하나씩 해나갈 수 있도록, 분야별 지원을 통합해서 장기적·체계적으로 지원해야 한다. 지금까지 농촌 마을을 지탱해온 힘은 '돈'이 아니라 '공동체성'이었고, 보조금을 지원하는 이유도 무엇보다 농촌 마을이 사회적으로 유지될 수 있기 위한 것임을 잊지 않아야 한다.

보조사업이
농업과 농민에게
미치는 영향

박기윤
화천현장귀농학교 교장

보조금을 둘러싼 현실

올해 초에 있었던 일이다. 기술센터에서 안내가 와서 면사무소 2층으로 가니 농자재 보조금을 신청하려는 주민들로 북적인다. 여기저기 인사를 나누며 준비된 자리에 앉아 있으니 담당계장님이 올해의 보조금 집행 기준에 대해 설명을 한다. 다들 주의를 집중하고 듣고 있지만 무슨 말인지 귀에 잘 들어오지 않는다. 신청 방법과 주의사항 등 설명이 끝나고 신청서 작성 시간이 되니 그야말로 도떼기시장이다. 수백 명의 주민들이 수십 가지의 보조사업을 각 사업마다 한 개씩 사업신청서를 쓰자니 벌어질 수밖에 없는 일이다. 그것도 평균 나이 60대가 넘는 농사꾼들이 각 신청서마다 이름, 주소, 필지를 다 쓰고 보조사업 내용을 적고, 농자재의 경우 제품명과 생산회사 이름까지 적어야 한다. 게다가 전체 사업비 가운데 보조금액을 제외한 자부담 금액만큼 일반 거래통장이 아니라 잔고가 0원인 별도의 보조금 통장에 입금하고 그 통장을 제시해야 한다. 그러니 필지 주소를 몰라 집에 전화하는 사람, 옆 사람 걸 보고 쓰려고 재촉하는 사람, 통장에 자부담금을 안 넣어서 다시 농협 갔다 오는 사람, 어려워서 못하겠다고 성질내는 사람 등으로 소란하기가 그지없다.

위의 내용은 2016년 모 신문에 기고했던 글의 일부인데, 몇 년이 지나고 정부가 바뀐 올해도 변함없이 벌어진 모습이다. 아니 오히려 해가 갈수록 농민들의 고령화가 심해져 더 혼란스럽다. 이렇게 어렵게 신청을 하고 선정되면 보조금 청구서를 작성해야 하고, 보조사업을 진행하고 나면 또 완료보고서·정산보고서·산출내역서 등을 작성해서 제출해야 한다. 신청서나 정산서 등의 서류를 자료와 함께 갖추어 작성하는 것 자체가 큰일이다 보니 농자재 업체가 대행해주는 경우가 비일비재하다. 신청하는 당일에나 알 수 있는 중앙정부사업·광역시도사업·지자체사업 등 종류도 많고 보조 비율도 가지가지인 사업들의 내용과 성격을 정확히 이해하는 농민은 사실 거의 없다. 게다가 일반적인 보조사업 기간이 지난 후에, 특정 사업에 대한 추가 보조사업도 가끔 있는데, 그야말로 깜깜이다. 이러니 귀농·귀촌하신 분이나 지역에서 소외된 분들은 아는 놈들끼리만 다 해먹는다고 불만을 터뜨리기도 한다.

보조사업, 누구를 위한 것인가

우리나라 농정 예산의 많은 부분을 차지하고 있는 보조사업은 크게 세 가지로 구별할 수 있다.

첫째는 농자재 지원사업이다. 친환경 자재, 토양 환경 개선재, 퇴비 등을 보조해주는 사업이다. 농가 입장에서는 많은 도움이 되기도 하지만, 당장 필요 없는 자재라도 받아놓지 않으면 손해를 보는 것 같은 심정이 되기 때문에 가능한 모든 자재를 신청하게 된다. 이전에 농민들은 은행잎이나 돼지감자 등 여러 자재를 구해다 물에 넣고 끓이거나 알코올에 우려서 자신이 사용할 친환경 농자재를 직접 만들었다. 나무껍질이나 톱밥을 구해 짐승이나 사람의 똥을 섞어 퇴비를 만들어 쌓아놓던 농민들도 있었다. 지금은 이렇게 애써 내 농사에 필요한 자재를 스스로 만드는 사람은 아주 드물다. 노력도 비용도 들지 않으니 쓰든 안 쓰든 일단은 지원사업을 신청해서 농자재를 쌓아놓는 것이다. 이처럼 과수요가 있으니 당연히 단가에 거품이 낀다.

귀농 초기에 생선 부산물로 만든 액비가 10L 한 통에 1~2만 원 했는데, 몇 년 후 보조사업 대상이 되니 한 통에 10만 원까지 치솟았다. 재료비나 원가는 그대로지만 정부 지원사업에 선정되는 순간 단가가 올라간다. 시판 친환경 충해(진딧물 등) 방지 약제는 250ml 작은 병 하나에 보통 2~3만 원씩 한다. 이 가격의 50%는 지원사업으로 보조를 받는다. 하지만 이미 뻥튀기된 단가에 50% 지원을 받아봤자, 농민에게 도움이 되기보다는 업체 배만 불리게 된다.

게다가 이런 방식은 잘못하면 농민을 범죄자로 만든다. 만약 내가 생선 액비 10통을 신청했다면 전체 100만 원 중 자부담으로 50만 원을 내야 한다. 그런데 업체는 10통을 갖다준 것으로 서류를 만들고 실제로는 5통만 갖다준다. 그리고 보조금 50만 원은 자기들이 먹고 자부담은 내게 돌려준다. 이러면 나는 자부담은 한 푼도 내지 않고 액비를 5통 공짜로 얻는 셈이다. 이렇게 나와 업체는 보조금 사기의 동업자가 되는데, 공짜로 얻은 액비이니 그것이 내게 꼭 필요한지 아닌지는 별 의미가 없다. 이미 단가를 올려놓았고 많이만 공급하면 수익은 저절로 나는 거니까, 어떻게 하든지 업체가 손해 보는 일은 없다.

지금은 공급 방법이 바뀌었지만 몇 년 전까지만 해도 산성토양을 개량하는 용도로 석회나 규산질 비료를, 녹비용으로는 호밀 종자 등을 농민에게 무상으로 공급했다. 조금이라도 적게 받을까봐 앞다투어 받아놓은 그 비료는 햇빛을 받아 포장 비닐이 다 삭을 지경이 되도록 농로農路나 농가 마당 한쪽에 쌓여 있었다. 호밀은 붉은 소독약이 흰색이 되고 씨앗끼리 뭉쳐 떡이 되도록 방치됐다. 보조로, 공짜로 받은 것이라서 그렇다.

둘째는 시설 자금이다. 비닐하우스나 저온저장고 등을 설치할 때 보조금을 지급하는 사업인데, 이것도 마찬가지다. 지금 도시 가정에 냉장고가 있듯이 대부분 농가에 저온저장고가 들어섰다. 그런데 시간이 지나면서 신선 농산물 저장고가 아닌 그냥 창고가 되어버린 경우도 있다. 작목을 결정하지도 않고 무턱대고 보조받아 지은 비닐하우스는 골조만 남고 풀밭이 되어 곳곳에 널려 있다. 이제는 시공업자가 전화를 걸어 '동네의 누구누구는 어떤 시설을 보조받았는데 당신은 왜 안 하느냐, 그냥 있지 말고 신청하라'고 정보를 주는 일이 흔한 현실이 되었다.

몇 년 전, 여름 채소를 재배하다 보니 저온저장고가 필요해서 개인적으로 업체에 견적을 내본 적이 있다. 그리고 그 해 보조사업으로 나온 견적과 비교해보았는데, 제조 회사와 모델이 같은데도 가격이 너무 달라서 깜짝 놀랐다. 그래도 개인적으로 사는 것보다는 이익이라, 견적 차이가 나는 것을 뻔히 알고서도 그 가격에 설치하게 됐다. 이렇게 공짜 돈이 들어가다 보니 직영으로 시공할 때보다 단가가 아무리 높아도 누구도 불평하지 않는다. 내 돈으로 짓는 것보다는 조금이라도 싸니까.

하지만 절실하게 필요하지도 않은데, 보조라는 미끼 때문에 지출하는 '비용'의 관점으로 본다면 어떨까? 겉으로는 남는 것 같지만 실제로는 밑지는 장사를 한 셈이다.

비닐하우스를 100% 내 돈으로 짓겠다고 하면 지역에서 미친 사람

취급을 받는다. 저온저장고나 건조기 등 다른 모든 농업 관련 시설도 마찬가지다. 서비스업이든 농업이든, 크든 작든 내 사업은 내가 투자해야 하는 것이 정상이다. 내게 필요한 시설을 남의 돈으로 짓겠다는 생각이 이상한 것 아닌가?

셋째는 특정 작물을 지원해주는 사업이다. 이 사업은 특히 위험하다. 우리나라같이 작은 나라에서 어떤 작목을 보조금으로 밀어주면, 너도나도 뛰어들어 과잉 생산이 될 것은 불을 보듯 뻔하다. 결국에는 자기가 투자해서 열심히 농사짓던 사람마저 다 망하게 만드는 일이다. 예를 들어 강원도에서 기후변화 때문에 자연스럽게 생육 지역이 확대된 사과 같은 과일을 새로운 소득 작목으로 밀어주면 어떨까? 묘목 값이나 과수원 시설 설치 자금 등을 지원해주면 강원도의 사과 공급은 늘어날 것이다. 기존 사과 재배 지역이 여전히 사과를 생산하고 있는 상황에서, 수요는 증가하지 않았는데 공급만 늘어나니 전국 사과 농가는 다 망하게 된다는 말이다.

쌀을 정부에서 100% 수매를 하지 않는 순간부터 농민들은 비정규직으로 전락해버렸다. 벼농사는 수리 시설이 완비되어 있고, 기계화가 어느 정도 진행되었기 때문에 기후변화와 상관없이 면적에 따라 일정 소출을 기대할 수 있다. 비록 수매가가 10년 전이나 현재나 변동이 없다 하더라도 정부가 모두 매입해주니까 내가 짓는 논의 면적에 비례해서 소득이 딱 정해졌다. 그것이 농민들 입장에서는 기본급이었다는 말이다. 매년 얼마 정도의 소득이 보장되니까, 나머지 필요한 돈은 고추든 애호박이든 여러 가지 농사를 통해 메워나가면 됐다. 그런데 이제는 쌀농사가 무너져 최소한의 기본급이 없는 농사를 지어야 하다 보니 여차하면 한 해 소득이 전혀 없는 지경이 된다. 그야말로 성과급 100%의 비정규직 농사꾼이 된 셈이다.

그러니 농민이 작물을 선택할 때는 아주 보수적이다. 한 해 지출 규모를 철저히 따져 그 돈을 벌어 올 수 있도록 작물의 포트폴리오를 짜야 하는데, 신규 작물이나 특용작물처럼 성과가 불명확한 데는 투자를 하기도 쉽지 않다. 작목 전환을 할 때도 주위 농민들의 경험과 성과를 몇 년에 걸쳐 지켜보고 조심스럽게 결정을 하게 된다. 신규 작물을 시작하는 것도, 기존 작물을 포기하는 것도 장시간에 걸쳐 서서히 전개되는 일이다.

이렇게 자연스럽게 시간을 거쳐 작목을 전환해도 기존 시장을 뚫고 경쟁력을 확보하는 것은 쉽지 않다. 뿐만 아니라 전체 시장의 수요·공급 구조 속에서 성패가 결정된다. 그러니 신중하고 또 신중해야 한다. 그런데 여기에 관이 개입하는 순간, 그간 전국의 농민이 알게 모르게 섬세하게 짜놓았던 농산물 생산·공급 시스템이 다 깨져버린다. 몇 년 전 쌀을 포기한 철원의 농민들이 비닐하우스를 지원받아 논에 설치하고 파프리카 농사를 지었을 때, 과잉 공급으로 전국의 파프리카 농가가 다 도산할 뻔했던 기억이 있지 않은가?

보조사업의 여섯 가지 문제점

현행 보조사업으로 비롯된 문제점을 대략 정리해보면 아래와 같다.

첫째, 농민을 종속적인 존재로 만들어버렸다. 조금이라도 사업을 받으려면 지자체장이나 기술센터 공무원의 비위를 거스르면 안 되니까, 관에 협조적인 농민이 되어야 한다. 보조사업 정산 과정에서 꼬투리를 잡히지 않기 위해 긴밀한 관계를 유지해야 한다.

둘째, 지역의 학연·혈연으로 엮인 튼튼한 구조 속에서 혜택을 받는 사람들과 그렇지 못한 사람들을 갈라서 서로 불화하게 만들었다. 그런 구조가 결국 지자체장·의원·조합장 등의 선거에서 죽고 사는 판이 되었다.

셋째, 농자재 투입 중심의 농업으로 만들었다. 이제 우리 토양은 양분 결핍이 문제가 아니라 과다 투입이 문제이다. 덧셈이 아니라 뺄셈이 중요해졌다는 얘기이다. 하지만 보조사업을 통한 농정은 여전히 농자재를 더 많이 넣는 데 관심을 갖게 한다. 공짜 심리로 인해 대량으로 쌓아두고 대량으로 살포하는 방식이 지속된다.

넷째, 아까운 세금을 낭비해서 농민에게 직접 혜택을 주는 것이 아니라, 농업·농촌 관련 사업 업체의 배를 불린다. 알다시피 관급 공사와 일반 공사는 단가가 다르다. 개인이 발주하면 1,000만 원으로 시공할 수 있는 작업이 관에서 발주하면 3,000만 원으로도 힘들다. 마찬가지로 관정을 하나 파거나, 건조기를 구입하거나, 영양제를 한 통 사도 보조금 지원을 받으면 훨씬 비싸다.

다섯째, 시장 구조를 교란한다. 농민을 위한다고 보조금을 지원하면 원가가 낮아진 농산물이 대량으로 시장에 유입되고 전체 시스템을 흔들어 결국 그 작물을 재배하는 농가 전체가 타격을 받는다. 그렇게 힘들어진 기존 농가 중 일부가 또 다른 작물로 돌아서는 순간, 그 작물마저 타격을 받는 도미노 현상이 벌어지게 된다는 말이다.

여섯째, 소비자들의 농민에 대한 부정적 시각을 확산시켰다. 현행 보조사업 방식을 통한 예산 투입은 실제 농민 개개인에게는 큰 도움이 되지 않는다. 하지만 도시민이 보기에 농민은 모든 것을 공짜로 지원받고 그럼에도 늘 손을 내밀고 달라고 떼를 쓰는 거지다.

이렇게 보조사업은 우리 농업을 토양 관리 중심이 아니라 사용 자재 중심으로 왜곡시키는 주범이 되었다. 그리고 그 자금을 담당하는 공무원의 수를 늘려, 그들의 어깨에 힘만 넣어주었다. 사실 농업기술센터 공무원의 업무 가운데는 농가를 방문하여 농민의 애로사항을 듣고 함께 고민하는 것도 있을텐데, 실제 업무의 대부분은 보조사업 관련인 것이 현실이다. 친환경계는 농자재, 유통계는 포장지나 택배박스, 축산계는 시설이나 미생물 제재 공급 관련 보조사업 업무를 처리하느라 눈코 뜰 새 없이 바쁘다.

누구나 알고 있는 문제점임에도 불구하고 보조사업 중심의 농정이 바뀌지 않는 이유는 무엇 때문일까?

보조사업 중심의 농정이 바뀌지 않는 이유

여러 지역을 다니다 보니 농민 조직이 지자체의 농정을 살피고 감시하는 역할을 해야 함에도 불구하고, 지자체장의 하수인이 되어버린 곳이 적지 않았다. 보조금이라는 수단을 가지고 농민을 정치적으로 이용해 버린 것이다. 선거나 투표를 통해 선출 권력을 뽑는 현행의 지자체 제도 아래에서, 주민의 심부름꾼이어야 하는 관료 조직이 보조금 배분 권력을 통해 주민의 위에 군림하게 되었다. 과연 이 막강한 권력을 스스로 내려놓을 수 있을까? 이 배분 권력을 이용해 주민들을 줄 세워야 재선, 삼선이 가능한데 어떤 지자체장이 이 권력을 포기할 수 있을까?

농민들은 어떠한가? 가만히만 있으면 현행 보조사업이 계속될 거라고 생각하고 있다. 특히 규모가 큰 농가일수록 혜택을 받기가 더 쉬운 상황에서 농민들 스스로가 보조사업을 없애자고 얘기할 리는 만무하다. 일 년에 기껏 농자재 보조금 십여만 원 받는 농가나, 시설 개선부터 악취 제거제까지 모두 지원받는 축산 농가나 모두 공짜를 포기할 마음이 없다. 이미 혜택을 받고 있는 사람에게 그 하나를 내놓으라고 얘기하는 것은 정당성의 여부를 떠나 극도의 반발을 불러일으킨다. 그만큼 정치권이나 주민 조직에서 문제를 제기하기는 어렵다. 그런데 혹시 농민은 그나마 받던 혜택이 없어질까봐 눈을 감고, 관료는 농민을 통제하고 관리할 수단을 잃을까봐, 일자리가 줄어들까봐 눈 감고, 정치권은 표가 무서워 또 눈 감는 것은 아닐지.

농민이 책임 있는 농업 실행 주체로 자립할 수 있게 도우는 정책이 필요하다

내 사업은 내가 투자해야 한다. 비닐하우스를 짓든, 아스파라거스를 심고자 하든 온전히 내가 투자하고 내가 책임져야 한다. 현금이 없으면 보조가 아니라 융자를 받아서 사업을 진행하는 것이 당연하다. 그때 농협은 농민이 투자할 자금을 쉽게 빌릴 수 있게 문턱을 낮춰주고, 정부는 이자를 아예 없애거나 상환 기간을 농민에게 유리하도록 설정하는 데 노력해야 옳다. 기술센터는 농민의 애로사항을 해소해서 농사나 연관사업을 진행하는 데 걸림돌이 없도록 지원해주거나 정보, 기술 소개, 교육을 통해 농민의 경쟁력을 강화시키는 일을 해야 한다.

그리고 보조사업에 쓰던 예산을 직불금이나 기본소득 등으로 농민에게 직접 지불해서 농민이 농업 예산의 직접적인 혜택을 받고, 실행 주체가 되게 해야 한다. 그 예산으로 농자재를 구입하건, 비닐하우스를 짓건, 신규 작물에 투자를 하건 간에 투자할 대상과 과정, 결과를 모두 농민이 직접 결정하고 책임지도록 해야 한다. 아울러 공공 급식 등 국가·지자체 차원의 식품 공급체계에 예산을 투입해서 소비자의 부담을 줄여 줄여주고 이를 통해 우리 농산물 소비를 늘려 농업·농촌의 지속가능성을 높여야 한다.

행정 보조금의
의미와 개선점

구자인
충남연구원 마을만들기지원센터 센터장

행정 보조사업을 둘러싼 말, 말, 말

농업과 농촌이 갈수록 어려워지고 있다. 국가정책이, 시장경제가 벼랑 끝으로 몰고 있다는 느낌이다. 여기에 더하여 자생력이 떨어지니 보완책으로 행정 보조사업이 늘어나고 있다. 많은 경우에는 식량 안보나 국민 휴양같은 농업·농촌의 '다원적 기능'을 강조하며 행정 지원의 근거를 찾는다. 농어민수당에서 나아가 기본소득까지 주장하며 농업·농촌의 공익적 가치를 강조한다. 행정의 보조(지원)와 주민의 자치(자급) 사이에서 어떻게 균형을 찾아야 하나?

농촌 사회에서는 오래전부터 행정 보조사업을 둘러싸고 다양한 말이 돌아다녔다. 발 없는 말이 천리를 간다고, 농촌을 다니다 보면 이런 말을 자주 듣게 된다.

아는 놈끼리 다 해먹는다. 미리 업체와 짬짜미하면 자부담도 필요 없다. 공무원이 제 주머니 쌈짓돈마냥 나눠준다. 우리 위원장은 돈 쓰고 정산 보고하는 것 못 봤다. 귀농·귀촌인들이 보조사업 다 가져간다.

대개는 개인 경험에서 나온 에피소드 같은 말이고, 근거가 희박하거나 일부 사례에 국한된 말이다. 보조사업 자체를 잘못 이해하거나 오해한 데서 비롯한 말이 대부분이다. 하지만 이런 경험담 자체가 농촌에 누적되어 온 오랜 비리를 반영하고 있다는 점도 인정할 수밖에 없다. 무엇이 진실일까? 통계적인 실태는 알기 어렵다.

필자는 행정에서 임기제 공무원으로 8년을 근무한 경험이 있다. 또 중간지원조직에서 이래저래 8년을 활동하다 보니 행정과 민간의 입장을 나름대로 이해하게 됐다. 그래서 '통역'하는 역할도 자주 담당한다. 보조사업 해석은 행정과 민간이 직접 부닥치는 첨예한 영역이라 가장 어려운 분야라 할 수 있다. 또 서로에 대한 오해와 불신, 이미지 비판이 많아 양쪽 모두 설득하기가 정말 어려웠다. 이 글에서는 이런 경험에 기초해서 행정 보조사업의 성격을 원론적으로 정리해보고, 문제점을 검토하면서 현실 상황에 맞는 개선 방향을 몇 가지 제안하고자 한다.

보조사업, 알고 보면 훨씬 복잡하고 체계적이다

충청남도 통계자료를 보면 2020년 지방보조금은 총 4조 2,652억 원으로, 전체 예산의 62.5%에 해당한다. 그중 농림해양수산 분야는 8,975억 원으로 전체 지방보조금의 21.0% 정도다. 충남도만으로 연간 9,000억 원 정도가 농산어촌의 보조사업으로 지원되니 적지 않은 예산이다. 하지만 보조사업을 둘러싼 제도적 측면은 매우 복잡하고, 민간이 이를 이해하기는 정말 어렵다.

먼저, 보조사업이 무엇인지 법률적 의미를 살펴보면 아래와 같이 정의된다. 그런데 사실 쉽게 다가오지 않는다.

- 「지방재정법(제17조 1항 4번)」과 「보조금 관리에 관한 법률(제2조 1,2항)」: "지자체 소관 사무와 관련, 보조금을 지출하지 아니하면 개인 또는 단체가 사업을 수행할 수 없는 경우로서 지자체가 권장하는 사업을 위하여 필요하다고 인정되는 경우에 보조하는 사업."
- 「충청남도 지방보조금 관리 조례(제2조)」: '보조금'은 "행정 외의 자가 행하는 사무 또는 사업에 대하여 공익상, 시책상의 필요에 따라 행정이 이를 조성하거나 재정상의 원조를 하기 위하여 교부하는 자금(1항)." '보조사업'은 "보조금의 교부대상이 되는 사업(2항)."

조금 더 알기 쉽게 표현하면 '지방자치단체가 민간 등이 자율적으로 수행하는 사업에 대해 개인 또는 단체 등에 지원하거나, 시·도가 정책상 또는 재정 사정상 특히 필요하다고 인정할 때 시·군·구에 지원하는 재정상의 원조'라 할 수 있다. 행정이 민간에 지원하는 경우 외

표 1 | 보조사업의 유형과 세부 구분

구분		세부 유형과 예산 편성목
대상별	공공단체 보조	자치단체 자본·경상 보조, 예비군육성 지원자본·경상 보조, 교육기관에 대한 보조
	민간 보조	민간 경상·자본사업 보조, 민간 행사사업 보조, 민간단체 법정운영비 보조, 사회복지시설 법정운영비 보조, 사회복지사업 보조, 운수업계 보조
내용별	경상 보조	보조사업자의 경상적 사업경비의 지급을 위한 보조
	자본 보조	보조사업자의 자본 형성을 위한 보조

*자료: 지방자치인재개발원, 『2020년도 공통교재 지방예산실무』, 2020.2.

에 광역 행정에서 기초 행정에 지원하는 경우도 보조사업이라 부른다. 그래서 보조사업의 유형은 매우 다양하고 복잡하다(표 1). 그 가운데 농업인이나 농촌 주민이 직접 관계하는 대부분의 보조사업은 민간 경상사업 보조(민경보)와 민간 자본사업 보조(민자보), 두 개 유형에 해당한다.

행정에서는 이런 보조사업에 대해 '법령 또는 조례에 명시된 사무와 관련해서 예산을 편성해야 한다'는 원칙이 있다. 또 선심성·낭비성 지원을 방지하기 위해 지방보조금 총액한도제를 운영하고, 지원 대상을 명확하게 규정하도록 요구한다. 또 심의위원회를 구성해서 심사 절차를 거쳐야 하며, 부정수급에 대한 벌칙까지 정하고 있다. 민간에서 비판이 많은 만큼 행정도 계속 제도를 개선하고, 관리 체계를 정비하는 등 나름대로 꾸준히 노력하고 있다.

여기까지 읽으면 머리가 지끈지끈 아파오고, 행정도 사실 별 문제가 없어 보인다. 기획재정부에서는 '국고보조금통합관리시스템(e나라도움)'을 운영하면서 부정수급 문제에 대처하고 있다. 또 일부 지방자치단체는 각종 보조사업 설명서를 책자로 제작해서 읍면사무소에 비치하고, 설명회를 개최하는 경우도 있다. 충청남도 감사위원회 감사과에서는 『만화로 보는 지방보조사업 안내서』(2020)를 발간했다. 최근에는 코로나19로 사업설명회 개최가 어려워지자 중간지원조직이 나서 유튜브를 통해 동영상 자료를 많이 제공한다.

그만큼 행정 보조사업은 나름대로 관리가 잘되고, 설명 방식도 세련되어 가는 것처럼 보인다. 하지만 현실에서는 여전히 피부에 와닿지 않고, 앞의 예시처럼 온갖 소문이 돌아다닌다. 여전히 개선해야 할 부분이 많다는 말이다.

보조사업이냐 위탁사업이냐, 미묘하지만 중요한 차이

보조사업 관련해서 먼저 짚어야 할 점은 '민간위탁' 사업과 구분하는 것이다. 이것은 지원사업의 성격, 예산과목 편성, 책임 문제 등과 관련되고 행정조차도 계속 착각하는 부분이다. 일단 '보조사업'은 민간에서 추진하는 사업의 활성화를 목표로 예산을 지원하는 것이고, '민간위탁'은 행정이 시행해야 할 서비스를 민간과의 협약을 통해서 민간에 위탁 운영하는 것이다. 이 말은 '조례에 명시되고 공공성이 있는 행정사무'라면 보조사업이 아니라 위탁사업으로 처리해야 한다는 뜻이다.

예를 들어, 농자재 지원이나 농업 생산기반 정비와 같은 농업정책 관련 사업은 대부분 보조사업 영역에 해당한다. 이것은 생산을 자극하는 경제정책에 복지정책이 가미된 지원사업인 셈이다. 하지만 농촌 생활 환경 정비나 역량강화사업 같은 농촌정책 관련 사업은 사실 보조사업 영역인지 아닌지 매우 모호하다. 이것은 균형 발전 차원에서 행정이 지원하는 생활 환경 인프라 구축이고 지역정책 영역이라 볼 수 있기 때문이다.

농촌 활성화를 위해 민간단체가 하는 활동과 마을공동체 활동은 '민간 스스로 추진해야 할 활동'으로 볼 것인지, '공공성이 있는 사무'로 볼 것인지에 따라 사업 성격이 판이하게 달라진다. 마을에서 추진위원회를 구성해서 마을사업을 하는 경우, 혹은 마을만들기협의회를 구성해서 '마을공동체 한마당' 같은 행사를 하는 경우, 이를 지원하는 사업은 보조사업일까? 아니면 위탁사업일까?

사실 농업·농촌 분야에서 이런 딜레마는 자주 발생한다. 우리가 하는 일이 수익사업도 아니고 내 개인의 안위나 영달을 위한 사업도 아닌데, 왜 보조사업이라 하는지? 행정에서 예산을 지원하는 사업임이 분명하고, 우리 단체가 하고 싶은 일이 분명하긴 한데 그렇다고 공공성이 없는 것도 아니고……. 보조사업의 틀 안에 들어가다 보니 공모사업처럼 사업계획서를 적어야 하고, 행정에서는 괜히 선심 쓰는 것처럼 말하고, 정산할 때에는 '세금 도둑' 취급당하고……. 이런 기분을 느끼는 민간단체 실무자는 사실 적지 않다. '공공성이 있는 행정사무'라고 보면 행정이 오히려 미안해하며 부탁하는 입장이 되어야 할 상황인데도 말이다.

농림축산식품부에서 내려오는 사업은 보조사업이 많고, 개인에 대한 보조사업과 민간단체에 대한 위탁사업이 전혀 구별되지 않는다. 또 민간위탁과 마찬가지로 보조사업과 혼동하는 개념으로 용역, 사용·수익허가, 대행 등의 행정사업 유형도 있다. 각각은 아래와 같이 사업 성격이나 집행 방식, 책임 소재가 달라진다. 농업·농촌의 다원적 기능이나 사회적 가치에 대한 정의는 시대 상황에 따라 바뀐다. 그렇기에 그 경계가 모호할 수밖에 없고, 그래서 적용해야 하는 사업 유형을 정하는 것도 매우 어렵다. 하지만 적어도 이런 구분을 시도하는 것 자체가 행정과 민간에게 매우 중요한 도전이다. 보조사업의 성격을 검토하면서 이 점을 먼저 제기하는 것은, 행정의 반성과 전환을 요구해야 한다는 취지를 담고 있다.

- 용역: "용역계약은 지자체가 당사자가 되어 계약상대방인 사인私人과 용역계약을 체결하여 행정수요를 충족함과 동시에 사법상 법률효과를 발생하게 할 목적으로 하는 법률행위." '용역'이 주로 단순지원 사무를 대상으로 민간 부문 역량을 활용하는 것이라면, '민간위탁'은 전문성이 필요한 공공서비스 공급에 민간 부문의 전문성 역량을 활용하는 것이다.

- 사용·수익허가: "행정재산의 사용·수익허가는 허가를 받은 자가 수익을 낼 수 있을 것을 기대하여 행정재산의 사용료를 납부하고 행정재산을 이용하여 수익활동을 수행하는 것."(「공유재산 및 물품관리법」) '민간위탁'도 시설 운용으로 수익을 낼 수 있는 경우에는 사용·수익허가와 유사하다. 하지만 '사용·수익허가'는 허가를 받은 민간이 사적재私的財를 공급하는 것인 데 비해, '민간위탁'은 공공서비스를 공급하는 것이다.
- 대행: "행정기관이 법령상 권한을 그의 명의와 책임 하에 행사하되 1)권한 행사에 따른 실무를 대행기관으로 하여금 행하게 하는 경우와 2)대행기관이 그의 명의로 권한을 행사하되 그 법률적 효과가 행정기관이 행한 것으로 간주되는 경우가 있음." '대행'은 권한대행처럼 행정기관 내부의 사무처리 방식에 관해 이용하는 경우가 많다. '공기관 대행'과 달리 민간 대행은 민간위탁과는 개념상의 책임 소재 여부에 차이가 있으나, 실질적으로 관리·운영 체계가 유사한 경우가 많다.

보조사업에서 현금성 개인 지급이 당연한가?

현재 보조사업은 모두 현금성 지원이다. 민간이 지불해야 할 현금에 대해 행정이 일정 비율로 지원하기 때문이다. 사업 성격에 따라 자기부담금(자부담)이 30%부터 80%까지 다양하다. 농자재 지원사업은 행정 지원 비율이 30~40% 정도 되는 경우가 많은 반면, 마을공동체사업은 70~80%가량 된다. 그만큼 공공성을 판단하는 기준이 다르기 때문이다. 시대를 거슬러 올라가 보면 새마을운동 시기에는 현금 지원보다는

'자재·장비'를 지원하는 성격이 강했다. 당시에는 남아도는 시멘트를 마을에 배포하고, 트럭과 포크레인을 동원하는 방식으로 마을사업을 지원했다. '행정은 자재와 장비를 지원할 테니 마을에서는 노력·봉사를 제공해서 필요한 사업을 하라'는 취지였던 것이다. 행정과 민간(마을) 사이의 관계를 생각할 때 나름대로 균형이 있었던 셈이다.

당시와 비교하면 지금은 현금 보조가 훨씬 보편적이고, 사업 성격에 따라 자부담 비율이 달라지는 정도이다. 그래서 자부담이 가능한 민간은 보조사업 신청을 검토해볼 수 있고, 그것이 어려운 소농이나 고령농·청년농은 신청조차 간단하지 않다. '몸으로' 감당할 수는 있지만 현금을 동원할 수 없는 개인·단체·마을은 보조사업 신청도 쉽지 않은 셈이다.

또 과거와 달리 지금의 보조사업은 대개 공모 방식으로 바뀌어 일정한 경쟁 과정을 거쳐야 한다. 공모 방식에 대한 비판도 많지만, 그렇다고 '나눠주기식'이 좋다고 주장하는 사람도 없다. 그렇다면 공모 방식 자체가 잘못되었다기보다 공모 절차나 방법론에 문제가 있다고 봐야 한다. 공모사업 자체를 비판하는 사람은 대개 이런 구분을 잘 못하기 때문으로 보인다. 한정된 자원(예산)을 효과적으로 배분해서 꼭 필요한 조직에 필요한 만큼 지원되도록 하는 것이 공모사업인 셈이다. 똑같이 나눠주는 것이 좋은 게 아니라면 자원(예산) 배분 측면에서 공모사업은 매우 현실적인 방법이라 할 수 있다.

또 하나 바뀐 점은 보조사업이 개인 보조 방식에서 조직화된 단체 보조 방식으로 전환되어 왔다는 점이다. 농어민 혹은 여성농업인·청년농업인·다문화가족 등 특정 대상을 정해 지원하는 개인 지원 방식은 복지정책의 측면이 강하다. 바우처 제도가 대표적이다. 이 방식과 달리 최근에는 농업경영체 등록(작목반·영농조합법인·농업회사법인) 혹은

협동조합 설립 필증을 요구하는 단체 지원 방식이 일반화되는 추세이다. 개인보다는 일정 정도 규모화된 조직이 공공성이 높다고 보기 때문이다. 그래서 마을사업에서도 '마을 주민 절반 이상'이 참가하는 추진위원회 구성을 의무화하고 있는 셈이다.

그럼에도 이렇게 참여자 규모가 커진다고 해서 공공성이 높고 공익적 활동이 효과적으로 수행될지는 의문이다. 흔히 말하는 '무임승차'하는 사람도 나타나고, 보조사업의 무책임성도 높아지기 때문이다. 사실 무늬만 영농조합법인, 이름뿐인 작목반, 이름만 나열된 추진위원회도 많이 본다. 공공성이 반드시 '다수 참여자'로만 결정되지 않는 셈이다.

민선자치의 부작용, 정치적 성향의 신규 보조사업

행정 보조사업은 농업·농촌 현장에서 당사자의 '필요'가 얼마나 공공성이 있는지, 또 지원을 통해 얼마나 효과가 있는지에 따라 명분이 발생한다. 보조사업을 통해 당사자의 필요에 부응하면서 다원적 기능 발휘나 사회적 가치 실현, 지역사회 발전과 같은 명분에 부응하도록 '정책적 유도'를 하는 기능도 기대된다. 하지만 역사적 경험으로 보자면 이런 명분으로 행정 보조사업이 발굴되고 지원되었다기보다는, 민선자치의 지방정치 영향이 더욱 컸다.

4년마다 열리는 지방자치 선거에서 농어민(주민)들은 '떼로' 보조사업을 요구하고, 여기에 단체장이나 의원 후보자가 '표'에 부응하는 방식으로 공약에 반영하는 부작용이 매번 반복되고 있다. 주민들의 낮은 정치의식을 비판할 수도 있고, '부화뇌동'하는 행정 공무원 탓을 할 수도 있다. 현재의 농촌 지방자치 현실은 이런 수준에 머물고 있다. 최근에 늘어나는 지자체 농어민수당·기본소득 논의도 심하게 말하면, 이런 왜곡된 지방자치 구조의 반영이라 할 수 있다.

잘못된 지방자치 구조는 여러 측면에서 보조사업의 왜곡을 심화시킨다. 단순히 행정 탓만으로 돌릴 수 없는, 지침이 갈수록 복잡해지고 '꼬리표'가 많아질 수밖에 없는 이유가 있다. 보조사업 목적에 맞지 않는 부정수급자를 가려내기 위해 꼼꼼한 체크 시스템이 작동된다. 이 때문에 선善한 보조사업 신청자는 덩달아 고생해야 하고, 불필요한 서류 제출도 많아진다.

여기까지 오면 보조사업을 둘러싼 복잡한 구조와 쟁점이 조금은 이해될 것이다. 민간에서 자주 비판하듯이 보조사업이 그렇게 허술한 구조도 아니고, 복잡한 절차나 서류가 많아진 계기도 행정 공무원이 원해서가 아니었다는 것을. 여기서 우리는 한걸음 더 나아가 근본적인 개선책을 찾아야 한다. 단순히 사업 지침 일부를 고친다고 해결되는 것도 아니고, 공무원 담당자를 교육시킨다고 해결되는 것도 아니다. 행정과 민간의 관계에서 보자면, 서로를 신뢰하고 존중하는 문화적 전통 속에서 보조사업의 다양한 문제는 극복될 수 있는 것이다.

초고령화 시대의 행정 보조사업, 이것만은 고치자

행정 보조사업 추진 흐름을 살펴보면 아래와 같은 매우 복잡한 절차가 있다.

① 지원계획 수립, 사업 공고(공모)
② 사업 신청(사업계획서 첨부)

③ 사업 심사

④ 보조금 심의위원회 심의

⑤ 보조사업자 선정·통보

⑥ 보조금 교부 신청(최종 사업계획서 첨부)

⑦ 보조금 교부 및 관리카드 등록

⑧ 사업 추진 및 정산

⑨ 운용 평가

⑩ 공시

공모(경쟁) 방식이 아니고 사업 물량이 미리 확정되고 배분하는 방식을 취하는 경우에는, ①에서 ⑤까지 절차는 생략된다. 각 단계마다 이런저런 검토와 조정 절차가 추가되면서 행정의 업무량과 공무원 숫자가 많아진다. 농업·농촌 분야 공무원 업무량의 상당 부분은 이런 절차의 진행이다. 집행 과정의 어느 단계에서 민원이라도 들어오면 시간이 지체되고, 민과 관 사이에 긴장감은 증폭된다.

복잡한 행정 절차에 신경 쓰면서 사무감사(감사원·도청·의회 등)까지 염두에 둬야 하니 공무원은 이래저래 머리가 아프다. 이러다 보니 보조사업의 원래 취지는 차츰차츰 퇴색되고, 민원이나 갈등이 없도록 집행 절차에만 집중하게 된다. 민간에서 일부 이해하고 인정해야 할 부분이다. 그래서 보조사업을 둘러싼 제도 개선은 행정만 노력한다고 되는 것이 아니다. 민간도 적극 참여하면서 함께 노력해야 가능하다. 농촌의 초고령화 상황까지 고려하면 지금까지와는 달리 근본적으로 접근 관점을 바꾸어야 한다. 몇 가지 개선 사항을 제안하고자 한다.

첫째, 행정사무 중에서 실효성이 떨어진 사업은 일몰日沒 사업으로 분류하고, 이를 정리하면서 새로운 보조사업을 발굴한다. 4년마다 돌아오는 선거제도와 맞물려 행정 보조사업은 계속 늘어나는데, 일몰 사업이 없으니 업무량도 늘어날 수밖에 없다. 민간에서도 이런저런 신규 사업을 요구하는 것만큼 없애야 할 사업을 제안할 필요가 있다. 그래야만 행정도 정책의 전문성을 높일 수 있고, 사업 취지의 실현에 집중할 수 있다.

둘째, 여러 보조사업 목록을 정리해서 자료집을 만들고, 매년 초에는 읍면을 순회하며 정기적으로 설명회를 개최한다. 민간의 가장 큰 불만은 보조사업 정보를 아는 사람들만 알고, 그 사람들만 신청한다는 것이다. 홈페이지에 공고하고 이장회의에서 설명했다 해서 행정의 역할이 끝난 것은 아니다. 쉽게 설명할 수 있는 시청각 자료를 만들고, 전화 상담 창구를 만들어 수요자 맞춤형으로 꼭 필요한 농어민(주민)에게 기회를 제공해야 한다.

셋째, 보조사업의 내용과 절차 등을 평가하고 수정·보완하는 과정이 반드시 필요하다. 매년 말에 성과발표회를 의무적으로 시행하고 정책토론회를 자주 개최해야 한다. 이를 통해 개선 과제가 발굴되고, 정책 수요자인 주민 입장에서 과제가 검토되어야 한다. 국비와 도비 보조사업인 경우에는 문서 형태로 정리해서 건의해야 효과적이다. 추상적이고 총론적인 문제 제기는 대개 더디게 개선될 수밖에 없다. 구체적인 정책 토론이 있어야 행정과 민간에 실용적으로 도움이 된다. 중앙정부의 사업 지침을 그대로 반복하는 것만큼 어리석은 행정은 없다. 전국 공통적인 사업 지침은 사실 있을 수 없고, 지역마다 보조사업의 시행 여건이 다를 수밖에 없다. 보다 선진적인 지역 사례가 많이 도출될 수 있도록 해야 하고, 그 경험이 전국적으로 확산되는 방향이 되어야 한다.

넷째, 보조사업의 집행 절차에서 각 단계마다 세련된 기법이 동원되어야 정책 취지가 살아날 수 있다. 행정 공무원이 농어민(주민) 사정까지 배려해서 저녁이나 주말에 설명회와 상담을 하기 어렵다. 읍면사무소(행정복지센터) 직원이 현장 전문성을 강화하는 방향으로 전환해야 한다. 보조사업이야말로 민과 관이 직접 만나는 영역이고, 그래서 협치의 관점이 가장 필요하다. 이것은 결국 행정과 민간을 매개하는 중간지원조직(지원센터)이 설치되어야 한다는 것을 의미한다. 또 각 사업 단계마다 중간지원조직이 등장하도록, 보다 세련된 방식으로 지원 체계가 정비되어야 상호 학습의 성과를 기대할 수 있다.

다섯째, 각 보조사업 영역의 민간 당사자가 모여 스스로를 대변하기 위해 당사자 협의체를 설립해야 한다. 또 읍면 단위의 주민자치회도 적절한 역할을 해야 한다. 민간도 공동학습을 통해 보조사업의 성격과 의미·절차 등을 이해하고 당사자로서 개선 방향을 찾아 제안할 수 있어야 한다. 행정은 사업별 당사자 협의체나 읍면 주민자치회의 자율성을 존중해서, 스스로 토론하고 합의한 사업 내용을 추진할 수 있도록 지원해야 한다. 행정만이 사업 지침을 수립하고 해석한다는 관점을 버려야 한다.

보조사업의 유형이 다양한 만큼 개선해야 할 세부 내용은 다르다. 전체적으로 보았을 때 위의 다섯 가지만 잘 지키면 보조사업이 도입된 취지가 살아날 것이다. 물론 각각의 보조사업 지침마다 나름의 합리성을 가지고 작성되어 있고, 또 집행 과정에서 공공성을 확보할 수 있는 제도적 장치도 마련되어 있다. 막무가내로 행정 마음대로 집행하는 것은 아니다. 하지만 현실에서는 여전히 많은 문제가 보인다. 행정과 민간이 서로 머리를 맞대고 개선 방향을 찾아야 한다.

농촌 사회에 약이 되는 보조사업의 길

사실 보조사업은 작은 예산으로도 큰 효과를 낼 수 있다. 절차와 방식을 잘 설계하면 행정과 민간이 서로 만족하는 보조사업이 가능하다. 전북 진안군에는 '그린빌리지'라는 사업이 있다. 처음 도입된 것은 2008년인데, 행정에서 150만 원을 마을가꾸기 활동에 지원하는 사업이다. 기본적으로 자재와 장비를 구입하는 비용을 지원하고, 인건비와 운영비로는 사용할 수 없다. 이 사업이 도입된 첫해에 마을 이장님들은 액수가 적다고 불만이 많았다. 하지만 적절한 경쟁 속에서 마을 전체가 '꽃동네 새동네'로 바뀌고, 고향을 방문한 출향인들이 바뀐 마을에 환호하며 모두가 만족하는 사업이 되었다.

어떤 마을은 이 작은 돈으로 마을박물관으로 활용할 흙집을 한 채 지었다. 대부분의 마을에서 주민들이 함께 위험하고 지저분한 곳을 찾아내고, 마을회의를 통해 다양한 아이디어를 모아 즐거운 공동 활동을 해냈다. 행정의 힘으로는 결코 해결할 수 없는 과제를 주민 스스로 풀어내었다. 마을공동체의 힘으로 상상도 못할 사례를 많이 만들었다. 이처럼 소액의 보조사업으로 큰 효과를 낼 수 있었던 것은 행정 공무원의 열정도 있었지만, 사업 단계마다 세련된 방식이 개입되고 주민들이 서로서로를 응원하는 사회적 분위기가 형성되었기 때문이다.

이처럼 보조사업은 마을자치·주민자치의 힘과 결합할 때 큰 힘을 발휘한다. 농어민(주민) 스스로가 필요성을 절실하게 느끼지 않거나, 무임승차하려는 보조사업(행정 지원)은 오히려 독이 될 수 있다. 준비되지 않은 개인이나 마을에 보조사업이 지원되어 오히려 낭패를 보는 경우도 많다. 스스로의 문제를 스스로 해결하려는 자치력과 행정 지원 사이에서 적절한 균형을 찾을 수 있을 때 보조사업도 약이 된다. 그래서 보조사업은 사업 내용이나 액수가 중요한 것이 아니라 절차와 방식, 제도 환경이 더 중요한 셈이다.

마지막으로 마을 단위 보조사업의 향후 개선 방향에 대해 몇 가지를 덧붙이고자 한다. 현재의 여러 정책사업을 근본적으로 개선하는 방향에서 검토해보기를 바란다.

첫째, 공모 방식의 보조사업을 줄이고, 마을공동체 수당을 적극 도입하는 것이다. 농촌 마을(행정리)이 기대하는 것은 중·대규모 보조사업이라기보다 매년 반복적으로 지원되는 소액의 예산이다. 또 일할 인력을 파견하거나 지원하는 사업이다. 초고령화 상황이 심각해서 마을에는 공모사업계획서를 스스로 작성할 인력도 없고, 복잡한 정산 서류를 맞출 만큼의 여력도 없다. 큰 사업을 추진할 만한 마을의 리더도, 또 그 후계자도 찾기 어렵다. 그래서 마을공동체 대상으로 매년 300만 원 내외의 '꼬리표 없는 수당' 방식의 지원이 보다 효율적이고 현실적이다. 농어민수당이 개인 주머니에 들어가는 돈이고 경제정책이며 복지정책이라면, 마을공동체 수당은 농촌다움을 회복하기 위한 중·장기적 투자에 해당한다. 서로 보완할 수 있고, 생각보다 큰 예산이 필요하지 않다.

둘째, 읍면 단위 주민자치회에 주목해서 보조사업의 결정 권한을 민간에 이양하는 방안을 검토하는 것이다. 읍면 주민자치회의 역량을 강화하면서 단계적으로 보조사업 예산의 '결정 권한을 부여empowerment'하고, 스스로 책임질 수 있는 지속가능한 예산 시스템을 설계하는 것이다. 민관협치 방식으로 설계할 수 있다. 읍면 주민 스스로 지역발전계획을 수립하고, 주민총회 개최를 통해 우선순위를 결정하며, 주민참여예산제 방식으로 필요 예산을 확보하는 제도적 시스템은 이미 확산 중에 있다. 보조사업별로 대상자를 '줄 세우는' 것이 아니라 지역사회에 필요한 보조사업을 주민 스스로 결정하고 배분할 수 있도록 지원할 때 농촌은 더 큰 희망을 가질 수 있다. 이런 과정을 반복하면 자치 역량도 성장할테니 주민의 당연한 권리 행사로 행정 예산이 알뜰하게 활용될 수 있다.

셋째, 보조사업과 위탁사업을 구분하면서 마을만들기 중간지원조직을 육성해야 한다. 마을 단위로 매년 일회성 보조사업을 대규모로 지원하는 대신에, '공공성이 있는 행정사무'를 명확히 구분해야 한다. 매년 반복적으로 지원해야 할 사업은 민간위탁 사무로 분류해서 중간지원조직에 맡겨야 한다. 그래야 행정은 보조사업 가짓수와 업무량을 줄이며, 고유한 역할에 충실하면서 정책의 전문성을 높일 수 있다. 민간 당사자들도 행정 예산에 의존하지 않고, 지역사회의 공통 문제를 함께 해결할 수 있는 자치 역량도 성장한다. 행정의 비대화를 예방하고, 행정과 민간 사이의 균형을 모색하는 차원에서도 중간지원조직은 필요하다.

지금처럼 민원성 보조사업이 늘어나고 행정 공무원 숫자(공무직·기간제근로자 포함)도 계속 늘어나는 상황은 오래갈 수 없다. 국민 총 인구수가 감소하는 시대가 다가오고 있는데, 농촌 지방자치단체의 공무원 수가 오히려 늘고 있는 것은 아무래도 비정상적이다. 보조사업 개편은 그래서 시대적 과제인 셈이다. 단순히 기술적인 부분 몇 가지 개선한다 해서 농업·농촌이 좋아지는 것은 아니다. 정책 칸막이를 넘어 예산 정책 전반의 큰 전환을 기대하며 이 글이 학습 자료로 잘 활용되기를 바란다.

마을 자립 과정에 대한 보고서
협동조합젊은협업농장 주변[1]에 투입된
보조금에 관하여

정민철
협동조합젊은협업농장 상임이사
본지 편집위원

솔직히 협동조합젊은협업농장(이하 젊은협업으로 약칭)[2]에서 일하는 사람들은 정부 보조금을 지원받은 기억이 거의 없다. 왜냐하면 농장을 시작한 초기에 농업 생산기반 구축과 관련한 사업을 보조받았고, 이후엔 농업 생산과 무관한 프로그램 진행에 필요한 경비를 주로 지원받았기 때문이다. 또 주변 단체들을 지원하는 활동을 위해서 젊은협업이 대표로 받은 경우도 여럿 있다. 때문에 지원을 받았다기보다 일을 많이 했다는 기억이 더 강하다. 그런데 젊은협업은 '정부 사업비를 왜 그렇게 많이 받는가'라는 (질타성) 질문을 타 지역 사람들에게 듣기도 한

---

1 보조사업과 정부사업을 받는 사업의 주체는 다양하다. 보통 젊은협업으로 상징화되어 있지만 주변에는 협동조합행복농장, 오누이친환경마을협동조합, 청년농부영농조합, 마을연구소일소공도협동조합, 청년농부작업장 온, 장곡마을학교 등 다양한 독립 단체들이 그 주체라 할 수 있다. 이 단체들은 대부분 도산2구에 농장이나 사무실을 두고, 도산2구 또는 장곡면에서 활동한다. 또한, 사업을 받은 명목상 주체와 사업을 실제로 진행하는 주체와 사업의 수혜자도 다르다. 예를 들어 젊은협업 이름으로 사업을 받지만 그 사업비는 주변의 다른 농장이나 마을 활동에 사용하는 경우도 있고 그 반대인 경우도 여럿이다. 보통은 사업 주체와 사업 수혜 대상과 사업의 공간적 한계를 구분하지 않기 때문에 오해가 생기기도 한다. 여기서 '주변'은, 사업을 받은 주체가 도산2구에 사무실이나 활동 기반을 두고 활동하거나 사업을 진행한 단체들을 뜻한다. 사업 대상 영역은 도산2구와 장곡면이 기준이다.

다. 젊은협업과 주변 단체들이 정부 보조금으로 유지되고 있다고 비판하는 사람들도 있다.

이 글은 2012년 젊은협업이 시작된 이후, 젊은협업과 주변 단체들이 직간접적으로 관련된 사업 가운데 보조금 지원과 연관된 활동의 특징을 중심으로 정리한 내용이다.[3] 정책사업비(보조금)가 구체적으로 어떻게 농촌 지역사회에 활용될 수 있는지에 대한 참고 사례가 되었으면 한다.

정책사업은 제안받거나 제안해서 만들어간다

가장 처음 받은 정부사업(보조금)은 2013년의 '청년귀농농장조성사업 ②'[4]이다. 홍성군의 독자적 정책사업이었다. 농업경영체를 가진 농민은 누구나 시설하우스 설치 비용을 동일 조건으로 신청할 수 있었다. 그 시기 젊은협업에서 함께 일하는 청년들은 농지를 공식적으로 임대하거나 소유한 사람이 없어서, 농사를 짓고 있음에도 법적으로 농업

---

[2] 이 글에 나오는 단체명들에 붙은 '협동조합'과 '영농조합'은 처음에 한 번 나온 뒤부터는 모두 생략하고 간편하게 약칭한다.

[3] 정책사업 이름을 가능한 자세히 작성하려고 노력했다. 일몰된 사업도 있지만 다양한 사업을 소개하고 다른 마을에서 활용하면 좋겠다는 의미도 있기 때문이다. 또 마을연구소일소공도의 연구사업은 2019년 농산어촌유토피아구현시범연구사업을 빼고는 제외했다. 20가지가 넘는 사업들이 복잡하게 연결되어 있으니 주변의 비판적 시선도 일면 이해가 된다. 이 글에서는 위탁·보조·사업 등의 단어를 규정과 상관없이 사업비 또는 보조금으로 통일했다. 또한 개별사업의 목적, 결과, 사업 진행 과정의 특성에 대한 논의는 지면상 다음으로 미룬다. 이 글에서는 전체적으로 농촌 마을에서 정책사업이 어떻게 활용되고 적용되었는가를 개관하려고 한다.

[4] 『마을』 5호, 133쪽에 이 사업의 경과에 대해 정리되어 있는데, "사업비 5억2,000만 원"은 오류다. 사업비는 5,200만 원이고, 30%인 1,560만 원이 자부담이었다. 자부담은 협동조합 출자금으로 충당했다.

표 1 | 젊은협업 주변에서 진행된 사업 목록

사업명*1	주관*2	기간	신청단체	사업대상·범위	내용
① 청년인턴십	삼선재단	09~	젊은협업	장곡·홍동 청년	활동·생활비
② 청년귀농농장조성	홍성군	13	젊은협업	젊은협업	생산기반 조성
③ 유기농생산단지조성	충청남도	14	젊은협업	장곡 농민	생산기반 조성
④ 권역단위종합정비	농림부	14~18	권역	장곡 4개 리	마을환경 개선
⑤ 행복학습센터	교육부	14~15	홍동유기	장곡·홍동주민	학습프로그램
⑥ 청년농부인큐베이팅	충남기술원	16	젊은협업	젊은협업 청년	농업·생활비
⑦ 농촌교육문화복지지원	농어촌재단	16~17	오누이	장곡초등학교	학습프로그램
⑧ 치유형농업체험비즈니스모델	농진청	17	행복농장	전국·충남·장곡	돌봄프로그램
⑨ 사회적농업활성화지원	농림부	18~	행복농장	충남·홍성·장곡	돌봄프로그램
⑩ 생활문화공동체만들기	문화진흥원	17	오누이	도산2리 주민	문화프로그램
⑪ 청년귀농장기교육	농정원	17	청년농부	젊은협업 청년	학습프로그램
⑫ 청년삶의경로탐색〈이주○○〉	서울시	18~	젊은협업	서울 청년	농업프로그램
⑬ 홍성행복교육지구	충남교육청	18~22	장곡마을	장곡초등학교	학습프로그램
⑭ 충남사회적경제청년활동가	충청남도	18~20	젊은협업	장곡 청년	활동·생활비
⑮ 충남형정주환경개선시범	충청남도	18~21	오누이	도산2리 주민	주거환경 개선
⑯ 친환경청년농부육성	충청남도	19~	청년농부	홍성·예산 청년	생산기반·교육
⑰ 농업환경보전프로그램	농림부	19~23	오누이	도산2리 주민	마을환경 개선
⑱ 취약지역생활여건개조	농림부	20	오누이	도산2리 주민	주거환경 개선
⑲ 농산어촌유토피아시범연구*3	농경연	20	마을연구	장곡면	주민자치
⑳ 충남형사회적농업시범	충청남도	20~21	오누이	장곡면 주민	돌봄체계 구축
㉑ 사회적농업거점농장	농림부	20~22	행복농장	충남·경기 농가	지원·인건비
㉒ 읍면동마을공동체지원*4	충청남도	20	마을연구	장곡면	주민자치
㉓ 지역주도형청년일자리	행정안전부	20~21	오누이	도산2리 청년	생활비
㉔ 지역발전투자협약*5·시범마을	농림부	19~21	오누이	도산2리	마을환경 개선

〈표 1〉의 별도 각주

*1 지면상 사업명을 약술했다. 공식 사업명은 다음과 같다.

　　청년인턴십 ⇨ 청년지역활동가인턴십사업
　　청년삶의경로탐색〈이주○○〉 ⇨ 청년삶의경로탐색프로젝트사업〈별의별 이주○○〉
　　취약지역생활여건개조 ⇨ 농어촌취약지역생활여건개조사업
　　충남형사회적농업시범 ⇨ 충남형사회적농업선도모델시범사업
　　농산어촌유토피아시범연구 ⇨ 농산어촌유토피아구현시범연구사업
　　지역주도형청년일자리 ⇨ 지역주도형청년일자리사업(홍성군 사회적경제기업 청년도제 운영사업)
　　지역발전투자협약-시범마을 ⇨ 지역발전투자협약 시범사업 중
　　사회적농업시범마을조성 실천경관계획 수립사업.

*2 지면상 주관 단체명을 약술했다. 정확한 이름은 다음과 같다.

　　삼선재단 ⇨ 삼선배움과나눔재단
　　농림부 ⇨ 농림축산식품부
　　농어촌재단 ⇨ 농어촌희망재단
　　농진청 ⇨ 농촌진흥청
　　문화진흥원 ⇨ 지역문화진흥원
　　농정원 ⇨ 농림수산식품교육문화정보원
　　농경연 ⇨ 농촌경제연구원.

*3 연구사업이지만 리빙랩 방식으로 진행되어 활동에 포함했다. 또한 충남연구원이 사업 주체이고, 마을연구소일소공도가 함께했다.

*4 사업 신청 주체는 별도의 임의단체 법인이 있으나, 신청부터 완료까지 마을연구소일소공도의 연구자가 소속되어 지원한다.

*5 지역발전투자협약 사업계획서에는 청년농부 육성, 사회적 농업, 마을교육공동체사업은 장곡면이 중심 주체로 되어 있다. 하지만 청년농부 육성은 홍동면의 밝맑도서관, 사회적 농업은 홍성도농교류센터, 마을교육공동체사업은 홍성마을만들기지원센터가 맡아서 진행한다.

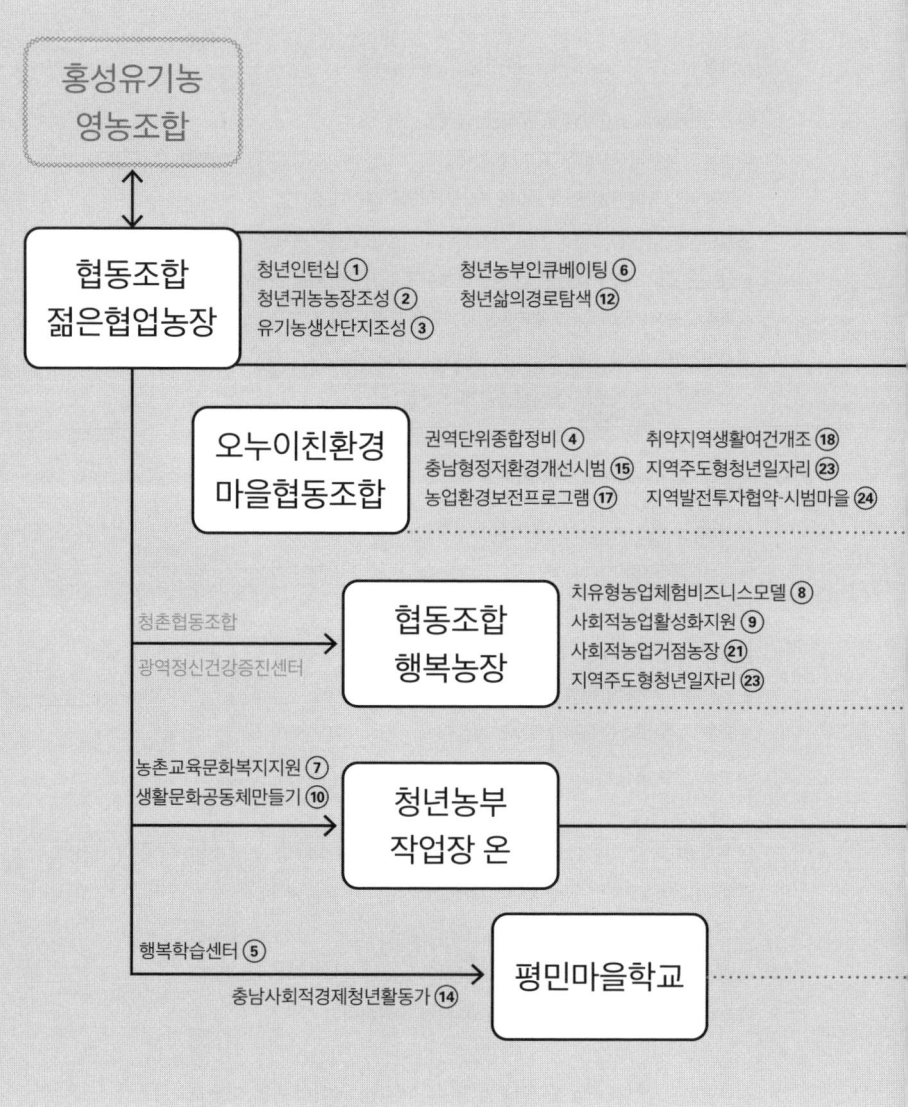

그림 1 | 젊은협업농장 주변 단체의 구성과 사업의 관계도

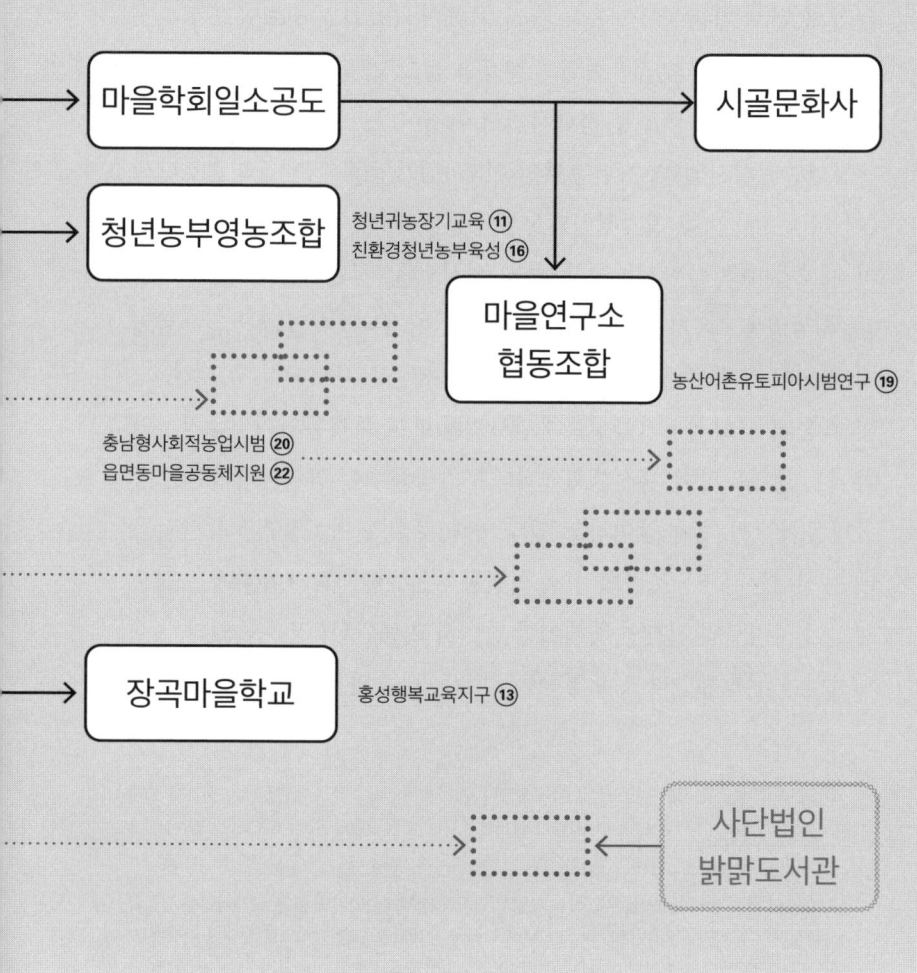

141

경영 주체로 인정받지 못해 사업 신청이 불가능했다. 이를 안타까워한 마을 이장님이 군청을 찾아가 청년귀농인의 사정을 설명했다. 이 사정이 참작되어서 기존 사업의 일부를 청년사업[5]으로 전환했다. 이 사업을 통해 현재 젊은협업이 짓는 농사 기반의 80%가 완성되었고 협동조합도 설립했다. 이후 젊은협업의 활동을 보고 만들어지거나, 젊은협업의 사업 방향에 도움을 준 정책사업이 여럿이다.

청년인턴십사업①, 청년농부인큐베이팅사업⑥, 청년삶의경로탐색〈이주○○〉사업⑫, 친환경청년농부육성사업⑯은 직접 제안해서 만들어진 사업이다. 사회적농업활성화지원사업⑨, 청년귀농장기교육사업⑪, 홍성행복교육지구사업⑬, 사회적농업거점농장사업㉑은 젊은협업의 활동이 정책 방향 수립에 조금은 영향[6]을 준 사업이라 할 수 있다. 이 가운데 사회적농업활성화지원사업⑨과 사회적농업거점농장사업㉑에는 행복농장이, 홍성행복교육지구사업⑬에는 임의단체법인인 장곡마을학교가 계속 참여하고 있다. 반대로 청년귀농장기교육사업⑪에는 청년농부영농조합법인이, 청년농부인큐베이팅사업⑥에는 젊은협업이 시범사업 기간인 첫해에만 참여하고 중단한[7] 경우도 있다.

사업을 신청해달라고 요청받은 경우는 다음과 같다. 홍성유기농이

---

[5] 2013년에 홍성군은 청년농업인사업을 시행했다. 지자체 중 가장 먼저 청년정책을 시행한 군이 아닐까 생각한다. 그 이전 농촌청년사업은 삼선장학재단의 '청년인턴십①'이 유일할 것이다.

[6] 아이디어만 제공한 경우도 있고, 진행 과정과 체계 그리고 장기 계획을 논의한 사례까지 다양하다. 제안된 정책은 정책사업을 수립하는 사람의 입장에서 재해석되기도 한다. 정책사업을 진행하는 과정에서 행정의 사업 기준에 맞추다 보니 막상 현장에서 필요한 방식으로 진행된 사례는 거의 없다. 또 여러 단계를 거치며 논의했지만 막상 사업비가 내려오고 진행되는 단계에서 행정 담당자가 바뀌거나, 진행 주체가 바뀌어서 (민관거버넌스라는 이름 아래) 논의한 것과는 전혀 딴판으로 진행된 사례도 여럿이다. 본래의 목적과 취지, 그리고 제안한 진행 구조가 거의 일치한 사업은 삼선재단의 청년인턴십사업①이 유일하다. 물론 민간재단이었기 때문에 담당자가 바뀌지 않았고, 모험적인 시도도 가능했을 것이다.

받은 행복학습센터사업⑤, 행복농장이 받은 치유형농업체험비즈니스모델사업⑧·사회적농업활성화지원사업⑨·사회적농업거점농장사업㉑, 오누이친환경마을이 받은 농업환경보전프로그램⑰·충남형정주환경개선시범사업⑮·충남형사회적농업시범사업⑳, 마을연구소일소공도가 받은 농산어촌유토피아구현시범연구사업⑲ 등이다.

농촌 마을에서 필요한 일을 새로운 정책으로 제안해서 만들기는 쉽지 않다. 그럼에도 농촌 마을에서 적용·실행할 수 있는 사업이 이렇게 많다는 사실을 알고 있는 농민이나 주민, 그리고 공무원도 별로 없을 듯하다. 어쩌면 우리가 모르는 사업이 더 많을 것이다. 장곡면을 포함해서 농촌 마을 어디나 마찬가지다. 모르면 찾을 수도 없다. 혹자는 군청과 농업기술센터 등의 정부기관 홈페이지에 끊임없이 접속해서 공지되는 사업들을 검색한다는 이야기도 들었다.

그러나 그보다 우선해야 하는 일은 마을을 열어놓아야 한다는 것이다. 마을은 수많은 외부와 연결되어야 한다. 하나가 연결되면 그곳을 통해 다시 생소한 여러 곳과 연결된다. 물론, 연결하고 받아들이는 구심점 역할을 할 무엇이 필요하다. 그 기능[8]을 초기에는 젊은협업이 했고, 현재는 행복농장과 마을학회일소공도, 오누이친환경마을이 함께 하고 있다. 연결하기와 더불어 학습 기능을 함께 해야 한다. 그럴 때 마

---

7   첫해에만 받은 이유는 우리 측에서 제안한 것과 실제로 사업이 작동하는 것에 차이가 있었기 때문이다. 우리와 행정 양쪽이 생각하는 사업 목표는 동일하더라도, 행정이 요구하는 운영 방향에서는 일단 사업비를 받으면 단체 운영 방식을 바꿔야 했다. 물론 형식만 맞추어주는 방법도 있겠지만 굳이 그럴 필요는 없다고 판단했다. 우리 측에서 제안한 사업이었기 때문에 첫해에는 받을 수밖에 없었다.

8   이 지점에서 소위 '환대'가 필요하다. 내부 결속을 높이기 위한 환대가 아니라 불편한 외부와 연결하기 위한 환대가 필요하다. 이 과정은 돈이 안 된다. 그러니 오래하기 어렵다. 오래해도 문제다. 권력이 생기기 때문이다. 이후에는 이를 어떻게 나눌 것인가가 중요하다. 젊은협업이 청년농업인 육성의 초기 현장 사례라는 점보다 마을 내에서 이 과정을 실행하는 기능을 했다는 점이 더 중요하다.

을 내부 역량도 높아지고, 마을로 사람과 일이 들어오는 통로로서 기능할 수 있다.

사업 신청은 단체가 하지만
사업 진행은 단체에 소속된 사람들이 한다

젊은협업 이름으로 받은 두 번째 사업은 '유기농생산단지조성사업❸'이었다. 이 사업으로 젊은협업을 포함한 젊은협업이 단체조합원으로 소속되어 있는 홍성유기농의 여섯 농가[9]가 시설하우스를 신축 또는 개선했다. 젊은협업 자체에 들어간 사업비는 전체 사업비의 10%에 불과하다. 이 사업 중의 하나로 신축된 시설하우스는 현재 다른 단체가 사용[10]하고 있다.

  활동을 시작하는 단계의 농촌 마을은 사업 꼭지마다 단체를 만들지 않는다. 기존 단체가 사업을 통해 활동 범위를 넓혀간다. 범위를 넓혀간다는 것은 한 단체나 농장이 규모를 확대하는 것이 아니라 마을 활동의 새로운 영역을 만들어간다는 뜻이다. 결과적으로 그것은 뒤에 설명할, 독립된 새 단체를 마을 내에 만들어가는 과정이기도 하다. 행복학습센터사업❺은 홍성유기농이 받았다.[11] 하지만, 젊은협업의 청년

---

[9] 친환경 밭작물 생산을 확대하기 위한 충청남도의 사업이다. 사업비는 3억 원(자부담 30%)이었다. 홍성유기농은 이전에 이미 동일 사업을 진행한 바 있다. 사업 진행 이후 홍성유기농영농조합에 가입한 조합원 특히, 새로 친환경농업을 시작하는 청년농업인은 생산기반 구축이 더 필요했음에도 지원받을 수 없었다. 이들은 젊은협업에 조합원으로 가입하고 젊은협업에서 사업을 진행했다.

[10] 시작은 청년들이 모여 만든 청촌협동조합이 농장을 운영하였으나 1년 뒤 조합이 해체되었다. 2013년 오누이 주변 시설하우스 1동을 임대하여 시작한 행복농장이 2015년에 이곳으로 이전하였고 2016년에 협동조합을 설립하여 독립했다.

들이 마을 청년들과 학습 프로그램을 개발하고 운영했다. 농촌교육문화복지지원사업⑦은 젊은협업이 받았지만, 농장 청년을 포함한 마을 청년과 주민 몇 명이 모여 장곡초등학교 학생을 대상으로 마을에서 방과후 프로그램을 운영했다. 이 활동은 이후 장곡마을학교의 모태가 되었다. 충남사회적경제청년활동가지원사업⑭은 젊은협업이 받았지만 사업에 참여한 청년은 농장 일을 하지 않고 마을 일 즉, 마을학회일소공도와 평민마을학교 일을 한다. 충남형사회적농업시범사업⑳은 오누이친환경마을이 받았지만, 도산2리 마을뿐 아니라 장곡면의 다양한 사회적 농업 농장과 관련 단체가 모여서 진행한다.

    이런 방식은, 시장경제가 작동하지 않아 삶의 질이 낮아진 농촌 사회에서 특정 활동을 목표로 하는 새로운 단체와 사람을 육성하는 과정이다. 농촌 마을에 있는 사람과 단체들 간의 소통과 상호 신뢰를 만들어가는 과정이기도 하다. 물론 실패할 가능성도 열어두어야 한다. 이 같은 사례는 생활문화공동체만들기사업⑩에서 볼 수 있다. 농촌 마을에서 문화를 통해 청년과 노인이 함께할 수 있는 활동이 필요해서 사업을 신청했다. 마을 단위에서 사업을 신청할 수 있었기 때문에 오누이친환경마을이 받았고, 활동 역량이 있는 젊은협업과 청년농부작업장 온, 그리고 평민마을학교에 소속된 사람들이 진행했다. 3년 사업이었지만 1년 진행해본 후 계속하라는 권유에도 불구하고 포기했다. 이런 사업을 끝까지 진행하여 완료할 역량 있는 사람들이 있기만 하다면, 매우 필요한 사업이었기 때문에 계속했을 것이다. 그러나 사업 이

---

11 사업의 주체는 상징적인 의미를 가진다. 행복학습센터사업은 장곡면을 대상으로 하기 때문에 장곡면을 대표하는 단체가 받아야 한다. 젊은협업은 그때 시작 단계였기 때문에 젊은협업이 홍성유기농에 사업 신청을 제안했다. 홍성유기농은 이 사업을 진행할 여력이 없었기 때문에 홍성유기농의 조합원으로 참여하는 젊은협업이 구체적 실무를 진행했다.

후 마을에서 문화 활동을 지속할 자립적인 단체를 만들어갈 주체를 진행 과정에서 발견하지 못했다. 그렇기 때문에 사업을 받기 이전에 무엇보다 먼저 마을 기반의 학습 활동이 중요하다.

마을 기반 학습 활동이
건물 짓는 사업보다 먼저다

세 번째는 교육부의 평생교육사업 일환인 '행복학습센터사업⑤'이다. 2년간(2014~2015년) 진행되었다. 앞서 말했듯이 첫해에는 홍성유기농이 사업 주체고 젊은협업이 활동의 중심이 되어서 마을에 흩어져 있는 청년들을 대상으로 학습 프로그램을 진행12했다. 두 번째 해인 2015년에는 활동 범위를 넓혀 장곡면의 젊은협업, 홍동면의 밝맑도서관과 생각실천창작소 등이 협업해서 농촌인문학하우스라는 이름으로 학습 프로그램을 장곡면과 홍동면에서 동시에 진행했다. 이 시기 농촌 팟캐스트 팜farm므파탈, 해강산프로젝트, 비닐하우스에서 영화 상영하기 등 다양한 학습문화13를 위한 마을 활동과 더불어 도시 청년을 대상으로 농업·농촌 생활을 소개하는 마중물붓기 프로그램14을 진행했다. 생산기반 시설을 구축해놓았으면 농산물 생산과 판매를 통해 매출 증대에 집중하는 것이 일반적인 경우인지라, 새벽부터 밤늦게까지 일해서 돈을 벌어

---

12 프로그램은 젊은협업에서 진행했다. 청년을 위한 장곡배우기, 유기농업의 이론과 실제, 그리고 홍동면 청년농부가 운영한 뻐꾸기합창단 등이다.

13 이러한 교육문화 활동을 기획·진행하기 위해 풀무학교 교사들, 교육농연구소, 젊은협업, 순리필름 등 다양한 단체가 정기적으로 모였다. 모임 이름은 청년농부작업장 온이었다. 프로그램 기획과 작명, 포스터 디자인, 녹음 장비 대여 등을 해준 순리필름의 역할이 지대했다.

농지부터 구입하라는 주변 어르신들의 지청구를 들었다. 그럼에도 불구하고, 젊은협업과 주변 마을에 진입한 청년들의 학습(특히 마을 내 학습)이 농업만큼 시급하다고 판단[15]했다. 청년이 필요로 하는, 그리고 청년에게 필요하다고 판단되는 활동을 할 만한 적당한 공간조차 장곡면에는 없었다. 도산2리 마을회관과 생미식당이 창고로 사용하는 구석진 방, 그리고 비닐하우스의 그늘막이 전부였다. 결국 숙소와 강당 등으로 홍동면에 있는 시설 대부분을 이용하게 됐다. 그러다 보니 이런 활동과 젊은협업조차 대외적으로는 홍동면의 활동으로 오해받기도 했다.

이런 학습문화 활동은 마을권역사업으로 오누이다목적회관과 숙소(예절교육관)가 만들어지면서 큰 탄력을 받게 된다. 2015년에 진행된 오누이다목적회관 설계에도 이전 활동이 영향을 주었다. 기본 계획 과정에서는 강당과 식당, 그리고 한 개의 사무실 공간으로 설계되었다. 그러나 이후에 다목적 공간과 어린이도서관 그리고 여러 공간으로 분리된 사무실로 설계를 변경했다. 이는 활동을 하면서 필요한 공간이 무엇인지, 어떤 목적으로 건축물을 지어야 하는가를 확인했기 때문이다. 일반적으로는 사업이 먼저 들어오고 나서 그 건축물을 어떻게 활용할 것인지를 구체적으로 계획한다. 그런 상황에서는 (현실적이지 않

---

[14] 이 사업은 농업기술원이 직접 사업비를 지출하고 현장에서 프로그램 기획과 진행을 담당했다. 행정의 입장에선 현장의 기획을 받아들이기 쉽지 않았음에도 행정 담당자의 혁신성이 빛난 사례다. 이후 '촌스러운 상상캠프'라는 이름의 사업으로 매년 진행 중이다. 기획과 진행은 청년농부작업장 온을 거쳐, 2019년부터 행복한여행나눔이라는 홍성군의 청년단체에서 하고 있다. 시작 단계에서는 기획과 사업비와 사람을 연결하는 것부터 진행까지 젊은협업 주변의 단체와 사람들이 맡았다. 그러다가 캠프의 내용과 방식이 정착되면서 활동 범위가 일치하는 단체로 활동 전체를 이전한 사례다. 캠프는 장곡면에 국한되지 않고 홍성군 전체에 있는 다양한 농장과 시설, 그리고 단체와 사람들을 연결해서 활용하는 것이기 때문에 활동 범위가 일치하는 단체로 모든 것을 이전했다.

[15] 생산과 학습의 균형을 맞추는 일은 매우 어렵다. 모임 내에서도 입장 차이가 커서 끊임없이 의견 충돌이 있었다.

고) 이상적인 활용 계획이 세워질 수밖에 없다. 물론, 이상적인 계획대로 잘 활용되는 사례도 간혹 있다. 이런 경우라 할지라도 건물 활용도가 높아지기까지는 한참의 시간이 필요하고 그때까지는 공백기이다. 공백기에 공간을 활용할 사람은 마을사람뿐이다. 따라서 건축 사업이 들어오기 전에 마을에서는 자율적으로 준비를 해야 한다. 또한 여러 개의 사무실에 들어온 단체들이 각자의 활동을 통해 다목적회관과 숙소를 사용하면서 그 활용도는 높아진다.

지금까지 젊은협업 주변의 다양한 사업 중에 하드웨어사업은 두 개밖에 없다. 오누이권역단위 종합정비사업④[16]으로 진행된 오누이다목적회관과 예절교육관, 그리고 행복농장의 치유형농업체험비즈니스모델사업⑧[17]의 일부로 진행된 행복부엌 건립이다.

자립 능력이 있는 새로운 독립 조직을 마을 안에 만드는 것이 사업의 성과다

보통 농촌 사회의 주민들이 보기에 사업의 성과는 매출이 증가했거나 눈에 보이는 물건이나 건물이 하나 마을에 나타나는 것이다. 행정 입장에선 지침에 맞게 사업비가 지출되고, 사람이 많이 방문하는 등 결

---

[16] 오누이권역단위 종합정비사업은 신동리, 지정1·2리 그리고 도산2리가 참여해서 2014~2018년에 진행되었다. 총 사업비는 42억이었으며, 도산2리에 만들어진 오누이다목적회관과 오누이예절교육관 건립에 18억이 쓰였다.

[17] 농촌진흥청이 주관한 치유형농업체험비즈니스모델사업의 사업비는 1억이었고, 다양한 사회배려자(미혼모·노숙자·정신장애인 등)를 대상으로 하는 프로그램을 개발하고 시범 운영했다. 행복부엌(25평) 건립에 2,000만 원이 소요되었다. 이 건립은 사단법인 문화도시연구소의 '집짓기' 프로그램과 결합했다.

과물 활용이 잘 되면 성공한 것이다. 마을에서 사업을 신청하는 순서는, 대개 사업 내용을 보고 '우리도 신청해보자'는 의견 합의를 한 뒤 사업 진행을 위해 필수적인 단체를 만드는 과정으로 이뤄진다. 마을에 무엇이 필요하고 무엇을 만들 건지, 그리고 그 무엇을 위해 누가 어떤 활동을 마을에서 할 수 있는지를 확인하는 과정은 늘 뒤로 밀린다. 그러다 보니 단체는 사업을 위해서만 필요한 것이 되고, 사업이 끝나면 유명무실해지는 경우가 대부분이다.

행복농장은 사업을 통해 자립·독립적인 조직을 만들어가는 과정을 보여준 대표 사례다. 행복농장은 충남광역정신건강증진센터가 사업 주체이고 충남사회복지공동모금회에서 주관한 지원사업의 작은 꼭지 활동으로 도산2리[18]에서 시작되었다. 초기에는 충남광역정신건강증진센터가 직영했고, 사업이 완료된 다음해인 2016년에는 협동조합을 설립해서 농장을 독자적으로 운영했다. 농장이 독립하던 해는 '사회적 농업'이라는 말도 모르던 시기였다. 농림부의 사회적 농업 사업은 2018년에 시작되었고, 농진청의 제안으로 치유형농업체험비즈니스모델사업[8]을 진행한 것도 2017년이다. 즉, 사업을 받기 위해 단체를 만든 것이 아니었다. 다른 단체 사업의 작은 부분으로 마을에서 활동이 시작되었고, 그 활동을 지속할 필요성이 생기면서 법인화하고 자립[19]

---

18 처음엔 다른 마을에 행복농장 설립을 추진했으나, 이장님과 젊은협업 등이 협업하면서 도산2리에 터를 잡게 되었다.

19 자립이라는 표현은 협동조합을 설립을 말한다. 농장은 초기에 여러 시설을 새로 만들고 운영 경비를 해결해가는 과정에서 출자금을 모았다. 행복농장은 1,000만 원 정도의 출자금을 모았다. 출자자는 이전 활동을 통해 연결된 사람들이 대부분이다. 주변 단체 중 협동조합은 모두 자립·독립하는 유사한 과정을 거쳤다. 임의단체 법인으로 설립한 경우는 향후 다른 단체와 통합 등 변화가 필요하다고 판단하는 경우이거나, 굳이 단체를 법인화하지 않아도 되지만 행정절차상 또는 편의상 필요한 경우이다. 평민마을학교와 같이 법인화하지 않고 여전히 모임이나 프로그램으로 남아 있는 경우도 있다.

을 시작했다. 따라서 정책을 만드는 과정에서 성공 사례와 모델이 필요하기 때문에, 사업을 만들기 이전부터 활동했던 행복농장이 사회적농업활성화지원사업⑨에 참여해달라는[20] 제안을 받은 것이다. 행복농장이 사업 주체로 올해부터 시작한 사회적농업거점농장사업㉑[21] 역시 마찬가지다. 이 사업을 진행하기 위해 행복농장은 사회적 농업 농장을 지원하는 활동을 할 사람을 모으고 최대 3년간의 활동을 통해 독립적인 법인(현재는 가칭 '중부권사회적농업지원센터'라 부르기도 한다)으로 분화해갈 수도 있을 것이다.

행복학습센터사업⑤(홍성유기농과 젊은협업이 받음)의 과정을 통해 임의단체인 '청년농부작업장 온'과 '평민마을학교'가 만들어진 것, 그리고 농촌교육문화복지지원사업⑦(젊은협업과 오누이친환경마을이 받음)을 진행하기 위해 청년과 주민 몇 명이 모여 장곡초등학교 학생을 대상으로 농업 환경 교육을 진행하던 3년째에 장곡마을학교가 임의단체로 만들어진 과정도 동일하다. 사업 신청 단계에서 단체가 만들어지는 것이 아니라 이전 단체 이름으로 사업을 받고, 마을에서 새로운 활동을 하면서 그 필요성과 가능성을 확인한 뒤에 지속해야 할 필요가 있을 때 독립된 단체를 만든다. 그렇기 때문에 초기에는 법인화되지 않은 모임으로 활동하다가 필요한 단계에서 법인화된다.

---

20 새로 농장을 만들어야 하는 시기에 인건비는 지원되지 않고 프로그램 활동의 실비만 지원되는 대부분의 정책사업은 농장에 경제적으로 도움이 안 된다. 농장을 운영하는 입장에선 생산·판매 활동에 집중해야 함에도 그 외의 활동이 많아지기 때문이다. 젊은협업이 행복학습센터사업을 진행할 때도 마찬가지 상황이었다. 또 젊은협업도 사회적 농업 사업을 신청하라는 제안을 받았으나 신청하지 않았다.

21 농림부 사업 중 독특하게 인건비가 지원되는 사업이다. 그러나 행복농장에는 역시나 경제적으로 도움이 되지 않는다. 왜냐하면 그 활동을 위해 사람을 새로 고용해야 하기 때문이다. 행복농장의 기존 사람들은 단지, 새로운 역할을 할 단체를 육성하는 일거리가 하나 더 생긴 것이다. 사업의 성과는 목적한 역할을 수행할 독립적이고 자립적인 단체를 만들어낼 수 있는가에 달려 있다.

예외인 단체도 있다. 권역단위종합정비사업④을 위해 오누이친환경마을²²을 만든 경우와 청년귀농장기교육사업⑪을 받기 위해 청년농부를 만든 경우다. 전자는 사업 지침에 따른 것이고 후자는 활동 범위를 확장하기 위해서였다. 활동 범위를 장곡면으로 한정시킨 단체(젊은협업)가 사업을 받는 것보다, '청년농업인 육성'이라는 주제의 사업을 위해서는 홍성군의 여러 면에서 같은 주제로 활동하는 단체들을 연결할 새로운 단체가 필요하다고 판단했다. 그래서 별도의 법인을 만든 것이다. 젊은협업으로 사업을 신청해도 충분했다는 점에서, 이 역시 이전 활동을 통해 새로운 단체를 만든 다른 경험과 동일하다.

독립된 단체들 간의 연대는 꼭 필요하며
이를 통해 농촌 마을의 일과 범위는 확장된다

최근 농업·농촌 지원사업은 개인에게 집중하는 사례가 늘고 있다. 청년사업이 대표적이다. 청년인턴십사업①, 청년농부인큐베이팅사업⑥, 충남사회적경제청년활동가지원사업⑭, 지역주도형청년일자리사업㉓ 등은 개인에게 생활비²³를 지원하는 사업이다. 친환경청년농부육성사업⑯은 개인에게 농업 생산기반을 지원하는 사업이다.

22 협동조합을 만들 때 기존 단체와 사람들이 출자한다. 그 의미는 「협동조합과 젊은협업농장」(『마을』 5호, 시골문화사, 140쪽)에 실려 있다.

23 보통은 인건비로 규정한다. 즉, 노동의 대가를 정부가 지원한다고 생각한다. 하지만 사업 목표에는 청년을 교육하고 지원한다는 내용이 있다. 그렇다면 청년이 교육받는 기간 동안, 그 청년이 생활을 유지할 수 있는 최소한의 생활비 지원이라 해석해야 한다. 문제는 청년을 교육하고 지원해야 하는 단체에겐 역할과 책임, 그리고 정기적인 회의와 보고라는 의무가 부여된다는 점이다. 그렇기 때문에 책임과 의무를 떠맡은 단체는 청년의 성장보다 청년의 노동력, 또는 능력을 기대하게 된다. 물론 단체의 교육 능력과 개별 청년의 상황 등도 영향을 미칠 것이다.

농촌 지역사회에서 특정 목적을 실행하는 단체를 지속적으로 만들어가는 것은, 시장경제가 작동하지 않는 농촌에서 '시장의 기능을 대신할 그 무엇'이 필요하기 때문이다. 그러나 시장경제도 작동하지 않는 초저밀도의 농촌 사회에서 특정한 일 하나로 단체가 자립할 수는 없다. 코로나19 사태로 그나마 흔적 정도로만 남아 있던 도시의 대면 사회 성격이 완전히 사라져가고 있다. 농촌 사회는 이전부터 도시와 비교할 수 없을 만큼 강한 대면성을 가져온 사회이기 때문에, 새로 만들어진 단체가 몇 해만에 단독 활동으로 자립하기엔 한계가 있다. 따라서 독립된 단체들 간의 연대[24]가 필요하다. 정책사업을 진행하면서 이루어지는 단체들 간의 연대는 소통과 협력을 통한 마을공동체 강화라는 농촌정책의 가장 기본적인 목표와도 이어진다.

연대의 가장 초보적인 모습은 유기농생산단지조성사업❸을 신청하기 위해 연대한 경우에서 찾아볼 수 있다. 치유형농업체험비즈니스모델사업❽, 사회적농업활성화지원사업❾, 청년삶의경로탐색〈이주○○〉사업⓬, 홍성행복교육지구사업⓭은 시작할 때부터 연대를 통해 사업이 진행되는 구조로 기획했다. 예를 들면 농업실습을 할 때, 행복농장만이 아니라 젊은협업을 포함한 주변 여러 농장이 함께 실습장으로 참여한다. 숙박 및 강당은 오누이친환경마을의 시설을 활용한다. 또 프로그램 진행자 및 강사는 마을의 여러 단체와 사람들의 재능[25]을 연결해서 기획·진행한다.

이런 연대를 통한 소통은 기대치 않은 다른 결과를 가져오기도 한

---

[24] 연대와 협력은 독립된 단체나 개인 간에 이루어지는 관계이다. 독립되지 않은 개인이나 단체가 함께 하는 관계는 돌봄이나 지원, 그리고 의존의 관계이다.

[25] 단순하게 프로그램을 보조하거나 실습·강의 뿐만 아니라 기록·사진·보고서 작성·연구·돌봄 등 프로그램 진행과 평가의 전 과정에서 여러 재능을 필요로 한다.

다. 행복농장이 치유형농업체험비즈니스모델사업⑧으로 신축한 요리체험 공간(행복부엌)은 행복농장 부지 내에 만들 때 생기는 편의성을 포기하고, 오누이친환경마을의 다목적회관 옆에 만들어서 활용성과 공유성을 높였다. 또 충남형정주환경개선시범사업⑮으로 신축하려던 청년주택 건축 면적을 과감히 축소하고, 그 비용이 마을 주민들의 주택 개량 사업비에 더 많이 투자될 수 있도록 양보했다. 농촌정책사업은 마을공동체 활성화라는 가장 근본적인 목표를 달성하는 과정이다.

여러 단체가 만들어지면서 활동의 다양성이 나타났다면, 그 단체들 간의 연대는 다시 활동 공간의 확장을 가져온다. 초기에 농촌과 농업으로 진입하는 청년을 위해 농장 하나를 만드는 청년귀농농장조성사업②에서 시작해서, 농업의 가치를 복원하는 사회적 농업 활동을 하는 농장을 만드는 과정(사회적농업활성화지원사업⑨)을 거쳐, 충남형정주환경개선시범사업⑮·농업환경보전프로그램사업⑰·취약지역생활여건개조사업⑱과 지역발전투자협약–시범마을사업㉔은 도산2리 전체로 활동 범위가 확장되었다. 이후 홍성행복교육지구사업⑬, 농산어촌유토피아시범연구사업⑲, 충남형사회적농업시범사업⑳, 읍면동마을공동체지원사업㉒은 활동 범위가 장곡면으로까지 확장됐다. 더 나아가 청년귀농장기교육사업⑪을 진행하기 위해 만든 청년농부영농조합법인은, 친환경청년농부육성사업⑯을 진행하면서 홍성과 예산의 청년농부들을 지원하며 교육·홍보 활동을 한다. 사회적농업거점농장사업㉑을 통해서는 충남·경기·인천에 있는 사회적 농업 농장을 지원하는 역할을 하는 등 활동 범위가 확장되고 있다. 청년인턴십사업①과 충남사회적경제청년활동가지원사업⑭의 도움을 받는 마을학회일소공도는 장곡면과 홍동면이 기반이지만, 전국의 여러 단체 및 사람들과 연결되어 있다. 마을학회 활동에 필요해서 시골문화사가 복원되고, 마을연구소일소공도가 만들어졌다. 이는 현재 완전히 분리되어 있는 농업 활동과 농촌 활동이 다시 연결되는 과정을 보여준다.

최근에는 연대를 위한 정책사업이 만들어지기도 한다. 충남형사회적농업시범사업⑳은 읍면 단위에서 농장과 복지단체 간 관계망을 구축하는 사업이다. 지역발전투자협약–시범마을사업㉔ 중 청년농부를 육성하는 꼭지는 장곡면과 홍동면의 여러 농장, 그리고 청년 활동 단체와 교육기관이 연결되고 구조화되어 청년들의 농촌·농업 진입을 지원하는 플랫폼을 구축하는 사업[26]이다. 농장 하나를 만드는 일로 시작해서, 새로운 단체들이 만들어지고 연결되면서 농업에서 농촌으로 활동 영역이 넓어졌다. 활동 범위 역시 주변 농장에서 도산2리를 거쳐, 장곡면까지 확장됐다. 지금도 작은 단체들이 새로 만들어지거나 연결을 되고 통합되어 다른 모습으로 변화하기도 한다. 그리고 그 과정에서 단체의 활동 내용이 재편되기도 한다. 예를 들면 젊은협업과 청년농부작업장 온이 4년간 진행했던 도시청년 대상 농업·농촌 프로그램은 홍성읍의 청년단체인 행복한여행나눔이 진행하고 있다. 또 행복농장이 진행한 사회적 농업과 관련된 무수한 지원 활동은 사회적농업거점농장사업㉑을 통해 만들어질 단체가 맡을 수도 있을 것이다. 지역발전투자협약–시범마을사업㉔으로 청년플랫폼이 만들어진다면 젊은협업 등이 진행하던 청년인턴십사업①, 청년농부인큐베이팅사업⑥, 청년귀농장기교육사업⑪, 청년삶의경로탐색〈이주○○〉사업⑫ 등의 활동이 그 단체로 이전될 수도 있을 것이다.

---

26 이 사업은 장곡면의 젊은협업이 제안했기 때문에 사업 신청을 요청받았다. 그러나 사업 본래의 취지를 더 살릴 수 있도록 홍동면에 있는 사단법인 밝맑도서관이 사업 주체가 되었으므로 〈표 1〉의 사업 목록에 넣지 않았다.

이러한 과정은 농업이 지속되어야 한다는 과제와 다시 연결되어야 한다. 즉 농업을 기반으로 시작한 사업과 활동 속에서 농촌의 여러 단체와 사람이 실과 줄로 연결되었다면, 다시 그 시작점인 농업을 어떻게 지원할 것인가라는 과제를 함께 풀어가야 한다. 그 과정에서 농업과 농촌은 새로운 모습을 찾아갈 수 있을 것이다.

그저 정책사업비를 받는다고 새로운 것을 만들 수는 없다. 새로운 것은 그것을 필요로 하는 사람들이 만들어가기 때문이다. 그러나 농업·농촌사업을 진행하기 위해 필요한 사람을 마을 내에서 교육하고 그 일을 진행하기 위한 지원[27]은 여전히 부족하다.

---

27 그 많은 사업 중에 사회적농업거점농장사업㉑만이 사업 활동에 필요한 인건비가 지원되는 유일한 사업이다.

『마을』은
여러분의 참여로
만들어집니다

───────────

『마을』을 읽고 난 소감과 의견을 보내주세요.
더 좋은 『마을』을 만들어가는 데 큰 도움이 됩니다.

투고를 받습니다
농어산촌 마을에서 살아가는 이야기,
농업·농촌·농민 문제에 관한 의견을 담은
독자 여러분의 원고와
농어산촌 마을 공간을 기록한 사진들(소장본 포함)을 모집합니다.
편집진의 검토를 거쳐 채택된 원고는
본지에 싣고 소정의 원고료를 친환경농산물로 드립니다.

독자 의견과 원고 및 사진 보내실 곳
마을학회 일소공도 사무국 maeulogy@gmail.com
원고 안에 소속(지역/마을 등), 성명과 연락처를 꼭 적어주세요.

벼림

농업·농촌·농민 연속좌담 5

농촌 마을에
보조금이
들어오면

농업·농촌·농민을 둘러싼 당면 문제를 해결하기 위해 농민·주민·활동가·연구자 등이 모여 서로의 관점을 교차시키며 깊이 연속해서 토론합니다. 그동안 국가와 정책결정자들의 관점에 의해 틀지어져오던 농촌 문제의 숨겨진 세부를 재발견하고, 그 문제들을 해결할 보다 정밀하고 통합적인 사유와 자율적인 실천의 장을 준비합니다.

농촌 마을에 보조금이 들어오면

참석 | 강마야, 구자인, 김정섭, 정민철
사회와 녹취록 정리 | 김정섭
때 | 2020년 7월 9일 오후 4시~6시 30분
곳 | 충남 홍성군 장곡면 도산2리 오누이다목적회관 회의실

김정섭 올해는 코로나19 사태로 인해 정부가 재난지원금을 국민들에게 제공했는데요. 그 덕에 나랏돈을 쓰는 방식을 두고 온 국민이 관심을 갖게 되었습니다. 농민들 사이에서는 각종 농업 직불제를 개편한 공익형 직불제가 올해부터 새로 시행되면서 농업·농촌과 관련해 공공재정이 어떻게 쓰여야 하는가에 대한 관심이 높아지기도 했습니다. 농촌에 사는 분들은 정부나 지방자치단체의 '보조금'이나 '융자금'이, 즉 세금이 이러저러한 명목으로 뿌려지는 것을 곁에서 보거나 그런 자금을 지원받은 적이 있을 터입니다. 오늘은 공공재정이 농촌에서 활용되는 일과 관련해 이야기를 나누고자 합니다. 먼저, 농업·농촌정책에서 공공재정이 투입되는 방식과 관련하여 '이런 것이 문제다'라고 생각하시는 것을 터놓고 이야기하는 것으로 시작했으면 합니다. 그러고 나서 '어떻게 개선해야 하나?'라는 측면에서 이야기를 나누겠습니다.

행정과 민간의 관계,
그리고 보조금 정책사업

구자인 먼저 제 관점과 상황 진단을 해보겠습니다. 저는 마을과 행정, 또는 마을-지방자치단체-중앙정부 사이에 형성되는 관계 구도 안에서 농촌에서 일어나는 일들을 바라보며 일하고 있습니다. 이른바 중간지원조직과 관련된 일을 합니다. 마을 분들을 '위해서 일한다'는 지향은 있지만, 마을 주민 입장에서 직접 대변하고 행동하는 것은 아닙니다. 다만 마을의 상황을 일정 정도 알고 출발하였고, 그런 관점은 제가 선행학습을 통해 형성해온 셈입니다. 이런 관점에서 전제가 되는 부분을 먼저 말하자면, 마을 주민들이 스스로 역량을 키우고 해결 방안을 찾아야 할 문제들이 있는데, 그 과정에서 도움을 주는 '마을 외부의 조력자'가 필요하다는 점입니다.

지방자치단체의 행정기관도 원래 주민을 위해 존재하는 조직입니다. 그러므로 앞서 말한 상황에서 마을 주민을 지원하는 것은 지방자치단체의 당연한 의무입니다. 그런데 지방자치단체가 마을 주민을 지원하는 방식과 관점에 문제가 있다는 생각을, 오래전 마을만들기운동에 발을 들이기 시작하면서부터 했습니다. '마을공동체 내부에서 주민들의 활동이 자발적으로 일어나고 성장하면서 주민 스스로 주도권을 갖게 하려면 어떻게 해야 하는가?'라는 문제를 앞에 두고, 저는 '지방자치단체 행정에 직접 들어가 일하는 방식이나 구조를 바꾸어야겠다'고 생각했습니다. '주민운동을 공부하고 그런 활동에 직접 결합하는 방식을 더 지속할 수도 있지 않았는가?'라고 자문해볼 수도 있습니다. 당시 제 판단으로는 주민들이 스스로 조직하고 행동하여 성과를 거두기까지 오랜 시간이 걸릴 것이고, 주민운동이 성장할 수 있는 토양이 아주 척박해 보였습니다.

    1990년대 초반 지방자치제가 시작될 때 논쟁이 있었습니다. 당시에는 '지속가능한 지역사회' 또는 '지방의제'라는 표현과 더불어 주민운동이 펼쳐지고 있었습니다. '지방자치제가 시작될 판인데, 주민운동을 하는 이들은 지방정부를 어떻게 이해해야 하느냐?'가 쟁점이었습니다. 한편에서는 지방자치제가 시행되어도 지방정부는 과거처럼 국가의 시녀 내지는 하수인 노릇을 할 것이라는 주장이 있었습니다. 다른 한편에서는 투표를 통해 지방의회 의원과 지방자치단체장을 선출하는 대의민주주의의 장場이, 즉 주민들이 주도권을 발휘할 수 있는 정치의 장이 제도적으로 마련되었으니까 그것을 활용해야 한다는 주장이 있었습니다. 그때 저는 후자의 주장에 동의했습니다. '어쨌든 지방자치단체 행정을 바꾸어야 한다. 바꾸지 않고서는 우리가 하는 활동이 빨리 지칠 수 있다. 당시 유행하기 시작한 지속가능한 지역사회나 지방의제라는 것도 행정과 주민의 관계 설정(당시부터 도입된 거버넌스)을 어떻게 할 것인가'가 무엇보다 중요하다 본 것이죠. 지자체 행정 외부에서 연구 용역이나 사회운동 등의 계기를 통해 문제를 제기하는 경우는 많았지만 실제로 좋은 사례는 별로 나타나지 않더군요. 그래서 지방자치단체 행정과 마을 주민 사이에서 가교 역할을 할 수 있는 그룹, 주민 입장을 대변하면서 행정을 바꾸어내는 역할을 하는 그룹이 필요하다 생각했어요. '하지만 그런 그룹은 쉽게 만들어지지 않고, 누가 만들어 주는 것도 아니니, 직접 행정에 들어가서 그런 작업을 하자' 저는 이런 관점을 갖게 되었습니다.

    아무튼 '행정과 주민, 행정과 마을의 관계를 어떻게 설정할 것인가'라는 관점에서 공공재정 문제도 보아야 할 것입니다. 마을의 '자치'와 행정의 '지원'이 적절하게 균형을 이루고, 경계가 분명히 존재해야 합니다.

현재는 '자치'로 해결할 부분과 '지원'받아 활용해야 할 부분 사이의 경계선이 허물어졌습니다. 주민도 행정도 그 둘을 구분하지 못합니다. 이것이 현재 공공재정 지출과 관련해 생겨나는 여러 문제들의 출발점이라고 생각합니다. 개인적으로는 그런 문제들, 즉 '자치'와 '지원'의 균형 문제를 해결하려고 노력했고 일정 부분 바꾼 것도 있다고 생각합니다. 그러나 전체적으로 보면 여전히 그 경계는 모호하고, 주민들의 자치 역량이 성장하는 속도도 아주 느립니다. 게다가 지방자치단체 행정은 별 노력하지 않아도 중앙정부가 배분하듯 내려주는 공모제 형태의 보조사업이 아주 많습니다. 이런 가운데, 쌓인 문제를 풀어가는 것보다 더 빠르게 새로운 문제들이 생겨납니다. 그렇게 현 상황을 진단하고 있습니다.

정민철 저는 구자인 박사님과는 반대편에서 경험한 셈입니다. 저를 포함해서 주변 사람들, 편의상 '우리'라고 부른다면, 우리는 과거에 원래 정부정책이나 보조사업 같은 것에 대해서는 아예 모른 채 이런저런 활동들을 시작했으니까요. 농촌 현장에서만 살다 보면 그런 정책이 있는지, 행정이 어떻게 돌아가는지 알 수가 없거든요. 관官에서는 특정한 보조사업이 생기면, 그 사업을 담당하는 공무원이 아는 민간 부문의 단체나 개인에게 연락을 합니다. 그 연락을 받는 사람이 보조사업 시행 대상자가 되기 쉽지요. 그래서 농촌 현장에서 이런저런 활동을 하더라도 지방자치단체 공무원과 직접 아는 사이가 아니라면, 군청 홈페이지의 공고란을 날마다 쳐다보지 않는 이상은 보조사업과 관련한 정보를 얻을 길이 없습니다. 제가 2000년부터 이곳 홍성군에 살고 있는데요. 2000년 무렵에는 군청 홈페이지가 그렇게 활발하게 운영되지도 않던 때여서 당시에는 아예 보조사업에 관한 정보를 얻을 방법이 없었습니다. 그런 상황이었기 때문에 '현장에서 스스로의 힘으로 의미 있는 변화를 이끌어낼 방도는 무엇인가?'를 생각할 수밖에 없었습니다. 그때는 정부나 지방자치단체의 보조사업을 지원받으려는 생각 자체가 없었습니다. 게다가 2000년 무렵만 해도 풀무학교는 어떤 의미에서는 지방자치단체와 어느 정도 대립하는 관계였지 서로 협조하는 관계는 아니었죠. 그래서 '정부나 지방자치단체 지원 없이 무언가를 해보자'라는 생각으로 2010년까지 홍동면에서 여러 일들을 벌였습니다. 돌이켜보면, 그렇게 스스로 일하는 경험을 쌓은 홍동면이 다른 지역과 다른 점이 여럿 있는데, 그중 하나가 '정부 지원사업 없이 이런저런 활동을 이루어냈다'는 자부심을 갖게된 것입니다. 물론 2010년까지의 이야기입니다. "정부나 지방자치단체의 지원 없이 '풀무학교생협'이나 '밝맑도서관' 같은 것들을 다 만들었단 말이야?"라는 이야기를 들을 정도였죠.

구자인 그 시기가 2004년 정도까지 아닙니까? 그 시점부터 권역사업이 시작되었으니까요.

정민철 아니요. 홍동면 전체를 놓고 말하자면, 2010년까지라고 보아야 합니다. 2004년 무렵에 홍동면 문당리에서 농촌마을종합개발사업이라는 큰 규모의 보조사업이 시작되기는 했지만, 당시 홍동면 전체 차원에서는 관심을 끌지 않았던 일입니다. 문당리 바깥의 다른 마을들에서 '저게 뭐지?'라는 궁금증을 갖는 정도였습니다. 어쨌든 2004년 또는 2005년 무렵에는 지역 내부의 자체 동력으로 활동하는 단체들이 여럿 만들어졌습니다. 더불어 십여 년 노력해온 유기농업과 마을의 여러 활동이 홍동면 바깥에도 알려지기 시작했습니다. 그러다 보니 홍성군청에서 정부나 지방자치단체의 보조사업과 관련해 그런 단체들에게 연락을 하기 시작했습니다. 그래서 문당리에는 농촌마을종합개발사업을 하는 '문당권역'이 설정되고 큰 마을 조직이 생기고, 문당리 옆 금평리에는 풀무생협이라는 큰 조직이 있고, 홍동면에 이웃한 장곡면에는 홍성유기농영농조합법인이라는 큰 조직이 자리잡게 된 셈이었습니다. 이때에는 정부 보조사업이 추진되면 그 세 조직이 동시에 그 사업에 달라붙기도 했습니다. 보조사업 관련 정보가 서로 유통되기 시작한 것이죠.

강마야 한 곳에서 물꼬를 트니까 그리 된 셈이네요?

정민철 이름이 알려지고 세 조직으로 지원사업 관련 정보가 들어오니, 지역 내부에서 우리끼리 경쟁하는 구조가 된 것입니다. 그래서 세 단체 대표와 상무급 책임자들이 모였습니다. 보조사업을 둘러싸고 다툼이 일어날 판이었으니까요. "야, 우리끼리 정리 좀 하자. 이 사업은 누가 지원받아서 하고, 저 사업은 다른 단체가 더 적합한 것 같으니 협의하자"는 식의 논의를 하려던 것이었습니다. 그렇게 협의체를 형성하려는 노력이 2000년대 중반에 시도됩니다. 일단 모이면 협의는 잘 되는데, 다들 바빠서 잘 모일 수가 없었습니다. 협의체를 만들려는 노력이 중간에 흐지부지 멈췄습니다. 공공재정을 꼭 필요한 순서대로 또는 적재적소에 투입할 수 있는 체계를 지역 차원에서 만들자는 시도였으나 세 개 단체가 중심이었던 것에 불과합니다. 엄밀히 보면, 2010년까지는 이런 식으로 흘러갔습니다. 2010년이 되어서야 지역에서 먼저(홍동면을 말합니다) 정부 지원사업을 신청해보자는 논의가 일어났습니다. 행정안전부에서 추진하던 '사회적 경제 활성화' 관련 사업이었던 것 같은데, 그 지원사업으로 '마을활력소'[1]를…….

김정섭 마을기업 지원사업일 겁니다.

정민철 그 지원사업을 계기로 마을활력소를 만들게 되었습니다. 보조사업 신청 과정을 보면서, '사업 신청을 이렇게 하는 것'이라는 걸 처음 알게 되었습니다.

구자인 마을기업 지원사업이 처음 생긴 게 2008년 아니면 2009년인 것 같네요.

정민철 네. 아마 2009년인가, 2010년도에 지원을 받았을 겁니다. 그때만 해도 '보조금은 굳이 안 받아도 되는데 왜 받지?'라는 생각을 많이 했죠. 보조금을 안 받는 게 당연한 일일 뿐더러 스스로 자부심을 가질 수 있는 기회라고 생각했습니다. 그런데 돌이켜보면, 제가 구자인 박사님과는 달리 완전히 민간 부문에서만 활동한 탓에 행정에 관해서는 거의 몰랐던 겁니다. 물론, 그전에 행정의 보조사업을 작게 경험한 적이 한 번 있습니다. 문당리의 농촌마을종합개발사업 예산 중 일부분을 활용해 풀무학교에서 어떤 일을 하는 세부사업이 있었습니다. 그 일이 진행될 때, 민간인 입장에서는 도대체 이해할 수 없는 절차를 목격했습니다. 무척 난처했지요. 그때 우리 내부에서 우스갯소리로 했던 말이 "누군가 한 사람을 공무원으로 군청에 집어넣어야 하지 않을까? 공무원들의 정신세계를 한 사람이 배워서 다시 지역으로 나와야 하는 것 아닐까? 그렇게 민과 관을 오가면서 통역할 수 있는 사람이 필요해"라는 것이었어요. 그래서 홍성군청 친환경농정발전기획단이라는 부서에 누군가 민간인을 한 명 넣자는 생각을 했습니다. 그런 식으로 한 사

---

1 충남 홍성군 홍동면 운월리에 있는 주민 조직이다. 설립 당시에 홍동면의 주민들이 주도하는 중간지원조직을 표방하면서 지역의 여러 조직과 단체들의 협력을 촉진하는 역할을 하려는 취지로 조직되었다(이하 모든 각주는 대담 정리자의 주).

람 군청에 보내서 2~3년 훈련시키면 소통이 나아지리라고 생각했던 거지요. 그때가 2000년대 말이었습니다.

    2011년 이후로 제가 여기 장곡면에 와서 활동하게 되었습니다. 의도하지는 않았는데, 상당히 다양한 지원사업들이 장곡면에서 추진되면서 그 사업들이 서로 연결되는 방식으로 일하게 되었습니다. 그때부터 홍성군에서는 "장곡면에서 돈은 다 들고 간다. 엄청난 지원 사업비를 가져 간다"는 말이 돌기 시작했는데, 저희는 잘 모르겠습니다. 그렇게 보일 수도 있다고는 생각합니다. 어쨌든 아주 다양한 정부 정책사업, 특히 '시범사업'이라고 딱지가 붙은 온갖 종류의 프로젝트들이 장곡면에서 많이 진행되었습니다. 그런데 자세히 보면, 그 정책사업들 중에 우리가 열심히 쫓아다니면서 신청한 것은 거의 없습니다. 역시나 아까 이야기했지만, 군청에서 우리에게 연락을 해오는 것이죠. "이런 정책사업이 있는데, 한번 해보는 게 어떨까요? 여기 장곡 말고는 그런 사업을 할 만한 곳이 없거든요"라고 하면서요. 그러면 우리는 "그렇잖아도 그 비슷한 일을 하려고 생각 중이었는데 잘됐네"라는 식으로 반응한 적이 많습니다. 이런 식으로 일이 풀린 것이 2011년 이후 장곡면 도산리와 그 주변의 경험입니다.

보조금 정책사업은
무엇을 성과로 삼아야 하는가?

정민철 그렇게 정책사업을 실행하면서 갖게 된 의문점이 있습니다. 가장 큰 의문은 '정책사업이 성공했다고 판단할 수 있는 근거는 무엇인가?'라는 겁니다. '이 사업을 통해서 무언가를 했는데, 성공했느냐 아니면 실패했느냐를 어떤 기준으로 판단하지?'라는 질문을 자주 던지게 되었습니다. 보통 군청 담당 공무원은 별다른 문제 없이 보조금 예산을 잘 사용했으면 성공했다고 말할 텐데, 우리 입장은 다르지요. 돈을 다 쓰고 난 뒤에 무엇을 가지고 '성공했다'고 말할 수 있냐는 겁니다. 저는 '어떤 보조사업이 들어와서 사업을 추진한 결과, 어떤 형태로든 그 성과물이 지역사회에 남아 있기만 한다면 성공이다'라고 생각합니다. 대체로 지역사회에는 아무런 성과도 남지 않거든요. '이 돈을 써서 우리는 무엇을 한 것일까? 이 돈으로 무슨무슨 프로그램을 열심히 했는데, 그게 성과인가?'라는 질문을 안게 됩니다. 프로그램 열심히 했는데 사업 예산을 다 소진하니까 사업이 끝납니다. 그렇게 되면, 그건 우리의 성과는 아닙니다. 그런 경우 담당 공무원의 성과일 수는 있겠습니다. 담당 공무원이 "우리가 이런 정책사업을 해서 이러저런 수많은 사람들이, 연인원 몇 명이 이곳을 다녀가고 이 사업에 참여했고, 이 사업 프로그램이 일종의 모델이 되어 전국에 확산되었습니다"라고 성과를 표현할 수 있을 겁니다. 그런데, 우리 지역의 성과는 무엇일까요? '그냥 이런 일을 한번 했다'라는 식으로 끝나면, 곤란하지요. 이런 고민은 계속 남아 있습니다.

강마야 마을 쪽, 농촌정책 분야의 보조사업은 그렇게 돌아가는데, 농업정책 분야의 보조금은 아예 중간에서 휘발되어버리는 경우가 많은 것 같습니다. 다들 아시는 이야기겠지만, 어느 농업인이 도청이나 군청을 자주 들락거리고, 농업기술센터의 무슨무슨 연구회에 들어가 있거나 관이 관리하는 조직에 가입해 있으면 보조금을 받기 쉬워집니다. 그런 경우 보조금은 농촌 현장의 밑바닥까지 전달되지 않고, 보조사업 시행자로 선정된 기관이나 단체의 대표 선에서 정확하게 알 수 없는 용도로 집행됩니다. 또 사업을 평가할 성과지표라는 것도 내세울

게 별로 없습니다. 예전에 정책사업 시행 지침을 보다가 깜짝 놀란 적이 있습니다. 친환경농업을 지원하는 사업의 성과 평가지표는 '친환경작물 재배면적 증가량'인데, 논농업 직불제의 성과 평가지표는 '예산 집행률'이었습니다. 아니, 집행률은 당연히 높아야 하는 것이지요. '예산을 사용했다'는 것이 어떻게 성과 평가지표가 될 수 있는지 이해할 수가 없는 일이지요. 정부 정책사업 예산을 쓴 결과가 지역에 어떤 형태로 남을지는 고민하지 않고, 그저 행정의 입장에서 무탈하게 무사고로 예산을 100% 집행하면 잘했다고 평가되는 식입니다. 이런 종류의 정책사업이 농촌정책보다는 농업정책 쪽에 아주 많은 듯합니다. 사실, 농촌정책과 관련해서는 감시자의 눈들이 많아서 그나마 나은 것 아닌가 싶습니다. 마을만들기운동 쪽의 역량도 많이 높아졌고요. 그런데 농업정책 영역에는 그런 '감시자의 눈'이 별로 없습니다. 자신의 조직이 조금이라도 많이 받아야 조직의 성과를 올렸다고 내세울 수 있는 단체들의 대표자가 보조금을 받아가기 때문에, 진짜 현장인 영농 규모가 작은 농가나 마을까지 자금들이 전달되지 않습니다. 어디선가 사라져버리기 때문에 '내 주머니에 넣어버렸다'고 의심받는 경우도 많고, 성과에 대해서 말할 근거도 없고, 그런 상황이니 정책사업에 관한 정보도 잘 공개되지 않는 겁니다.

정책사업에 관한 정보 독과점

정민철 정보가 안 흐릅니다.

강마야 정보 유통에서부터 막히니까 집행이 어떻게 되는지, 성과가 어떻게 되는지, 모니터링을 어떻게 해야 할지 등등 여러 문제가 아예 연결되지 못합니다. 정책 과정 자체가 작동하기 어렵습니다.

정민철 정책사업에 관한 정보가 안 뿌려지는 이유가 무엇일까요?

강마야 그럴 수밖에 없는 게, 블루베리 재배 농가를 지원하는 어떤 보조사업을 만들면, 그것에 관한 정보를 블루베리를 재배하지 않는 농업인에게 굳이 알려줄 필요가 없습니다. 담당 공무원과 그 보조금을 받을 블루베리 재배 농업인만 정책사업에 관해 알면 되는 겁니다. 멜론 재배하는 농가에게 굳이 그런 정보를 알려줄 필요가 없지요.

김정섭 현재 시행되는 농업정책 분야의 보조사업 중에 그런 식으로 되어 있는 것을 예로 들자면, 무엇이 있을까요?

강마야 농기계·비료·상토 등등 이런 농자재를 보조금으로 지원하는 사업들이 많습니다. 농업인 중에 무슨무슨 품목 연구회 대표쯤 되는 이들이 지방자치단체 담당 공무원이나 농업기술센터 담당자와 서로 아는 사이라면, 그런 종류의 지원사업은 그네들끼리 이야기해서 쉽게 기획되는 구조입니다. 국비가 들어가는 지원사업의 경우에는 그렇게 쉽지 않겠지만, 지방자치단체가 마련하는 지방비 보조사업들은 그런 식으로들 만들어집니다.

정민철 정보가 공개되지 않는 문제가 있고, 두 번째로는 담당 공무원의 현장에 대한 이해도가 떨어져서 생기는 문제가 있습니다. 담당 공무원이 농업인 단체 사람을 만나서 정책사업을 기획해야 하는 상황이라는 게, 이해되는 구석이 있긴 합니다. 사업은 추진해야 되는데, 그 사업을 실행할 조직을 담당 공무원이 현장을 찾아다니면서 발굴할 수 있느냐? 못 한다는 겁니다. 그렇게 되면 담당 공무원은 전임자나 자신이 알고 있는 단체에 연락하게 됩니다. "이런 사업이 있는데 하시겠느냐?"라고 묻게 됩니다. 그러면 연락받은 쪽은 당연히 하겠다고 답합니다. 그러면 결국 보조금이 특정 대상에게 계속 쏠리는 현상이 나타나지요. 그러다 보면 농촌 현장에 새로운 조직이 만들어질 리는 없습니다. "무슨무슨 정책사업을 할 것인데, 적절한 조직을 구성해서 신청하세요"라고 사전에 알리면서 현장에 정보를 제공하면 되는데, 그런 노력 없이 관성적으로 일하다 보니 정책사업의 성과가 현장에 남지 않게 됩니다. 정책사업을 계기로 한 단체가 만들어져 마을에 남으면 그것이 성과일 수 있는데, 그게 안 됩니다. 혹은 보조사업 예산을 받기 위해서 조직을 만들기는 해도, 사업이 끝난 후에 그 조직을 계속 유지하고 활동을 이어가려고 노력하지 않습니다.

보충성의 원칙, 꼭 필요한 만큼만 보조해야

김정섭 수많은 정책사업을 명확하게 구분할 필요가 있습니다. 국비 사업이든 지방비 사업이든, 재원은 세금입니다. 세금이 농업 부문이나 농촌 마을에 흘러오는 겁니다. 정부와 지방자치단체는 그 돈을 쓰는 목적에 따라서 잘 구분하고, 각기 목적별로 돈을 집행하는 방식도 명확히 구별해야 합니다. 그런 구분선이 뭉개진 느낌이 듭니다. 사업의 성격에 따라 집행 방식이 달라져야 옳습니다. 정부나 지방자치단체가 원래 해야 하는 일인데, 공무원이 그 일을 직접 할 수 없는 경우가 있다면 그때는 "이러이러한 일을 행정을 대신해서 수행해주십시오"라면서 민간 부문의 단체나 개인에게 부탁하고 사업 대행의 대가로 돈을 지불해야 합니다. 예를 들면, '출연금 사업'이 그런 겁니다. 제가 일하는 한국농촌경제연구원의 재정 중 대부분은 출연금으로 충당합니다. 그래서 '정부출연연구기관'이라고도 부릅니다. 공무원이 직접 연구를 할 수는 없는데, 정책을 개발하거나 평가하는 연구는 정부가 해야 하는 일이지요. 그래서 연구원에 연구사업을 맡기고, 다른 표현으로는 위탁하고, 그 대가를 주는 거죠. 이런 종류의 공공재정은 그 돈을 받아서 무슨 일을 해야 하는지가 명확한 편입니다. 그 일을 하면 되는 겁니다. 국가 차원에서, 즉 농림축산식품부에서 농업용 저수지를 만들어야 하는데 공무원이 직접 삽질을 할 수는 없으니, 한국농어촌공사든 어느 토목회사든 적절한 기업이나 단체에 맡길 수 있습니다. 그때에는 저수지를 하자 없이 잘 지으면 되는 겁니다. 한편, 정부나 지방자치단체에서 목적을 정해서 쓰되 공공기관의 업무를 대신하는 것은 아닌, 그런 경우도 있습니다.

강마야 교부세로 내려오는 돈이 그런 종류이죠.

김정섭 네, 그렇습니다. 교부금 외에도, 보조사업 중에도 그런 것이 있습니다. 예를 들면 '농업인 국민연금 보험료 지원사업'이라는 게 있습니다. 직장 다니는 사람들의 경우 대개는 사업주가 절반, 그리고 나머지는 자기 월급에서 충당해서 국민연금 보험료를 납부합니다. 몇 명 이상 일하는 사업장이면 의무적으로 그리하도록 되어 있습니다. 싫어도 하는 겁니다. 왜냐면 지금은 보험료 내기 싫어도 나중에 노후생활에는 도움이 되니까, 반강제적으로 하게끔 만든 제도입니다. 그런데 농민들의 대부분은, 자영업자나 마찬가지로 월급을 받는 게 아니어서, 사업주가 내주는 절반 몫이 없습니다. 그래도 연금 보험료를 내고 가입해두면 좋을 것 같은데, 혼자 100% 부담하기 어려워 보이니 정부에서 절반을 사업주 대신 내주는 게 '농업인 국민연금 보험료 지원사업'입니다. 이런 종류의 보조사업은 정부의 일을 대행하는 건 아닙니다. 농업인을 지원하는 것이 목적입니다. 농업·농촌 분야에서 문제가 있다고 거론되는 공공재정 지출은 대개 이런 보조사업과 관련된 것입니다. 위탁사업이나 대행사업은 시행자가 대가를 지불받고 하자 없이 정해진 일을 하면 문제없이 끝납니다. 그런데 보조사업은 '목적' 자체가 문제시될 수 있습니다. "왜 농민들에게 세금을 퍼주냐?"라는 식의 반응은 여러 종류의 보조사업과 관련해 자주 제기되는 문제입니다. 그래도 '농업인 국민연금 보험료 지원사업' 같은 보조사업은 문제의 성격이 덜 복잡합니다. 지원의 명분만 납득되면, 누가 중간에 떼어먹지 않고 잘 지급하면 되니까요.

그런데 농촌 마을에 들어오는 근래의 여러 보조사업의 문제는 조금 복잡합니다. 보조금을 영어로 'subsidy'라고 하지 않습니까? 그런데 '보충성의 원칙'이라는 말이 있습니다. 영어로 'principle of subsidiarity'라고 합니다. 어원이 같지요. 보충성의 원칙이란, 정부나 지방자치단체는 꼭 필요한 것만큼만 '보조'하는 것으로 역할을 다해야 한다는 겁니다. 정부가 할 일을 대신 해주는 것도 아니고, 재난지원금처럼 일방적으로 돈을 지급하면 끝나는 일도 아닌, 그런 보조금 정책사업이 있다는 것이죠. 가령, 농촌 마을 주민들이 무슨 일을 스스로 하려고 계획 중이라고 가정해봅시다. 마을 경관과 환경을 깨끗하게 정비하고 싶습니다. 꽃도 심고, 낡은 마을회관 건물도 고치고 싶습니다.

이렇게 계획하다 보니 돈이 모자랄 수 있습니다. 100% 자력自力으로는 하기 어렵다는 판단이 듭니다. 이런 상황인데, 정부나 지방자치단체가 보기에 주민들의 그런 노력이 정책 방향과 맞아떨어집니다. 그때 그 모자란 부분을 '보조'해주는 사업이지요. 정부가 모든 돈을 대가로 다 지불하면서 일을 맡기는 것은 '위탁사업'이고, 방금 말씀드린 것처럼 주민들이 자율적으로 하려는데 모자란 부분이 있어 보충해주는 것을 '보조사업'이라고 합니다. 주민들이 원래 하려고 했던 일이 정책 방향과 맞는다면, 모자란 부분을 정부가 보충해주는 것이 정부 입장에서도 좋습니다. 보조금의 원래 취지는 이런 것이지요. 그런데 현실에서는 지금 그런 취지대로 보조금 정책사업이 실행되는 시스템이 아니라는 게 문제입니다. '중앙정부나 특히 지방자치단체 공무원들이 그런 관점을 가지고 보조금 정책사업을 기획하고 실행하느냐?'라는 의문이 듭니다.

강마야 보조사업은 공무원 자신의 완전한 권한 내에 있는 일이라고 보거나, 그 사업을 기획하고 실행하는 것 자체가 자리를 유지하기 위한 수단으로 인식되는 경향도 있습니다.

김정섭 자신에게 모든 권한이 있다고 생각하거나, 보조금을 집행하는 일이 무슨 선심을 쓰는 일이라도 되는 양 행동하는 경우를 종종 만납니다. 예전에 마을 단위 농촌개발 정책사업이 처음 시작되었을 때에는 '보충성의 원칙'이라는 관점이 지금보다 조금 더 명확하게 유지되었다고 생각합니다. 적어도 관점은 명확했습니다. '주민들이 스스로 하려고 하는 일을 지원한다'라는 관점으로 시작했고, 그래서 공모사업으로 출발했던 것입니다. '농촌전통테마마을사업'이나 '녹색농촌체험마을사업'처럼 2억 원을 마을에 보조하는 사업이 생겨난 게 2002년인데, 저는 그게 기원이라고 봅니다.

강마야 그때는 '보충성의 원칙'이라고 했었나요?

김정섭 아니, 그런 용어를 널리 사용한 것은 아니고 컨셉이 그랬다는 거예요. 가령, 최초의 사례로 강원도 화천군의 토고미마을을 이야기할 수 있겠습니다. 원래는 토고미마을에 정부가 보조금을 지원한 적이 없는데, 어느 날 알고 보니까 유기농업을 하는 토고미마을에서 도농교류 활동도 열심히 하면서 갖은 노력을 하고 성과를 내기 시작한 겁니다. 유기농산물도 직판하고, 도농교류를 기반으로 마을을 찾아오는 방문객들도 늘어나고……. 그런 활동들이 정부가 보기에 괜찮은 것 같았습니다. 이런 식으로 농촌 마을에서 활동이 일어나면 좋겠다는 생각도 들고요. 그래서 토고미 마을에 물어본 것이지요. "이런저런 좋은 활동들을 하고 계신데, 혹시 필요한 게 뭡니까? 도와드릴 것이 없을까요?" 그랬더니 마을에서 "방문객들이 점점 늘어나는데, 마을에 있는 폐교를 고쳐서 쓰면 좋겠는데, 숙박시설로도 쓰면 좋겠는데, 자금이 모자란다"라고 했던 것이지요.

정민철 강당으로도 쓰고.

김정섭 "그러면 그 정도 돈은 정부가 지원할 테니까 사업을 하십시오"라면서 보충을 해드린 것 아닙니까? 토고미마을 주민들이 원래 하려고 했던 일을 정부가 보조한 것입니다. 문제는 그 이후에 일어났습니다. 토고미마을 사례를 컨셉으로 삼아 유사한 활동을 하는 마을들을 지원하는 보조사업이 많이 생겨났습니다. 토고미마을 외에 다른 마을에도 "보충해드리겠습니다"라고 한 거죠. 그런데 나중에 보니 이 보조사업을 시행한 마을들 중 상당수가, 원래 하려던 일이 있었는데 모자란 자금을 정부가 보조해준 경우에 해당되느냐는 의문이 있는 겁니다. 제가 보기에는, 원래 하려던 일이 별로 없거나 하려던 일은 아주 작은데 정부의 의욕이 지나쳐서 그런 곳들에 감당하기 어려운 수준의 큰 액수의 보조금을 지원하면서 오히려 "이러이러한 일을 하세요"라고 정부가 주도한 측면이 분명히 있다는 겁니다. 보조사업이라면, 원래는 주민들이 '무엇을 할 것인가'를 정해놓고 추진하는 과정 중에 모자라는 부분을 정부가 지원해야 할 터인데, 주객이 바뀐 것입니다. 보충하자고 보조금을 준 것이 오히려 주된 부분이 되어서 "돈을 이렇게나 많이 주는데, 이러저러한 일을 시키는 대로 하세요"라는 식으로 된 겁니다.

주객의 전도,
주민 역량 부족이라는 전제 재고해야

강마야 순서가 바뀐 거지요.

김정섭 이렇게 된 부분이 아주 큰 문제라고 봅니다. 일이 그런 식으로 되면, 잘 돌아갈 턱이 없습니다. 일단 돈부터 주고 당사자가 아닌 사람들이 정하는 방향대로 하라고 시키는 거잖아요? 주민들의 자율성은 어디론가 실종되었습니다. 사업 실행이 지연되고, 엉뚱한 데에 돈을 쓰게 되고, 동네에서 싸움도 나고. 이런 상황이 되니까 또 뭐라고 그러냐면 "주민들의 역량이 부족해서 그렇다"며 역량 강화해야 한다고 나서기에 이릅니다. 마을 주민의 역량이 부족한 측면도 있겠지만, 굳이 따지면 그런 일을 할 마음이 없거나 정말로 현저하게 역량이 안 되는 곳에 큰돈을 주면서 감당 못할 일을 하라고 시킨 책임이 적지 않습니다. 거꾸로 다른 쪽은 의지도 있고 역량도 되는데, 그런 곳에는 돈이 안 가는 경우도 있습니다. 이 분야의 연구자들이 쉽게 말합니다. "농촌 마을 주민의 역량이 부족해서 정책이 성공하지 못했다"라고. 저도 십여 년 전에는 농촌 주민의 역량을 키우는 일이 농촌정책에서 매우 중요한 과제라고 열심히 설파하고 다녔지만, 요새는 일부러라도 그런 주장을 하지 않습니다. '주민 역량이 부족하다'는 전제에서 출발하는 논의들의 맥락이 뭔가 이상하게 느껴집니다.

정민철 맞습니다.

김정섭 구자인 박사님은 이 부분에 관해 어떻게 보십니까?

구자인 굳이 따지면 마을 주민들의 역량이 어떤 부분에서는 부족한 면이 있는 것도 사실입니다. 잘하는 게 있고 못하는 게 있는데, 행정사업의 제도적 측면을 이해하고 집행하는 측면에서는 일반적으로 주민 역량이 굉장히 부족합니다. 역량이 부족한 측면이 있더라도 주민들이 잘하는 부분을 더 잘할 수 있게 돕는 방식이어야 하는데, 잘하지 못할 일에 대해 계획을 수립하라고, 그것도 종합적인 계획을 수립해서 추진하라고 하니 일이 어렵게 되는 겁니다. 행정과 민간의 관계로 보자면 지원 내용이나 형식의 차이에 관해 논의할 수 있고, 또 지원 정책사업이 어떻게 변해왔는지 역사적인 측면도 논의해야 할 것입니다.

무엇보다 김정섭 박사의 이야기 맥락에서 조금 더 깊이 들어가 행정과 민간의 관계 측면에서 예산을 들여다볼 필요가 있습니다. 행정에서 민간에 지원하는 것은 사실 따지고 보면 '돈' 말고는 없습니다. 몸으로 일을 도와주는 건 아니거든요. 공무원들은 예산이 따르면 그것이 사업이고 일을 하는 것이라고 생각합니다. 예산이 따르지 않으면 할 일이 없고 일을 안 한다고 생각하잖아요? 그래서 행정에서 무슨 일을 한다 하면 거의 무조건 예산이 따라오기 마련입니다. 그런데 행정에서 민간을 지원한다고 할 때 '어떻게 지원할 것인가'라는 점에서 관점이 정리되어 있지 않습니다. 단적으로 '위탁금'과 '보조금'을 구별하지 않는 것이 큰 문제입니다. 보조금은 민간이 스스로 할 일을 지원한다는 것입니다. 농민이 농사를 잘 지으려고 하는데도 잘 안 되고 어려우니 보조금을 지원받는 것이죠. 마을도 잘 가꾸고 싶은데 자원이 모자라니까 보조금을 받는 것이죠. 이런 종류의 것을 '민간 보조금'이라고 합니다.

그런데 그런 일들 중에 공공성이 더 강하다고 인정되어 조례에 '공동행정이 해야 할 사무'라고 규정하는 경우가 있습니다. 이런 사무 중에서 행정이 직접 수행하기 힘들 때 '위탁금'이라는 예산과목을 편성하여 민간에 지원합니다. 대표적으로 마을만들기지원센터 같은 중간지원조직 사무가 그러하고, 혹은 적절한 민간단체에 사무를 위탁하는 경우입니다. 그런데 '○○○연합회' 같은 민간단체에 주는 보조금이 여러 종류가 있습니다. 그런 경우, 그 돈이 보조금으로 주어야 할 것인지 위탁금으로 주어야 할 것인지를 잘 판단해야 합니다. 공공성 있는 일이면 '위탁'이어야 하거든요. 그런데 그 단체가 받는 돈을 두고, 우리가 하도 '보조금, 보조금'이라는 말을 많이 쓰니 이것도 당연히 '보조금'이라고 생각하는 경향이 있습니다. 잘 생각해보면, "행정이 할 일을 우리가 대신 해주는 것 아니냐? 주민들 만나서 교육시키는 일은 공공성 있는 일인데, 이게 민간 스스로 했어야 하는 일이냐?"라고 문제를 제기할 수 있습니다. 관점에 따라서 해석의 여지는 꽤 넓습니다만, 적어도 그런 단체들이 받는 돈 중에 상당 부분은 보조금이 아니라 위탁금이어야 할 겁니다. 그러니 행정은 "일을 맡겨서 미안합니다. 부탁합니다"라는 관점을 가져야 하는데 안 그렇지요. 오히려 민간단체가 돈을 받아가면, "우리가 준 돈이니까, 너희가 달라고 한 것이니까"라는 이유로 불문곡직 전부 다 보조금 사업으로 치는 겁니다.

그런데 농자재를 지원하는 것과, 단체에 사업을 맡기는 것과, 마을에 돈을 주는 것이 각기 성격이 다릅니다. 마을에 돈을 주는 경우, 기반 정비 목적의 사업이 많습니다. 그런 사업이 '보조사업'인가를 따져볼 만합니다. 개인한테 주는 것도 아니고, 마을에 필요한 공공시설을, 예를 들면 마을회관이나 커뮤니티센터를 정비해주는 일이 보조사업인 게 타당할까요? 어떻게 보면 행정에서 당연히 해줘야 하는 기반 정비 사업일 수도 있지 않나요? 그것을 보조사업이라고 표현하는 것이 맞을까요? 그 경계가 모호한데, 이게 행정이나 민간이나 잘 정리되어 있지 않습니다. 또 다른 예로, 보건복지 분야의 수당이나 급여 같은 것은 국가의 의무로서 국민의 기본권을 보장한다는 차원에서 직접지원하는 것입니다.

복잡다양한 정부예산의 과목을 잘 쪼개어 보조금과 위탁금으로 성격을 구분할 수 있는 공무원은 많지 않고 늘 헷갈려합니다. 특히 농정 분야 공무원들은 보조사업에만 익숙하여 위탁사업을 구분하지 못하는 경향이 강합니다. 그래서 예산만 보더라도 행정과 민간의 관계 설정이 잘못되어 있다고 하는 것입니다. 행정에서는 공공성이라는 잣대를 기준으로 어디까지가 본인들이 해야 할 일이고, 어디부터가 민간이 스스로 할 일인지를 잘 구분할 수 있어야 합니다.

강마야 그런데 정부나 지자체 사업 예산표를 보면 죄다 '지자체 자본보조', '민간 경상보조' 등등 '보조'라는 말만 나오지 '위탁'이라는 항목은 거의 없던데요. 법령에 따라 집행되는 출연금 사업의 경우에나 '위탁'이란 말이 적용되지, 농업·농촌정책 쪽에는 거의 다 '보조'라는 말이 붙어 있거든요.

위탁인가, 보조인가?

구자인 위탁으로 할 수 없게 제도적으로 차단된 것은 아닙니다. 개별 정책사업도 내용을 잘 따져서 보조사업으로 할 일인지 위탁사업으로 할 일인지를 판단해야 합니다. 마을 단위 사업을 예로 들자면, 예전에는 2억 원 규모의 사업도 통째로 '민간 자본보조' 형식으로 지원했습니다. 그렇게 되면 그 돈을 가지고 마을에서 세부사업으로 나누어 집행하게 됩니다. 건물짓는 일은 업자를 불러서 입찰 부쳐서 진행하고, 역량 강화사업은 컨설팅 회사와 계약해서 진행하고, 주민들이 직접 집행하는 부분도 있었겠죠. 그렇게 나누어서 집행하지만, 사업 예산 전체는 민간 자본 '보조'의 형식이었습니다. 각각 나누어서 집행하고 나서 정산·보고하는 방식이었지요. 최근에는 그러지 않는 경우가 더 많습니다. 그렇게 쪼개는 것이 행정 입장에서는 사업의 가짓수가 많아지는 것이니까요. 결과적으로 세부사업이 여럿 생기는 셈입니다. 공무원은 그게 싫은 겁니다. 그래서 마을 단위 개발사업이나 중심지활성화 같은 면 단위 개발사업의 경우에는 대개 '공기관대행사업'이라면서 한국농어촌공사나 충남개발공사 같은 공기업에 통째로 맡깁니다. 그 일을 맡은 기관이 사업 전체를 시행하고 정산까지 다 해서 보고하라는 것이죠. 이런 식으로 집행하는 경우가 많습니다.

이렇듯 행정에서 민간의 마을이나 농민과 직접 관계를 맺어서 예산을 집행하는 방식이 있고, 중간에 공기업을 끼는 방식이 있고, 중간지원조직을 거쳐서 집행하는 방식이 있습니다. 이렇게 집행 방식은 다양해졌는데, 어떤 방식이 어느 사업에 더 적절하며 그 구분의 논리는 무엇이냐는 부분은 여전히 경계가 모호합니다. 또는 학습이 필요한 부분이라 할 수 있습니다. 행정과 민간 부문의 주체들이 함께 모여서 '이 사업은 예산과목을 어떻게 세우는 것이 더 타당한가?'라는 부분을 제대로 검토해야 합니다.

우리 같은 중간지원조직이나 연구자, 전문가, 민간단체의 활동가, 공기업 종사자 등 여러 사람들이 행정에 이런저런 정책사업을 제안하는 경우가 많습니다. 그렇게 제안하여 사업을 추진하기로 결정하면 이걸로 끝나는 게 아닙니다. 끝까지 챙겨야 할 부분이 있습니다. 바로 예산과목이 어떻게 설정되었는지를 체크하는 일입니다. 위탁사업으로 해야 할 일을 민간 경상보조 항목으로 예산을 세운다거나, 경상보조로 할 일을 자본보조로 편성하는 일도 종종 일어납니다. 공기관대행사업으로 편성하기도 합니다. 그렇게 예산과목을 잘못 설정하면서 제안했던 취지와 달리 일이 꼬입니다. 뒤늦게 제대로 고쳐놓으려 하면 또 지난한 투쟁을 해야 합니다. 예산과목에 따라 집행 지침이 있는데, 그걸 어기고 마음대로 쓰면 나중에 감사에 걸리거든요.

제가 군청에서 계약직 공무원 신분으로 일한 적이 있어 어느 정도 학습하고 몸으로 체험한 경험이 있어 조금은 알고 있습니다. 하지만 의외로 일반 공무원들도 깊게 고민하지 않은 채 예산과목을 편성하고, 민간에서는 이런 사정을 더욱 모르죠. 연구자들은 아예 모르는 셈이고요. 그러니까 좋은 정책을 새로 발굴하여 제안해도, 나중에는 전혀 엉뚱한 방향으로 흘러가는 경우를 종종 보게 됩니다. 적어도 행정과 민간이 논의해서 '이것이 위탁사업이냐, 보조사업이냐' 하는 정도는 정확하게 구분해주어야 한다고 봅니다.

오늘 귀농하신 어떤 분과 점심을 먹었는데, 찜찜한 이야기를 들었습니다. 그분이 도청에 누구를 만나러 간대요. 자기는 이러저러한 애로사항이 있어서 당당하게 요구하러 간다는 거예요. 뭐, 도지사님하고 친하고 끝발이 있는 분이죠. 이러저러한 일을 보조해달라고 도청에 찾아가서 애로사항을 건의한다는 겁니다. 사실 이건 '로비'하러 가는 거잖아요. 그분은 옛날 방식으로 생각했을 수 있습니다. 행정의 높은 분과 친분이 있으니 가서 얘기하면 그런 사업을 만들어줄 것이라 기대하는 겁니다. 그런 경우를 예전부터 많이 봤고, 그게 당연한 일이라고 생각해버린 겁니다. '이분이 위험한 발상을 하시네'라는 생각이 드는 거예요. 그렇게 만들어지는 보조사업을 많이 보았고, 그런 관행이 있으니까 그런 식으로 생각하게 된 겁니다.

아무튼 보조사업으로 해결할 것과 위탁사업으로 해결할 것을 정확히 구분하는 게 지금 시점에서 중요하다고 봅니다. 행정의 지원이 필요 없다는 게 아닙니다. 지원의 방식, 의도, 관계를 명확히 하는 게 필요하다는 것입니다. 행정이 왜 중요한가? 생각해보면 민간을 위해서 존재하는 거잖아요, 봉사하기 위해서 존재하는 거잖아요. 행정이 어떻게 봉사하게 만들 것이냐를 고민해야 합니다. 행정과 무조건 거리를 두거나 행정을 내버려두는 것은 굉장히 위험한 일입니다. 제 경험으로 보자면, 민간은 행정에 저항하면서 성장합니다. 시민운동도 저항하면서 성장해 왔는데 주장하는 정책을 행정이 흡수하고 행정과 협력 관계로 가는 순간 사회적 가치를 담은 의제는 동력을 상실합니다. 그런 면에서 저는 저항하면서 성장하는 것도 맞기는 한데, '행정을 어떻게 주민을 위하는 봉사자로 만들어낼 것이냐' 하는 측면에서 여전히 우리한테 큰 숙제가 있다고 봅니다.

 '국민의 세금'이라고 말은 쉽게 하지만 제대로 집행되고 있는지 물어야 합니다. 예산을 지원받는 것도 주민의 당연한 권리잖아요? 권리 의식도 약하고 지나치게 굴종적이라는 생각이 들 정도입니다. 또 하나 지적하고 싶은 것은 예산과목이나 사업 지침에 '꼬리표'가 너무 많아요. 꼬리표가 많다는 것은 '이런저런 식으로 쓰면 안 된다'는 규정이 많다는 뜻입니다. 예를 들어, 민간 보조사업 안에서는 인건비 편성을 못 합니다. 민간단체를 지원할 때에는 보조사업이 아니라 위탁사업으로 편성해야 인건비를 쓸 수 있습니다. 적어도 지역사회 발전을 위해 공적인 일을 수행하는데, 여기에 필요한 인건비를 쓸 수 없게 하는 것은 문제가 있습니다. 위탁금으로 편성하여 민간단체에 사업을 맡기면서 "이 일을 해주세요"라고 해야 합니다. 그렇게 편성해야 지극히 정상적이고, 농촌에 활동가도 남아서 좋은 일 하면서 성장도 할 수 있다는 거죠.

정민철 그런데 위탁과 보조를 나눈다고 했을 때, 보조라고 하는 건 김 박사가 아까 말했던 내용이 맞다는 거죠?

구자인 네. 기본적으로 맞습니다. 민간이 하려는 일을 행정이 보조해주는 거예요, 말 그대로. 그런데 민간이 하려고 하는 일들 중에는 사익 私益만을 위한 것이 있고, 그렇다면 원래는 행정 지원을 할 필요가 없는 건데, 그래도 농업·농촌의 어려운 여러 상황을 얘기하면서 일부 자부담을 한다는 전제하에 보조해주는 겁니다. 물론 마을 경관을 개선하는 사업 같은 것이 보조사업의 영역인가라는 질문을 던질 수 있습니다. 시대가 변하면서 공공성의 범위가 달라지잖아요. 예를 들어 동네

저수지를 포함해 매월 한 번씩 마을 대청소를 하겠다고 하면, 마을 분들이 모여서 스스로 하는 게 당연하다고 볼 수도 있겠지만, 행정에서 의무적으로 지원해줘야 하는 활동 아니냐고 주장할 수도 있습니다. 행정에서 못 하는 일인데, 국토의 보전을 위해서는 필요한 일이라고 본다면 말이죠.

정민철 도로는 도로공사에서 사람 사서 하듯이.

구자인 애매한 부분은 있습니다. 예를 들어 마을자치라는 입장에서 마을 분들이 스스로 하던 부분들, 가령 청소는 마을 분들이 당연히 알아서 하고 관청의 지원 없이 다 하던 거였잖아요. 어떻게 보면 당연한 주민들의 자치 영역이고 스스로 하던 일인데, 지금은 마을이라는 단위 자체가 모호한 거예요, 공동체 단위가. 이게 실체로서 정확하게 인정을 못 받은 거죠. 그래서 자치로 풀어야 될 부분과 행정이 지원할 부분의 경계도 모호한 부분이 많이 있습니다.

민간 부문, 농민, 마을 주민의 자율적 역량

정민철 문당리도 초기에 문당리교육관 만들 때, 유기농산물을 팔아서 적립해놓은 돈이 있었다고 합니다. 그러던 중 농림부 장관이 왔을 때 "우리가 돈을 이만큼 모았는데 환경농업 교육을 할 공간이 없다, 1억 원인가 얼마를 더 매칭matching해주면 우리가 이런 건물을 지어서 활동할 수 있겠다"라고 제안했고, 그래서 보조금을 지원받아 시작했다고 들었거든요. 그런데 지금 민간에서 준비해서 제안한다고 해서, "우리가 이만큼 돈을 자부담할 테니까 이만큼은 도와주세요"라고 했을 때 통하는 사업은 없지 않나요?

구자인 그렇게 당당하게 주장할 만큼 준비된 마을 조직이 없는 것 아닐까요?

정민철 그렇게 할 만한 마을 조직이 없어서 제안을 못 하는 것일까요? 아니면, 마을에서 조직해서 군청에 가서 "우리가 5,000만 원 정도 준비했으니까 1억 원 정도 주면 우리가 이런 일을 하겠다"라고 말할 때 수용되고 추진할 수 있는 정책사업이 없는 것일까요? 보통은 군수가 왔을 때 "우리 마을에 이런 것 좀 해주세요"라고 말하고, 그런 계기로 일들이 진행된 게 아닐까요?

구자인 그런 측면도 있습니다. 원래는 민간에서 "우리가 자부담할 준비가 되어 있으니 행정에서 지원해주세요"라고 하면 되는 것이지요. 그런데 많이들 하고 있는 공모제 방식의 보조사업이라는 게, 사업 내용과 몇 곳을 지원할지가 미리 정해져 있습니다. 비슷한 종류의 사업들이 많은데, 자부담 비율은 또 사업마다 다릅니다. 마을 단위 정책사업의 종류가 너무 많고 보조금 액수도 큽니다. 마을에서 먼저 준비하고 스스로 성장하는 문화가 있어야 하는데, 그런 문화가 희박한 상태에서 정부가 사업예산 총액을 미리 정해두고 전국에 그 보조금을 뿌리고 있는 것입니다. 그렇게 하다 보면 정책사업 수요는 많지 않은데 억지로 신청을 받는 일이 생깁니다. 기껏해야 경쟁률이 1.5 대 1 정도입니다. 탈락하는 곳은 문제가 심각한 마을이고, 대부분 선정됩니다. 오죽하면 저희들이 '재수는 필수, 삼수는 선택'이라고 말하며 재수를 하도록 유도하기까지 하겠습니까? 그만큼 마을 단위 보조금 정책사업에 정부예산이 많이 지출되어왔다는 겁니다. 물론 올해부터는 마을만들기 사무도 지방으로 이양된 상태입니다만.

강마야 현장에서 준비가 덜 되어 있는데 보조금 예산이 섣불리 집행되는 농업 분야 정책사업 중 한 가지 예로, '농업회의소 지원사업'이 있습니다. 요즘 농업회의소 관련 법률을 만들자는 논의가 활발합니다. 법제를 만들 때 먼저 살펴보아야 할 점이 있어요. 농업회의소를 설치하고 운영하는 시범사업을, 그동안 정부 보조금으로 몇몇 지역에서 추진해왔습니다. 거창군 같은 곳은 예외이지만, 시범사업을 하는 여러 지역에서 보조금 예산을 집행하는 것 자체가 급급한 실정이기도 합니다. 거칠게 말하자면, 농업회의소를 운영하려는데 예산이 필요해 보조금을 신청하는 게 아니라, 보조금을 준다고 하니까 농업회의소를 만드는 것 아닌가 싶을 정도입니다. 선후가 바뀐 거지요. 지역의 농업계에서 의견이 있고 준비가 어느 정도 된 상태에서 일을 하다가 보조금이 필요해지는 게 아니라, 농업회의소를 일단 만들고 나서 보조금을 받게 되었는데 그 예산을 제대로 집행하지 못하고 있는 실정입니다.

김정섭 농업회의소 문제는 다른 관점에서 살펴볼 필요도 있습니다. 지금은 농업회의소를 시범적으로 만들어 운영하는 데 보조금을 지원하고 있지요. 그런데 농업회의소의 원래 취지를 생각하면, 농업회의소 운영을 보조금으로 지원하는 게 맞느냐는 생각도 듭니다. 농업회의소 제도가 있는 독일·오스트리아·프랑스·일본 등 외국의 사례를 보면 일종의 '반관반민半官半民' 조직으로서 농업회의소가 설치되어 있습니다. 온전한 공공기관 또는 준정부기관이라고 보기는 어렵지만, 공공적 성격을 농후하게 지닌 회의체로서 운영됩니다. 그렇게 보면 농업회의소는 보조사업의 대상이 되는 것이 적절하지 않습니다. 정부나 지방자치단체의 직접지원이나 사업 위탁이 농업회의소 운영에서 재정상의 중요한 조건이 되는 게 합리적입니다. 그런데 우리나라에서는 아직 그렇게 할 수 있는 법률이 없으니, 일단 보조금을 지원해서 "농업회의소를 운영하고 싶은 곳은 일단 시작이라도 해보십시오"라고 하는 거지요. 올해처럼 농업회의소 시범사업 보조금을 받는 지역이 대폭 증가하면 앞으로 어떤 상황이 될지 궁금합니다. 보조금 예산이 갑자기 늘어나면, 의욕이 많고 자발성 수준이 높은 곳이 아니어도 시범사업 대상지로 선정되는 경우가 생길 수 있겠지요. 그렇게 지금은 시범사업 보조금으로 농업회의소 운영을 시작할 수 있을지 모르지만, 나중에는 어떻게 해야 할까요? 계속 보조금을 지원할지 위탁사업비를 제공하거나 준정부기관처럼 공공예산을 직접지원해야 할지 검토해야 합니다.

다시 보조금 이야기로 돌아가서, 농촌 마을 주민이나 농민이나 농업생산자 단체가 보조사업을 지원받아 어떤 일을 잘했다고 하면 그 결과는 무엇일까요? 첫째, 스스로 하려고 했던 일을 완수했다는 점이 있을 것이고요. 둘째, 그 결과 지역에 성과로 남는 것은 민간에서 스스로 하려고 했던 일을 정부의 도움을 받아서 잘 추진하는 과정에서 관계했던 이들의 역량이 형성되었다는 점입니다. 사실, 역량이라는 것이 눈에 보이지 않게 남는 성과인 거죠. 그런 역량을 토대로 지역에서는 또 다른 새로운 일을 추진할 수도 있게 될 터이고요. 요즘의 농촌 지역개발 정책사업에서는 그런 부분을 충분히 고려하지 않고, 정부나 지방자치단체가 먼저 나서서 돈을 지원하면서 민간 부문에게 해야 할 일을 정해주는 꼴입니다. 그래서 어떤 경우에는 그 일이라는 게, 마을 주민이나 농민이 원래부터 하려고 생각했던 일이 아닐 수도 있습니다. 이러다 보면 사람도 변할 수 있습니다. 어떤 일을 하는 과정에서 배움이 일어나고 자신감이 생기는 것, 그런 것이 역량이 형성되는 과정인데, 그렇게 진행되지 않는 것이지요. 원래 필요한 일은 A라는 일인데, 외부에서 다른 누가 상당히 큰돈을 지원하면서 "A라는 일을 하는 김에 B도 신경써서 하세요"라고 할 때, 그 돈을 받아 일했는데 결과가 신통치 않을 수 있습니다. 그러면 앞으로 다른 일을 시도해보려는 의욕도 꺾이고 역량도 축적되지 않게 됩니다. 그런데 또 별다른 노력을 하지 않아도 보조금을 지원해준다고 그러니……. 현재의 보조금 정책사업이 지역에서 민간 부문의 자발적 움직임을 오히려 차단한 측면이 있습니다. 그것이 폐단이라고 봅니다.

강마야 조직의 역량이나 준비가 덜 된 상태에서 보조금이 먼저 지급되니까 그렇습니다. 당초에 하려 했던 활동보다는 지원받은 돈을 어떻게 써야 하나, 누가 집행할 것인가, 무슨 행사를 해야 예산을 소진할 수 있나 등등의 문제로 관심사가 바뀝니다.

김정섭 이런 일이 반복되면 장기적으로 부정적인 결과를 낳을 것입니다. 예를 들어 살펴보겠습니다. 농업정책 분야에서 요즘에 좋은 정책사업이라고 긍정적으로 평가되는 것 중 하나가 '농기계 공공 임대사업'입니다. 이 사업이 추진된 지 10년도 넘은 것 같습니다. 그런데 이 정책사업은 처음부터 중앙정부가 기획했던 것이 아닙니다. 인천광역시 강화군에서 지방자치단체 예산으로 먼저 시작했습니다. 그보다 한참 전인 1980년대와 1990년대에는 농민들이 모여서 '농기계 공동작업단'을 결성하면, 보조금으로 경운기 같은 농기계를 구매하도록 도와주었습니다. 농경지도 좁은데, 집집마다 각자 농기계를 사는 것은 전체적으로 볼 때 낭비였기 때문입니다. 같은 종류의 기계를 사용해야 하는 농민들이 한 동네에서 팀을 이루어 필요한 만큼만 몇 대의 농기계를 확보해서 공동으로 이용하자는 취지였습니다. 그때 농기계를 구매하고 농기계 보관창고를 짓는 비용을 정부가 보조금으로 지원했습니다. 그런데 어느 순간 이 정책사업은 실천이 잘 안 되었고, 강화군에서 처음 시작했던 것처럼 농업기술센터 같은 공공기관이 직접 기계를 확보해서 임대하는 시스템이 생겨난 것입니다. 이 사업은 인기가 많고 속된 말로 '히트 친 농정사업' 중 하나입니다. 좋긴 좋은데, 상상을 해보자면 이 사업이 눈에 보이지 않게 차단한 부분이 있습니다. 이제 와서는 농촌 지방자치단체가 직접 농기계를 사서 임대하는 업무까지도 하고 있지 않습니까? 1980년대부터 하다가 잘 되지는 않았지만, 농기계 공동작업단이 농민들 스스로의 동력으로 운영되었으면, 지금쯤 어떻게 되었을까를 상상을 해봅니다. 농민들이 협동조합을 만들거나 하는 방식으로 농기계를 스스로의 힘으로 확보하되 힘에 부치는 경우, 정부나 지방자치단체가 딱 모자란 만큼만 지원했다면 어땠을까요? 농민들이 지역에서 협동하고 조직하는 역량이 축적되지 않았을까요? 이런 말씀을 드리는 이유는, 프랑스에서는 일이 그렇게 진행되었기 때문입니다. 프랑스에서 농촌의 지방정부가 농민에게 직접 농기계를 빌려주는 일은 없습니다. 농민들이 주도해서 만든 '농기계 이용 협동조합'이 전국 수준에서 활동하고 있습니다.

정민철 전국적으로요?

김정섭 각 지역마다 조합이 있고, 그 조합들이 모인 연합회 조직이 있습니다. 농기계 몇 대 사놓고 그 지역의 조합원 농민들이 공동으로 쓰는 겁니다. 농작업 대행을 해주는 곳도 일부 있다고 합니다. 이런 사례들에서 확인할 수 있는 교훈은, 같은 일이어도 행정이 직접 할 것이 아니라 농민들이 하게 되면, 농민들의 역량을 형성할 기회가 된다는 점입니다. 우리가 많이 놓치고 있는 부분이 아닐까요?

정민철 정책사업의 성과는 현장을 조직화하고 강화시켜 내느냐 아니냐를 가지고 평가해야 합니다. 관공서에서 직접 사업을 추진할 수도 있겠지만, 그랬을 때 현장의 역량은 강화되지 않는다는 겁니다. 오히려 행정 분야의 업무만 계속 확장됩니다. 그래놓고 행정 쪽에서는 나중에 "주민들의 자발성이 부족하다"고 이야기합니다. 자발성을 강화할 과정을 차근차근 밟아가지 않으면서 행정이 알아서 일을 다 추진하고 나중에 가서 민간의 자발성 부족을 탓하는 셈입니다. 학교에서 학생들이 자발성을 가질래야 가질 수 없는 구조와 환경을 만들어놓고서는 학생들한테 "자발성이 부족하다"고 야단치는 것과 비슷합니다. 그런데, 보조금 정책 논의를 농업정책과 농촌정책으로 분야를 나누어서 진행하는 게 좋지 않을까요?

김정섭 저는 두 분야의 상황이 다를 게 별로 없다고 봅니다.

정민철 농업정책 쪽의 보조금과 관련해서 제가 자주 듣는 이야기가 있습니다. 공무원이나 정책 연구자가 우리한테 와서 자꾸 물어봅니다. "무엇 때문에 어려운가, 필요한 것이 없는가?" 그런 질문을 왜 하냐고 되물으면 "정책사업을 새로 기획해야 하기 때문에 묻는다"는 대답이 돌아옵니다. 그러면 저는 이렇게 말합니다. "지금 시행하는 것들 중에도 얼토당토않은 보조사업이 많습니다." 가령 농민이 비닐하우스 비닐을 교체할 때 비용이 많이 든다고 말하면, 공무원은 "그러면 비닐 값을 50% 지원하는 보조사업을 만들까요?"라는 식으로 응답한다는 겁니다. 그런 사업이 왜 문제냐면, 농민 입장에서 비용이 100만 원 들어가는데 50만 원만 지출하게 지원해주니 도움이 될 것처럼 보이지만, 그런 지원 사업을 통해서 궁극적으로 달성하려는 정책 목표가 무엇인지가 드러나지 않는다는 점입니다. 예를 들어, 비닐하우스의 비닐을 보통 3년에 한 번 교체하는데, 그때 생겨나는 영농폐비닐이 환경이나 경관 측면에서 부정적 영향을 줄 수 있습니다. 그러니까 차라리 농민이 15년 동안 사용할 수 있는 비닐로 교체한다고 할 때 그 가격이 비싸니 일부를 보조해주는 것은 의미가 있겠습니다. 그런 목적으로 지원하면서 환경 및 경관에 대한 부정적 영향을 줄여나간다는 취지로 보조사업을 한다면 타당하다고 봅니다. 그런데 지금은 그냥 3년 쓰고 버리는 비닐 값의 절반을 지원하는 것으로 끝나는데, 여기에 어떤 지향이 있는지 의문입니다.

김정섭 오래전 시점부터 되돌아보면, 정부의 보조금 정책사업 추진 체계는 진화·발전하다가 멈춰서거나 왜곡되었다고 생각합니다. 농산물 시장 개방의 계기가 된 우루과이라운드(1990년대 초반) 이전에도 정부가 자금을 지원해서 농민들이 농자재를 사는 시스템이 있기는 했습니다. 1980년대 이야기이지요. 어떤 방식이었냐면, 이장들에게 마을마다 '농비'를, 즉 영농자금을 할당해서 저리로 융자해주는 것이 주된 지원 체계였습니다. 그 돈으로 건물을 짓거나 농지를 구매할 수 있는 건 아니었죠. '농비'로만, 즉 영농에 쓰는 자재 같은 것을 구입하는 용도로만 썼습니다. 그땐 비닐하우스 농업을 많이 하지 않을 때니까, 주로 비료 값이나 농약값을 그런 식으로 조달했던 거지요. 면장을 통해 이장에게 영농자금이 할당되면, 그 다음에는 이장이 상당한 영향력을 갖고 마을 안에서 분배했습니다. 갑돌이 집에는 100만 원, 을순이 집에는 200만 원, 하는 식으로 명단을 적어서 면사무소에 제출하면 그 돈이 나오는 식이었습니다.

그러다가 1990년대에 우루과이라운드가 타결되고, 세계무역기구 WTO 체제가 출범하면서, 우리나라에서는 이른바 '신농정'이라는 이름으로 농정 추진 체계가 크게 개편되었습니다. 농업정책 분야의 예산이 크게 늘어났습니다. 그래서 「농림사업시행지침」이라는 것을 (처음에는 '농림사업 통합실시요령'이라고 했습니다만) 1994년에 만들었습니다. 정부 지침으로 목적별로 보조사업들을 열거하고, 각 보조사업마다 어떤 재원으로 예산을 확보하고, 어떤 절차로 지원하고, 자부담 비율은 어느 정도인지 등의 세세한 규정을 정부 지침 문서로 정해둔 것입니다. 당시에는 이렇게 사업시행지침을 정리한 일을 두고 정부가 칭찬을 받았습니다. 이장을 통해서 돈 나눠주던 방식보다는 훨씬 선진적인 방식이라고 본 거죠. 그런데 이제 와서는 은연중에 '보충성의 원칙'이 망각된 상태가 되었고, 보조금 정책을 추진하는 방식이 더 발전하지는 못한 형국입니다. 농자재를 나랏돈으로 지원하더라도, 농민의 자율적 역량을 전제로 정부가 지원하는 방식으로 발전했어야 하는 것이지요. 가령 농민들 개인에게 보조금을 살포하는 방식이 아니라, 농민들이 구매협동조합을 만들어서 스스로 노력하는 분위기를 만들고, 그 상태에서 모자란 부분에 대해서만 정부가 지원할 수 있게 해야 하는 겁니다. 농민들도 그런 그림을 그려서 정부에 요구했어야 하는 일입니다.

강마야 공동구매는 예전에 농협에서도 많이들 했습니다. 소금, 장류, 장례식 용품 등등 농촌에서 소용되는 물품들을 공동구매하던 것이 많았지요. 그런데 1990년대 후반부터는 그런 일이 사라졌습니다.

정민철 농협을 강화한다고 했던 일이, 농촌 현장을 강화하는 일은 아니었던 것이죠.

김정섭 농자재 구매를 지원하는 부분에서 농협의 역할은 지금도 아주 크기는 합니다. 그렇지만 그 방식이 농민들 뒤에서 지방자치단체와의 협의 구조 안에서 일하는 식이어서, 농민들의 자율성이라는 측면은 고려하지 않고 있는 듯합니다. 1980년대에 이장님들이 농비 나누어줄 때와 방식 면에서 큰 차이가 없습니다.

보조금 정책 추진 체계와 주민 자율성 사이의 간극

구자인 보조사업이 만들어지는 절차 자체에 대한 성찰과 개선이 있어야 하는데, 그렇게 할 구조가 형성되어 있지 않습니다. 정책 연구자들이 이러저러한 정책이 필요하다고 제안하면, 중앙정부 부처의 담당 공무원이 그 의견을 받아들여 사업을 기획하고 예산을 확보해서 지방자치단체에 뿌리는 방식으로 추진하고 말 뿐입니다. 모니터링은 빈약하고, 시범사업은 만들어도 시범사업을 실행하는 과정에서 개선점을 찾으려는 노력은 안 이루어집니다. 보조금 정책사업이 이런 식으로 기획되는데, 큰 틀에서 보자면, 현장 가까운 곳에서 훨씬 더 선명하고 적합한 정책사업이 만들어질 수 있습니다. 중앙정부에서 바로 새로운 사업을 기획할 것이 아니라, 지방자치단체 안에서 좋은 사례를 만들고, 그 사례를 다른 지방자치단체가 벤치마킹해서 시행하는 흐름이 필요합니다. 그렇게 하다가 어떤 정책사업은 효과도 있고 공공성이 크니까 국비가 투입되는 중앙정부 정책사업으로 자연스럽게 이어져야 바람직합니다.

그런데 지방자치단체의 정책 발굴 역량이 부족해서 좋은 사례가 별로 안 나온다는 점에서 먼저 막힙니다. 도시의 지방자치단체장들은 최근 자기 지역의 조례에 근거해서 독자적인 사업들을 발굴하는데, 농촌에서는 그런 힘이 약합니다. 그래서 농촌에서는 지역 수준의 농민운동이 활발해야 하고, 주민자치회가 활성화되어서 토론의 장이 열리는 게 중요합니다. 그런 활동과 토론 과정에서 "이런 게 좋은 것 같다. 이런 걸 행정에 제안해보자. 우리가 여기까지 하고, 그 다음부터는 행정이 지원해주는 게 좋지 않겠는가? 보조사업 지침을 만들 때 너무 세세하면 문제가 있으니, 이 정도까지는 민관이 합의해서 결정합시다"라는 식으로 의견을 모으고 일을 추진하는 방식이 정립되어야 합니다. 정책 토론도 잘 이루어지지 않을뿐더러 지방자치단체 공무원은 정책 전문성이 부족하고, 민간 부문에서는 토론하고 문서 작성하는 능력조차 미흡한 실정입니다.

강마야 이런저런 세세한 보조금 정책사업들이 너무 많다는 점도 문제입니다. 보조금 정책사업을 기획하는 과정의 첫걸음부터 왜곡하는 조건이 됩니다. 개별 보조사업 수준의 명칭이 불필요하다는 생각이 듭니다. 여러 보조사업들을 엮어서 편성한 '프로그램 수준의 정책'을 만들어서 지원하는 게 좋지 않을까요?

김정섭 보조금 정책사업의 구체적인 내용이나 지침을 따지는 게 아니라, 주민이나 농업의 자율성을 존중하는 방식의 정책사업 형식에 관해 제안되는 내용들이 있습니다. 그렇게 하고 있는 외국의 사례를 흉내내기 시작한 것도 있습니다. 예를 들면 '협약제도'라는 게 있습니다. 우리나라에서도 이제 추진하겠다는 '협약제도' 형태의 농촌정책이 몇 개 있습니다. 가령 농업환경보전프로그램사업도 '협약' 방식으로 한다고 하지 않습니까? 협약이라고 하든 계약이라고 하든, 어쨌든 영어로는 'contract'라고 합니다. 이것은 협약의 당사자인 갑과 을이 동등한 입장이든, 갑이 우위에 있고 을이 열위에 있든, 어쨌거나 양자가 합의를 보는 구조이죠. 돈을 제공하는 자와 일을 하는 자 사이의 합의 말입니다. 그래서 '협약'에 바탕을 둔 일은 보조사업이 되기가 어려울 듯합니다. 위탁사업이 적절해 보입니다. 이런 문제 외에도, 더 심각한 것은 당사자가 아닌 사람이 협약서에 서명하는 일도 있다는 것입니다. 농업환경보전프로그램사업을 보면, 갑은 농림축산식품부이고 을은 홍성군청이지요. 농업환경보전 활동을 하는 사람은 마을의 농민들인데요. 그럼 농민들은, 협약서에는 등장하지 않지만, 을의 지시를 따르는 '병'쯤 되는 존재일까요?

구자인 지금의 그런 협약은 '지방자치단체와 중앙정부 사이의 협약'입니다. 예전에는 중앙정부에서 '지방자치단체 자본보조'의 형식으로 재정을 제공하던 것인데, 협약제도를 통해서 중앙정부가 예산을 만들고 조건을 달아서 지원하는 것입니다. 그래도 협약이라면, 협약 당사자 사이에 협상이 있고, 그 협상의 결과로 협약이 체결되어야 하는데, 그런 과정은 없는 듯합니다. 그렇다면 예전의 공모제 보조사업과 다를 바가 별로 없습니다. 그리고 또 다른 문제는, 김정섭 박사가 말한 것처럼, 실제로 일하는 사람은 민간 부문의 행위자이므로 민간과 행정이 협약을 하는 과정이 포함되어야 바람직하다는 점입니다. 예산은 중앙정부로부터 오는데, 행정과 민간이 어떻게 협약을 맺을 것인가라는 문제도 제기할 법합니다. 그런 점에서 본다면, 예산과목 면에서는 '위탁금' 형식이 가장 적절할 듯합니다. 아무튼 협약을 체결한다는 것은 당사자들 사이의 대등한 관계를 전제로 하는 것 아닙니까? 그런데 현실에서는 중앙정부와 지방자치단체 사이에, 행정과 민간 사이에 권력의 비대칭이 있습니다. 민간과 행정 사이를 보자면 행정이 다 주도하고, 감시하고, 감독하고, 그러면서도 불안해하면서 지침을 자기 마음대로 만들려고 합니다. 민간 부문에서 먼저 사업을 제안하는 일은 현실적으로 무리인 상황입니다. 현실을 고려한다면, 아마도 주민자치회나 주민자치위원회가 나서서 "우리 주민들은 이런 사업을 하려고 하니, 그것에 대해 협약을 맺어서 추진합시다. 예산 내역까지 우리가 다 편성할 테니, 행정은 자금을 넘겨주시오"라는 식으로 해볼 수 있지 않을까요?

이때 민간의 역량도 살펴보아야 합니다. 얼마 전 ○○군청에 방문했을 때의 일입니다. 군청 주민자치 업무 담당 공무원에게 주민자치회 기본사업 예산으로 1억 원 정도는 책정하면 좋겠다고 건의했습니다. 그때 담당 공무원이 말하기를, "아무리 많이 책정해도 4,000만 원 이상은 무리다. 돈을 많이 주면, 쓸 줄을 몰라서 엉뚱하게 건물짓고 다리 놓는 등의 사업들을 자꾸 발굴하려는 경향이 있다. 그런 종류의 사업은 다른 예산으로도 할 수 있다. 그래서 주민자치회 기본사업 예산을 많이 줄 수 없다"는 대답이었습니다. 그 말에도 충분히 일리가 있습니다. 이런 상황은 다른 농촌 시·군도 마찬가지일 겁니다. 예산을 많이 배정한다고 해서, 주민들이 잘 의논해서 꼭 필요한 일에 잘 쓰게 된다고 보장할 수 없습니다, 현재로서는. 이처럼 민간 쪽에서 철두철미하게 모든 일을 다 제대로 수행할 역량이 부족하다면, 누군가 외부에서 도움을 주어야 합니다. 행정이 돈은 주겠지만, 사업 실행 과정에 세세히 관여하면 오히려 문제가 됩니다. 중간지원조직이 민간 부문에 밀착해서 문서도 작성하는 등 실무를 도와야 합니다. 그러자면 중간지원조직에 상근하는 종사자의 인건비가 확보되어야 합니다. 사업계획서 작성, 서류 작업, 사업비 정산 등 처리해야 할 실무가 많고, 그 일들은 행정에서 요구하는 까다로운 조건들을 다 충족해야 합니다. 그렇게 하려면 중간지원조직의 상근자 숫자가 많아야 할 뿐만 아니라 실무 측면의 전문성도 필요합니다.

강마야 지금 균형발전특별회계의 사업으로 진행되는 100억 원 이상 규모의 '지역발전투자협약사업'이라는 게 있습니다. 이것도 사실은 견고한 제도로서 작동해야 하는데, 결국 중앙정부와 지방자치단체의 협약에 기초하여 진행되는 보조사업으로 변질되었습니다. 홍성군의 경우, 실제로 현장에서 예산이 어떤 식으로 집행되고 있는지 파악할 필요가 있습니다.

구자인 예산이 실제 집행된 단계는 아니고, 사업계획만 수립된 상태입니다. 전국 11개소에서 추진한다고 결정되었는데, 홍성군도 그중 한 곳입니다. 그런데 계획 수립 과정에서 노출되었듯이 많은 문제점들이 있습니다. 그 문제들을 어떻게 풀어갈지 걱정입니다.

김정섭 기시감旣視感이 느껴집니다. 2000년대 초반에 마을 단위 보조사업이 공모제 방식으로 처음 시작되었을 때, 새로운 형식의 보조사업이라고 긍정적으로 평가하기도 했습니다. '주민참여'를 표방하면서, 주민들이 주도해 계획을 세우고 몇 억 원 정도 규모의 보조금을 정부와 지방자치단체가 지원하면, 주민들 스스로의 힘으로 사업을 실행한다는 개념이었습니다. 이런 식의 보조금 정책사업은 공무원들이 푼돈 나눠주듯이 하던 예전과는 완전히 다른 것이었고, 그래서 좋게 평가했습니다. 그런데 몇 년 지나자 점점 더 많은 보조금이 풀리면서 준비가 덜 된 지역에서도 사업이 추진되었습니다. 결과적으로는 이 사업이 마을 주민의 태도나 의식을 신장시키는 게 아니라 오히려 자발성을 억제하고 고착시키는 꼴이 되었습니다. 요즘 들어 '협약'이라는 새로운 방식이 도입되어 눈길을 끕니다. 관과 민이, 혹은 중앙과 지방이 대등한 위치에서 협의하여 계약하는 방식이라며 새롭다고들 말합니다. 그런데 과거에도 새로운 형식의 보조사업이라며 좋게 평가했으나, 막상 나중에 보면 취지를 제대로 살리지 못했습니다. 그때보다 형식상 더 좋은 방식인 '협약제도'가 도입되었는데, 지금 분위기로 봐서는 마찬가지인 듯합니다. 형식이 새롭고 좋다고 해서 돈을 뿌리기 시작하면, 학습 효과를 염두에 두지 않고 마구 추진하면, '과거로부터 배운 것 없이 똑같은 잘못을 반복'할 수 있습니다. 오히려 더 큰 규모로 잘못하게 되지 않을까요?

강마야 그렇습니다. 더 큰 규모로 망하는 것이지요.

구자인 행정이 권한을 일방적으로 독점하고, 행정이 움직여야 일을 할 수 있고, 예산 항목에 붙은 꼬리표는 과거 그대로 남아 있어서 하나하나 조건을 다 맞춰야 합니다.

강마야 이런 종류의 '협약사업'의 성과지표는 어떻게 설정합니까?

구자인 지역발전투자협약 사업과 관련한 지난번 회의 때에도 "성과지표 자체가 잘못됐다. 초기에 코로나 상황이 전혀 반영된 것도 아니고,

협약이 작동될 수 있는 환경들을 재조직하고 정비하는 일을 먼저 하지 않은 상태에서 추진하고 있다"고 말한 적이 있습니다. 그런 부분에 대한 고민이 약합니다, 우리는. 1970년대 새마을운동 때는 마을이나 농민한테 주는 돈도 별로 없었습니다. 대부분 시멘트 같은 자재나 장비를 현물로 지원했습니다. 보조금, 즉 돈으로 지원하는 사업이 본격화된 것은 1990년대 우루과이라운드 이후의 일입니다. 당시 10년 동안 45조인가 54조 원에 달하는 공공재정을 농업·농촌 분야에 투융자하겠다고 했습니다. 이후 2000년대 참여정부 들어서는 10년 동안 119조 원을 투입하는 대책이 발표되었습니다. 그때 마을 단위 농촌지역개발사업이 생겼습니다. 그 몇 년 전에 「농업·농촌기본법」이 제정되어 법률적 근거가 되었지요. 이런 흐름은 일본이 경험한 것과 비슷합니다. 기본적으로는 농외소득 향상과 농업·농촌의 다원적 가치를 앞에 내걸고 정책사업들을 기획하고 추진했습니다. 농외소득 기회를 늘리고 도농교류 활동을 확대하는 게 중요한 과제가 되었습니다. 그런 분위기에서 마을 단위 농촌지역개발사업이 시작되면, 그 마을은 대개 농촌체험휴양마을로 특화되는 것이죠. 당시에는 '주민참여'를 강조하는 참여정부의 분위기도 있고 해서, 유럽연합의 LEADER[2] 프로그램 같은 혁신적인 농촌발전 정책사업이 국내에 소개되기도 했습니다. '내발적 발전endogenous development' 같은, 지역 내부에서 주민들의 자율성이나 주체성 등을 강조하는 이론들이 알려졌습니다. 그러면서 "주민들에게 권한을 넘겼다", "행정이 일방적으로 정책을 추진하지 않는다"고 이야기하기에 이

---

[2] 유럽연합에서 1993년에 처음 도입한 농촌발전 정책사업이다. 민간-공공의 대등한 파트너십, 혁신적 활동, 주민참여를 바탕으로 하는 상향식bottom-up 접근 방법 등의 특징을 지닌다. 혁신적인 농촌정책이라고 평가되어, 지금까지도 유럽 전역에서 시행하고 있다. 'LEADER'는 영어가 아니라 프랑스어 *Liasons Entre Actions de Dévelopment de l'Economie Rurale*의 머릿글자를 모은 약어이다. '농촌 경제 발전을 위한 활동 연대' 정도로 직역할 수 있겠다.

르렀습니다. 그런 면에서 일정 부분 진보를 이루었다고 보는 사람들도 많습니다. 그러나 이후에 여러 문제들이 제기되었음에도, 농촌정책 분야의 보조사업이 개선되지 않는 구조는 혁파되지 않았다고 봅니다.

정민철 읍·면 단위 지역개발 정책사업이 그때부터 시작된 겁니까?

구자인 읍·면 단위 지역개발 정책사업은 지금과는 명칭이 다르지만, 정주권사업이라 하여 그보다 훨씬 더 전에 시작되었습니다. 마을(리) 단위 정책사업이 생겨난 것이 2002년인데, 읍·면과 마을 사이의 중간 규모 농촌개발정책으로 '권역사업'이라는 게 2004년에 등장했습니다. 처음에는 '농촌마을종합개발사업'이라고 불렀습니다. 이 보조사업의 예산은 아주 많았습니다. 한 권역에 처음에는 70억 원을 수년에 걸쳐 지원하는 것으로 시작했습니다. 나중에는 40억 원 정도로 줄기는 했습니다만. 아무튼 한 권역, 즉 행정리 2~4개 정도 되는 지역에 수십억 원을 지원하는 사업을 대대적으로, 여러 해에 걸쳐 전국 500곳 정도에 하겠다고 정부가 발표했습니다. 처음에는 문당리처럼 어느 정도 민간 부문에서 준비가 된 곳부터 시작했는데, 얼마 지나지 않아 무차별적으로 큰 액수의 보조금이 살포되기 시작한 것입니다. 그래서 많은 사람들이 이 정책사업을 중단해야 한다고 비판했으나 얼마 전까지도 계속 추진한 것이 사실입니다.

김정섭 그때의 상황은, 말하자면 돈은 넘쳐나는데 준비가 안 되어서 돈 쓰기에 급급한 지경이었습니다.

구자인 그런 식이었죠. 몇 년 전 권역사업이 없어지면서 읍·면 단위로 추진하는 '중심지활성화사업' 등의 비중이 크게 높아졌습니다. 그 예산 총액은 줄지 않습니다. 이 정책사업도 문제가 많아 추진 규모를 줄이거나 없애려 하면, 종래에 투입하던 예산을 포기하고 버릴 수는 없으니 무언가 새로운 정책사업을 만들어서 예산을 써야 한다는 논리가 작동합니다. 아무튼 보조금 정책을 개선하기 어렵게 만드는 현실은 어디서부터 문제가 있는지를 살펴보아야 합니다. 왜 안 될까요? 저는 '행정의 정책 전문성 부족'이 핵심 원인이라고 봅니다. 행정기관은 순환보직제를 채택합니다. 농림축산식품부도 그렇고 지방자치단체도 그렇고, 어느 공무원이 특정한 정책을 담당해도 오래되지 않아 다른 부서로 옮겨갑니다. 그러다 보니 전문성을 축적할 수가 없습니다. 농림축산식품부에도 한 분야를 오랫동안 깊게 파는 공무원이 없는 것입니다. 그러면서 공무원이 갑질하고, 공무원들끼리 알아서 상황을 정리하고, 사업 지침까지도 일방적으로 만드는데, 정작 담당 공무원은 경험이 짧은 사람이고 금세 바뀐다는 겁니다. 이런 일이 계속 반복되어왔습니다. 제가 충청남도에 와서 가장 중요하고 우선시해야 한다고 판단했던 사업이 바로 중간지원조직 구축입니다. 활동가가 상주하고 전문성을 축적해야 그나마 행정의 부족한 점을 보완하면서 지역정책이 작동될 수 있다고 판단한 셈이죠. 그런 중간지원조직을 설치하고 운영하는 데 사실 큰돈이 들지는 않습니다. 지난 5년간 충청남도 내 14개 시·군에 설치한 중간지원조직의 운영비를 모두 합쳐도 70억 원쯤 될까요? 지금 상근인력이 80명이나 됩니다. 70억 원은 과거 권역사업 한 곳에 투입되었던 보조금에 해당되는 돈에 불과합니다.

강마야 농촌정책 분야에서는 어쨌거나 그런 식으로라도 정책 추진 체계가 변화해왔는데, 농업정책에서는 전혀 변화가 없었고 준비가 거의 없다시피 합니다. 일부 단체나 조직을 제외하고는, 대부분 사회 구성원들과 진솔하게 소통하고 대화하는 경험이 부족한 듯합니다. 농업계 스스로 공론의 장을 만들어내지 못한 탓도 있는 것 같습니다.

구자인 농업정책 분야는 왜 그럴까요? 농민단체들이 대부분 규모가 큰 전업농의 목소리가 크게 받아들여지는 형태로 조직되어 있는 탓도 있습니다. 근대화 과정에서 확산된 이른바 '산업화 논리'에 매몰되어 있는 사람들이 농민단체를 주도하는 가운데, 소농들은 그런 단체 활동에서 물러나 있습니다. 대안적인 농업을 고민했던 사람들은 주변부에서 문제 제기하는 정도의 활동을 하다가 지금에 와서는 각자 그룹별로 고만고만한 작은 주제 영역의 정부 정책사업과 관련을 맺으면서 자기 갈 길을 찾아가고 있는 형국입니다. 식생활교육이니 도시농업이니 하는 분야들이 그 예입니다. 그런 그룹들이 농촌정책 분야의 여러 활동과 결합했다면 좋았을 뻔했습니다.

집단과 개인, 누구에게 보조금을 주는 것이 타당한가?

정민철 정부의 보조금과 관련해 부정적인 이미지가 형성된 이유가 무엇인지를 생각해봅니다. 농민단체가 산업화 논리를 따르면서 '생산중심주의'의 운동성을 보였는데, 거기에 합류하지 못한 농민들이 자잘한 개별 보조사업들에 매몰된 탓도 있다고 봅니다. 그래서 농업정책과 농촌정책을 연결하면서 통합하는 민간 수준의 그룹들이 형성되기 어려웠다고 봅니다.

김정섭 농촌정책에서는 보조금을 지원받아 활동하는 주체가 어쩔 수 없이 일정한 집단이어야 하는 경우가 많습니다. 마을 단위 또는 조직 단위로 활동하게 마련입니다. 그런데 농업정책에서는 개인에게 보조금을 나눠주는 사업들이 상대적으로 더 많습니다. 꼭 그렇게 개인 단위로 할 수밖에 없는 것은 아니었을 텐데요. 이 폐단이 그대로 이어지고 있는 것이, 농업환경보전프로그램사업이나 요즘 논의되고 있는 공익 직불제 중 '선택형 직불제' 설계와 관련된 대목입니다. 아무리 보아도 농촌의 환경과 관련된 정책은 농민을 포함한 주민들이 집단적으로 움직여야 효과를 볼 것 같은데, 그런 정책을 기획하거나 관여하는 사람들 사이에는 그런 집합적 활동 collective action이라는 개념이 없는 것 같습니다. '직불금은 농가별로 나누어주는 게 좋다'는 근거 없는 확신이라도 있는 듯합니다.

정민철 직불금은 '소득보전'이라는 개념과 관련이 있는데, '소득보전은 개인에게 돈을 주는 것'이라고 생각할 수밖에 없습니다. 그러다 보니 직불제 정책에서 '농촌'이나 '마을' 개념은 사라지게 됩니다. 지역사회 안에 사회적 경제 조직을 육성하는 등 지역 수준에서 공동체성을 강화하는 방식으로 정책사업이 추진되어야 하는데, 그런 개념이 자꾸 실종됩니다.

강마야 맞습니다. 예를 들면, 산지유통사업에서도 그런 일이 일어납니다. 산지유통과 관련해 농민들을 조직하자고 한 지 20년째인데, 잘 안 되고 있습니다. 이미 쪼개놓은 사람들을 이제 와서 다시 모이게 하려니 잘될 리가 없습니다. 모인다고 해도 당장에 이익이 별로 없습니다.

정민철 새로운 청년농업인을 육성한다고 하면서도 보조금을 개인에게 지원하는 방식으로만 정책이 추진됩니다. 개인에게 보조금을 주고 나중에 농민들을 조직화하자고 하면 그게 잘될 리가 없습니다. 차라리 보조금을 지원하는 조건으로 또는 전제로 '조직화'를 내걸고 정책을 추진했다면 좀더 괜찮았을 겁니다.

구자인 농업정책 분야에서만 논의해서는 그런 문제들이 잘 풀리지 않을 겁니다. 오랜 관습이 있고 정책 영역 간에 칸막이가 공고하게 자리잡고 있습니다. 주민자치회나 주민총회처럼 주민들이 자치역량을 키우고 지역 안에서 합의하는 구조를 만들어내는 게 중요한 과제라고 봅니다.

강마야 주민자치 쪽에 농업인들이 잘 참여할 것 같지 않은데요.

구자인 지금도 농업정책 쪽의 상당수 보조사업들이 말로는 '조직화된 곳을 지원한다'고 되어 있기는 합니다. 작목반이나 영농조합법인을 만들어야 보조금을 받을 수 있게 되어 있죠. 실제로 문제는 정부가 조직화를 유도하기는 하지만, 그것이 매우 형식적이라는 점에 있습니다. 다른 한편에서는 농촌정책 쪽에서 농업과 관련된 문제에 어떻게 접근할 것인가라는 숙제가 남겨져 있습니다. 농업정책과 농촌정책을 어떻게 연계해야 부작용이 적을 것인가라는 문제입니다. 한 가지 모델이 과거의 '조건불리지역 직불제' 쪽에서 나옵니다. 이 제도는 사실 일본의 방식을 그대로 모방한 것입니다. 일본에서 상당 기간 동안 시범사업을 추진하고, 성찰하고, 개선해가면서 확립된 정책이었습니다. 조건불리지역에 속한 마을·주민·농민들에게 직불금을 줄 때 그 형식을 여러 가지로 만들어두었습니다. 마을에 주는 보조금이 있고 농민 개인에게 주는 보조금이 또 따로 있는 구조입니다. 마을 단위로 주는 돈을 모아서 주민들이 마을공동체 활동을 하고, 농민 개인 자격으로 받는 보조금은 그 농민 개인이 알아서 쓰는 것이지요. 우리나라의 조건불리지역 직불제에서도 이런 방식을 그대로 베꼈는데, 실제 현장에서는 마을 단위로 제공되는 보조금이 어떻게 쓰이는지 모르는 경우가 많습니다. 관리가 잘 안 되는 것이죠. 지금도 선택형 직불제가 도입될 예정인데, 개인의 소득보전을 목적으로 하는 보조금과 농촌 마을의 공동체 단위에서 지불되는 보조금을 병행하여 지원하는 모델이 필요해 보입니다. 물론, 그런 제도를 설계하는 것 자체가 만만치 않은 일이 될 것입니다.

개인에게 현금을 직접지원하는 정책에는 공공적 의미와 명분이 반드시 주어져야 한다

김정섭 '보조금 문화'라는 말을 쓸 수 있는지 모르겠는데, 정부 보조금에 대해 아주 부정적으로 여기는 문화도 있기는 합니다. 그렇게 부정적으로 여기게 된 까닭이 있습니다. 보조사업이 경쟁을 부추긴다는 점에서 유래합니다. 모든 사람이 보조금을 받는 것은 아니기 때문에 가끔 경쟁이나 다툼이 일어납니다. 지금 확증할 수는 없지만, 보조금이든 무엇이든 나라에서 돈을 나눠주니까, 특히 개인별로 나눠주니까 여러 가지 반응들이 있습니다. 요새 기본소득 이야기도 나오고 재난지원금 이야기도 나오면서 현금을 개인이나 가구 단위로 지원하는 일이 자주 생겨나서 그렇습니다. 그런 보조금 지원을 두고 "아주 좋은데, 효과적이고 단순하고 직관적이잖아. 이런 식으로 계속 확장합시다"라는 반응이 있습니다. 반면에, 농민들 중에는 "내가 나랏돈 몇 푼 받자고 농사짓는 것 아니다"라는 식으로 반응하는 분들도 있습니다. 섣부른 판단일 수 있겠지만, 개인들에게 특별한 조건 없이 현금을 지원하는 식의 보조금 정책사업이 사람들로 하여금 보조금에 의존하는 경향을 강화시키는 일이 전혀 없다고는 말하기 어려울 것입니다. 아마 농민기본소득 이야기는 이번 코로나19 사태를 계기로 계속 등장할 듯합니다. 재난지원금이 지급된 것도 영향을 줄 것입니다. 일단 한 번 현금을 개별 가구 단위로 제공한 경험이었습니다. 그러면서 목적을 특정하게 제시한 적은 없습니다. 목적은 오히려 소비 진작에 있었습니다. 저는 개인적으로, 그것도 괜찮은 목적 설정이었다고 생각합니다만, 현재 농업 직불제 자체가 개편되면서 농민수당 등 현금을 개별 단위에 지원하는 보조사업이 일부 확장되었고, 더 확장해달라는 요구도 많습니다. 이게 어떤 파장을 일으킬지는 모르겠습니다.

아무튼 직불금을 지원하더라도 "한국에서 농업은 아주 중요하고, 가령 환경보전 같은 이러저러한 방향으로 발전해야 합니다. 농사지을 때 그런 방향으로 애써주십시오. 그렇게 하려고 할 때, 충분치는 않지만 약간의 보조금을 드릴 테니, 그런 방식으로 농사지으며 살아주십시오"라고 명분을 찾아주는 일이 중요하다고 봅니다. 소액의 보조금이라 하더라도 그런 명분을 살리는 일이 중요합니다. 그렇지 않으면 "1년에 80만 원 주면서 요구하는 것은 되게 많네. 기분 나빠서 안 받고 말지"라는 사람도 나올 것입니다. 더 나쁘게는 "그냥 있으면 나라에서 거저로 돈을 주네. 돈을 더 많이 달라고 해야겠다"라고 생각하는 사람들이 늘어날 것입니다. 이 부분이 앞으로 생각해야 할 중요한 논점이라고 봅니다.

강마야 맞습니다. 농민수당 논의에서도, 수당의 규모는 본질적인 부분이 아닙니다. 농민수당을 어떤 목적으로 왜 지급하는지와 관련해 공감대를 형성하는 게 더 중요합니다.

김정섭 공익형 직불제 같은 성격의 자금 지원에서 그 목적은 명확합니다. 농업 분야의 직불금은 국민의 기본권을 보장하려는 장치가 아닙니다. 보조금의 성격을 지닙니다. 보조금 성격이 있다는 것은 직불제 정책 자체가 일정한 방향을 전제한다는 것입니다. 이러저러한 바람직한 방향으로 농업이나 농촌이 바뀌어야 한다는 것을 전제로, 그런 변화를 촉진하기 위해서 지원하는 보조금이라는 것이죠. 한편, 농민수당의 경우 그 목적이 애매합니다. 농민의 기본권을 보장하려는 목적에서 농민수당을 지급하는 것이 바람직하지 않다는 뜻은 아닙니다. 기본권 보장을 목표로 농민수당 제도를 만들어야 하는가, 아니면 직불제처럼 특정한 방향의 농업·농촌 변화를 촉진하기 위한 정책 수단으로 보아야 하는가? 이런 문제들을 더 검토해야 한다는 입장입니다. 저는 당연히 농민수당은 성격상 일종의 농업 직불제와 유사하고, 사실 그런 방향으로 시행되어야 한다고 보는 입장입니다.

구자인 저는 개인적으로 '마을공동체 수당'이라는 걸 생각하고 있습니다. '마을기본권'이라는 말을 요즘 쓰기도 합니다. "마을민주주의를 하면서 마을에 산다는 것만으로도 기본권 또는 생활권이 보장되어야 한다. 마을에 살면 최소한의 생활을 보장해줘야 하는 것 아닌가?"라는 논점에서 나오는 말입니다. 특히 농촌에서는, 그 마을에 살고 있다는 것만으로도 수당을 주자는 것입니다. 그것도 모든 마을에 일괄적으로 주자는 생각입니다. 물론 시범사업도 해보고 애로사항도 찾아보고 개선할 것은 개선하는 과정을 거쳐야 하겠지요. 다만 개인별로 주는 것이 아니라 한 마을에 연간 300~500만 원 정도를 지급하면 어떻겠냐는 생각을 합니다. 그 정도면 예산 압박이 크지도 않습니다. 중심지 활성화사업 한두 개 일몰시키면 충당할 수 있습니다. 충남에 행정리가 4,300개니까 한 마을에 1년에 300만 원을 준다고 하면 120억 원 정도가 필요합니다. 그 정도의 자금을 '마을공동체 수당'이라는 이름하에 조건 없이, 사업계획서도 없이 지급하는 겁니다. 다만 한 가지 조건을 거는데, 그것은 마을공동체 활동을 펼치고 유지하기 위해 마을 통장이나 마을 규약을 정비하는 것입니다. 그 바탕 위에서 공동체 활동을 촉진한다는 전략입니다. 혹자는 도덕적 해이가 생기지 않겠느냐고 할 수도 있겠습니다. 도덕적 해이를 방지하려면 마을에 어떤 문화, 즉 나쁘게 표현하자면, 감시하고 감독하는 기능이 있어야 한다고 봅니다. 그런데 그런 감시 기능은 자연스럽게 생길 수 있습니다. "어느 마을은 돈을 받아서 이러저러한 마을 활동을 한다는데, 우리 마을은 이장님이 그 돈을 어디에 넣어두었는지 말도 없네"라는 식의 말이 당연히 나오지 않겠습니까? 마을공동체 수당이 너무 많아도 문제가 될 수 있으니, 300만 원 정도면 많은 돈도 아니고 적은 돈도 아니어서 공동 급식이나 요가 프로그램 같은 활동에 쓸 수 있는 적절한 규모일 듯합니다.

정민철 어쨌든 구자인 박사님은 개인에게 개별적으로 주는 것도 필요하지만, 마을이나 어떤 조직에 주는 것이 맞다는 입장이신 거죠?

구자인 예. 관에서 제공하는 재정은 마을 주민 사이에 상호협동하고 돌보는 일이 일어나는 것을 촉진하는 방식으로 쓰여야 합니다. 단순한 보조사업 방식이나 바우처, 수당 방식의 복지정책 측면으로 농촌 마을에 접근하려 하면 예산도 부족하게 될 것입니다. 더구나 현재의 고령화 추세를 정부 재정이 따라가기가 어려울 것입니다. 지금이라도 마을에서 자주적으로 주민들이 서로를 돌보는 시스템을 형성해야 합니다. 하여튼 정책을 빨리 정비해야 하는데, 행정의 변화 속도는 너무 느립니다.

김정섭 오늘 나랏돈에 관한 이야기를 길게 하고 있는데요, 다른 차원에서 또 이야기하자면 정부 보조금 같은 것이 의미를 부여하지 않은 채 명분 없이 뿌려지면 '그냥 나눠주는 돈'으로 인식될 가능성도 있는 듯합니다. 저는 그 부분이 조금 걱정됩니다. 사람들의 태도나 사고방식에 영향을 주지 않을까요?

강마야 지방자치단체들이 하려고 하는 농민수당 제도에서도 그런 우려가 있다는 말씀이신 거죠?

김정섭 농민수당 자체를 반대하는 입장은 아닙니다만, 명분과 의미를 분명히 정립해야 할 필요는 있습니다.

구자인 현재 방식은 농민이나 마을 주민 스스로 지녀야 할 권리의식을 촉진하는 것도 아니고, 또 돈을 지원받는 것을 계기로 농민들이 단합해서 어떤 일을 새로 벌이는 것도 아니라, 그냥 돈을 받고 끝나버리는 것에 대한 우려를 말씀하시는 듯합니다.

정민철 저는 농민수당을 도입하자는 제안이, 어떤 면에서 보면 농업 쪽에서 이제는 새로운 정책을 제안할 것도 찾지 못해서 나온 방책이 아닌가라는 생각도 합니다. 예전에는 청년농업인을 육성하자, 무엇을 하자 등등 정책 요구들이 다양하게 표출되었는데 요즘은 그런 '새로운 일을 하기 위한 정책 제언'은 없고 그저 농민수당 또는 농민기본소득 제도 도입에만 올인하는 형국이 아닌가 싶습니다. 물론 농업정책 분야의 보조금이 농민에게 직접 가는 것이 아니라 농업 생산의 앞과 뒤에 포진한 관련 산업, 예를 들면 농기계산업이나 농약회사, 비료회사 같은 쪽으로 많이 흘러간다는 비판 끝에 '농민에게 직접 주자'라는 주장이 의미를 갖게 된 측면이 있기는 합니다. 그렇지만 실제로는 농민단체 내지는 농촌 주민들이 정부나 지방자치단체에 "지금 농촌이 살아남을 방향은 이러이러한 것이니, 그런 것을 할 수 있게 지원해달라"는 식으로 주장을 하지 않으니, 즉 대안을 제출하지 못하니까 그냥 '돈으로 달라'는 식의 제안이 나온 측면도 있는 듯합니다. 문제는, 농민수당 다음에는 무엇을 주장할 것이냐는 점입니다. 앞으로는 수당을 인상해달라는 말 외에 주장할 게 없게 되는 것이죠. 그래서 현금으로 직접지원하는 종류의 정책과 관련해서는 농업에 관한 고민이 더 무르익은 상태에서 함께 검토해야 할 사안이라고 봅니다.

지침과 현실 사이, 마을에서 보조사업을 실행하면서 겪은 일

정민철 다른 이야기를 하려 합니다. 최근 10여 년 사이에 도산2리에 투입된 보조사업을 정리해보면 열 개가 넘습니다. 그중에 '자본 보조사업'은 두 개밖에 없었습니다, 뜻밖에도. 오누이 권역을 정비한 '권역사업'과 행복농장의 공유부엌을 만드는 데 들어간 2,000만 원 규모의 보조사업, 그렇게 두 가지만 자본 보조사업이었고 나머지는 거의 다 경상 보조사업이었습니다. 물론, 인건비 지원은 되지 않는 경상 보조사업이었습니다. 이런 사업들의 특징은 여기 도산2리에서 처음 시도하는 것들이었다는 점입니다.

김정섭 대체로 시범사업의 성격을 지닌 것들이겠네요.

정민철 그런 시범사업들이 전개되는 패턴이 있습니다. 정책사업과 무관하게 우리 지역에서 실천하는 어떤 새로운 시도를 보고 힌트를 얻어 중앙정부 부처에서 시범사업을 만듭니다. 그러고는 우리에게 그 보조금을 받아서 시범사업을 해보라는 겁니다. 그래서 "우리 하는 일을 보고 만든 정책사업이니 한번 해보자" 하고 한 번 정도 보조금을 받아서 진행합니다. 그러다 보면 "우리가 하던 일을 보고 기획한 정책사업이라는데, 우리가 그대로 하려고 하면 왜 그림이 안 나오는 걸까?" 하는 의문에 빠지게 됩니다. 이 시범사업을 계속하다가는 우리가 엉망진창이 되겠다 싶은 마음에 결국 그만두는 거지요.

김정섭 귀농·귀촌이나 청년농업인 육성과 관련해서 그런 일들이 있었죠.

정민철 그런 이상한 현상이 나타납니다. 또 다른 특징은, 여기 장곡에서 한 가지 보조사업을 하고 나면 어쨌든 간에 단체 하나 정도가 만들어집니다. 그렇게 생겨난 단체가 사업이 끝난 뒤에 사라지는 것이 아니라 아직까지는 어떻게든 유지하고 있습니다. 또 하나 더 언급할 만한 특징은, 정책사업이 실행되는 공간 범위가 확장된다는 점입니다. 처음에는 도산2리 수준에서 정책사업이 진행되다가 최근에는 장곡면 전체를 아우르는 정책사업이 추진되기에 이르렀습니다. 이런 식으로 확장되는데, 그 과정에서 기존의 조직이나 단체가 새로운 지원사업을 받아서 추진하더라도 그것은 명의만 그런 것이고 실제 일은 좀더 확장된 범위에서 추진하게 됩니다. 하지만 내막을 잘 모르는 주변 분들은 왜 한 조직에 지원사업이 집중되느냐면서 욕을 하기도 합니다.

김정섭 "이 사람은 왜 이렇게 이런저런 보조금을 많이 받는 거지?"라는 의문이 생겨나는 게지요.

정민철 그렇습니다. 그런데 자세히 살펴보면, 사업의 내용상 3분의 2 정도는 위탁사업의 성격에 가까운 것들입니다.

구자인 예를 들자면, 주민을 상대로 교육을 하거나 지역을 찾아오는 이들을 대상으로 프로그램을 진행하는 종류의 일들이지요.

정민철 네, 그렇습니다. 어찌 보면 그런 사업이라는 게, 이기적으로만 보면, 우리 입장에서는 오히려 에너지를 뺏기는 일일 수도 있습니다. 정부 돈을 받아서 그 돈을 비용으로 집행하면서 다른 이에게 서비스하는 것이지, 우리 주머니에 들어오는 돈이 아니라는 겁니다. 사실상 '위탁'을 받은 셈인데, 우리는 정작 위탁금을 못 받는 것이지요.

구자인 행정안전부나 보건복지부의 경우 민간단체에 사업을 위탁하는 일이 많습니다. 그런데 농정 영역에서는 '위탁'이라는 개념 자체가 통용되지 않습니다. 담당 공무원들이 '위탁'이라는 개념을 이해하지 못하는가 싶기도 합니다.

강마야 위탁사업이라는 걸 본 적이 없는 탓일 수 있습니다.

구자인 우리 민간 쪽에서도 농정 분야의 위탁사업 경험이 없지요.

강마야 그러다 보니 정부 정책사업은 모두 보조사업으로 예산과목을 편성해야 하는 줄로 아는 것 아닐까요?

구자인 농업이나 농촌 분야에서도 위탁사업이 금지된 게 아니라 똑같이 모두 열려 있습니다. 요즘 농촌 쪽에 투입되는 많은 정책사업들이 공익적인 활동을 하라고 권하는 내용인데, 왜 죄다 보조사업으로 편성하는가라고 문제 삼을 수 있겠습니다. 이런 부분을 전면적으로 재검토할 필요도 있겠습니다.

정민철 그 다음으로 현재와 같은 경상 보조사업으로는 지역사회에서 그런 활동을 계속할 수 있는 맹아 조직을 만들어내기가 어렵다는 점을 들 수 있습니다.

구자인 민간의 관점에서는, 특히 지역에서 실제 활동하는 사람들의 입장에서는 보조사업을 어떻게 활용할 것이냐는 측면에서 일정한 관점과 역량을 갖추어야 합니다. 건물 짓는 일도 필요하기는 할 텐데, 보조사업을 할 때에는 어차피 행정과 협상을 해야 합니다. 행정은 이런저런 이유로 예산을 못 쓰게 하는 항목들을 많이 제시합니다. 어떻게 하면 적절하게 '반칙'을 하면서 보조사업을 활용할 수 있을지를 생각하고 협상해야 합니다. 목표는 '사람과 조직을 남겨야 한다'는 것이 되어야 하겠습니다. 그런데 실제로는 민간 부문에서도 행정 쪽의 사업이

지니는 속성과 절차 따위를 잘 모르다 보니, 행정과 부딪쳐도 얻는 게 별로 없습니다. 문제를 제기해봐야 행정으로부터 '지침상 안 된다'는 말만 듣는데, 그게 왜 안 되는 것인지는 이해가 되지 않습니다. 행정과 민간 사이에서 해석해주는 사람도 없습니다. 이런 기술적인 부분에서의 능력이나 도와주는 세력도 필요합니다.

정민철 그리고 이런 문제도 있습니다. 요즘 우리 동네에서는 '농산물 가공'과 관련된 논의가 많이 일어납니다. 저는 주변 사람들에게 우선은 가공상품을 이것저것 만들자고 주장합니다. 왜냐하면 가공시설을 조성하려는 생각이 있기 때문입니다. 가공시설을 번듯하게 갖추기 전에 우선 네 종류 이상의 가공상품을 개발해서 판매하자는 주장입니다. 그러면 상품은 있으나 식품가공 허가를 받은 것은 아니기 때문에 문제가 생길 겁니다. 그렇게 일부러 문제가 생기도록 하자는 것입니다. 시설이 없어서 허가를 못 받는 상태가 계속되면 무허가 상품을 판매하는 상황이 이어질 것이니, 가공시설을 만들어야 할 동기와 기회가 확보되리라 보는 것입니다. 단순히 가공상품 한 종류만 바라보고 가공시설을 설치하는 것은 말이 안 되는 일입니다. 배보다 배꼽이 더 큰 셈입니다. 그러니까 지역의 여러 단체가 가공상품을 하나씩 다 개발하자는 것입니다. 오누이마을협동조합도, 젊은협업농장도, 행복농장도 하나 이상씩 가공상품을 개발하면 '우리가 가공상품을 여럿 개발했는데 시설이 없어서 상품을 정식으로 진열하고 판매하지 못하는 상황이다. 그러니 소규모로 공동 가공시설을 하나 만들자. 그러면 지역의 다른 농가들도 여기에 합류하지 않겠는가?'라는 생각입니다. 농촌 현장에서는 이런 종류의 과정이 필요하다고 봅니다. 보통의 경우에는 가공시설을 만드는 보조사업부터 지원받아서 가공시설을 먼저 만듭니다. 그런 다음에 상품을 개발하려고 합니다. 그런데 그런 순서로는 일이 잘 안 됩니다.

구자인 그렇게 하려면, 일이 진행되는 단계마다 정리해가면서 "이러저러한 여건에서 우리가 여기까지 왔는데, 그 다음 단계는 어떤 일이다"라고 마을에서 관점을 공유하고 서로 논의하면서 일을 추진해야 합니다. 그런 전략들을 지역 내부에서 고민해야 하는데, 논의 구조가 잘 형성되지 않고 있죠. 그런 모델을 빨리 만들어야겠습니다.

정민철 지금 드는 생각이 또 하나 있습니다. 장곡면 도산리에서 일어난 정책사업들을 순서대로 보면, 처음에는 대부분 농업과 관련된 것이었습니다. 그러다가 차츰 농촌정책 영역의 사업들이 더 많이 추진됩니다. 지금에 와서는, 저는 다시 농업과 관련된 부분을 들여다보고 고민하고 있습니다. 지역의 농업을 바꾸려는 노력만으로는 부족하고, 농촌 자체를 업그레이드해야 농업도 업그레이드할 수 있다는 생각으로 지금까지 흘러왔습니다. 그래서 새뜰사업이나 정주환경개선사업이나 마을교육공동체사업 등 농업과는 직접 연관되지 않은 여러 정책사업들도 추진하고 일정한 수준까지 올라왔습니다. 이 상태에서 다시 농업을 고민하게 됩니다. 농촌발전 정책사업은 많아지는데, 실제로 농민들은 뭘 먹고 살아야 하는가? 이런 생각이 드는 것입니다. 그래서 다시 농산물 유통이나 가공에 관한 고민들이 시작됩니다. 되돌아가게 됩니다. 농업정책과 농촌정책이 적절하게 조화를 이루어야 할 것이라는 생각이 듭니다.

분리된 농업·농촌정책 영역의 통합과 연계, 민간의 통합적 조직 활동이 필요하다

김정섭 오늘 좌담회 주제를 약간 벗어나는 이야기를 하겠습니다. 현재 농림축산식품부의 편제를 보면 농촌정책국과 농업정책국이 따로 있습니다. 그런데 농촌정책국에서는 농업생산과는 직접 관계가 없는 정책 위주로 사업을 추진합니다. 농업정책국에서는 거꾸로 농촌 지역의 여러 문제와는 관계가 없는 정책 위주로 움직입니다. 이게 일정 부분 문제라는 말을 하고 싶습니다. 농업생산과 관련된 보조금 정책사업의 대부분은 실제로 '농촌 지역'에서 실행됩니다. 그런 의미에서 농업정책이 농촌정책이 아니라고 딱 잘라 말하기는 어렵습니다. 비유를 해보겠습니다. 커피숍에서 커피잔에 커피를 담아서 판매할 겁니다. 그 커피숍에서 직원들의 업무를 분담하기로 하고 규칙을 정합니다. 직원 '갑'은 커피잔 관련 업무를, 직원 '을'은 커피 관련 업무를 각기 나누어서 하기로 합니다. 그게 가능합니까? 어차피 커피잔에 커피를 담아야 하는데 말이지요. 이런 것은 가능합니다. '갑'은 커피를 내려서 잔에 담는 일까지 하고, '을'은 그 커피가 담긴 잔을 저쪽에 앉은 손님에게 가져다주는 일을 하는 식으로는 분업할 수 있습니다. 그런데 '커피잔 업무'와 '커피 업무'로 구분할 수는 없겠지요. 저는 지금의 '농업정책, 농촌정책'이라는 분법分法이 그와 유사한 문제에 빠져 있다고 봅니다. 가령, 사회적 농업정책은 농업정책일까요, 농촌정책일까요? 현재 농업정책과 농촌정책이 다르다고 말하는 논리는, 마치 5m와 4kg이 다르다고 말하는 것과 비슷합니다. 길이와 무게는 어차피 동일한 차원에서 비교할 대상이 아니지요. 그러면 새로운 구분법은 어떻게 만들 수 있을까요? 장소를 기준으로 생각하자는 게 제 주장입니다.

농촌 지역에서 일어나는 일과 관련된 정책은 그것이 농업생산과 관련된 것이든 아니든 농촌정책국 소관으로 두고, 농촌 지역을 떠난 농산물이 도매시장에서 유통되거나 소비자에게 전달되는 과정 등과 관련된 것은 농업정책국 소관으로 두자는 것입니다. 뭐, 그렇게 해도 '도시농업'은 어느 쪽에서 보아야 하는가 식의 소소한 문제는 여전히 있겠지만요. 어차피 농촌 현장에 와서 보면 친환경농업 정책이든 농촌복지와 관련된 정책이든 농업생산 기술에 관한 것이든 한마을에서 일어나는 일들입니다. 그런데 행정 시스템은 각기 분리되어서 칸막이가 쳐져 있습니다. 대표적인 예가 농업-환경정책입니다. 농업-환경정책은 물리적으로 보면 농촌의 농경지를 포함한 땅에다 대고 뭔가를 하자는 일인데, 왜 농림축산식품부 안의 여러 부서들 중 농촌정책국 소관이 아닐까요? 현재 농림축산식품부 안에는 여러 '국' 또는 '정책관실'이라는 부서가 있습니다. 그 하위에 '과'가 있어서 정책사업들을 분야별로 나누어 추진하는데요. 그중에 농촌정책국은 '농촌 지역'이라는 개념을 바탕에 두고 시행하는 정책들을 맡고, 농업정책국은 '산업으로서의 농업'이라는 개념에 기초하는 정책을 추진합니다. 이외에도 식량정책관실, 국제협력국, 축산정책국, 방역정책국, 식품산업정책관실, 유통소비정책관실, 농업생명정책관실 등이 있습니다. 농업-환경정책이라고 볼 수 있는 대표적인 사업이 '농업환경보전 프로그램'인데, 이 정책사업을 담당하는 부서는 '농업생명정책담당관실' 아래의 '친환경농업과'입니다.

구자인 각기 다른 영역에 있는 정책사업들을 서로 연결시키려면 담당 공무원이 정책의 내용을 깊이 있게 파악하고 고민해야 합니다. 그런데 아까 말씀드린 것처럼 그럴 여유도 없이 보직은 자주 바뀌고, 담당

해야 할 단위 정책사업의 숫자는 많고, 그러다 보니 농촌 현장에 가서 실태를 파악할 여유도 없어지는 게 문제입니다. 그래서 중앙정부 부처 차원에서 정책사업 구분 기준을 새로이 하는 일도 필요하지만, 우선은 현장에서 가능한 한 '커피 관련 업무와 커피잔 관련 업무를 한 사람이 동시에 할 수 있도록' 여지만 열어줘도 좋겠다는 생각을 합니다. 한 장소에서 실행되는 정책사업을 여러 부서에서 각각 나누어 추진한다면 그걸 어딘가에서 엮어야 할 텐데요, 지방자치단체에서 해야 할 일이라는 생각이 듭니다.

정민철 그런 일은 중앙정부 부처에서도 하기 어렵지만, 지방자치단체에서도 하기 어렵지 않을까요?

구자인 적어도 중앙정부에서 지방자치단체에 신호를 보낼 수는 있지 않겠습니까? 지방에서 자율적으로 합칠 것은 합쳐서 추진하라고 권장하는 것이죠. 물론 당장에는 문제가 있을 수 있습니다. 지금도 '신활력플러스사업'을 진행하면서 그런 문제들이 생겨납니다. '신활력플러스사업'은 지방자치단체가 재량권을 가지고 이런저런 일들을 할 수 있도록 사업 지침을 자세히 만들지 않은 채 하달한 경우입니다. 그랬더니 지방자치단체 공무원들이 구체적인 지침을 내려달라고 중앙에 요구하기도 합니다. 지방 공무원들이 자신감이 없는 거예요. 지방 공무원들이 자신감 없으니까 민간 부문에서는 사업의 내용을 더욱 알기 어렵고 관계된 용역회사들도 헤매고 있는 상황입니다. 그럼에도 이런 문제에 도전하고 해결책을 찾아야 합니다.

정민철 저는 정책사업의 통합적 추진이 가능하려면, 지자체보다도 민간 단위에서 어떤 구조가 형성되어야 한다고 봅니다. 민간에서 다양한 정책사업을 받아안아서 통합해야 할 일이라고 생각합니다. 지자체에서 통합하는 일이나 민간에서 통합하는 일이나, 둘 다 쉬운 일은 아니겠지만, 그런 가능성을 염두에 두고 민간 부문의 조직들이 어떤 역할을 해야 할지를 고민해야 할 시점이라고 생각합니다. 과거에는 농민단체가 농업과 관련된 일들에만 집중하고 지역 문제는 또 다른 조직들이 신경쓰는 구조였지만, 앞으로는 농업과 농촌이 결합되어 다루어지는 민간의 통합적 활동 조직을 만드는 과정이 필요합니다. 그 공간적 범위가 시·군 단위여야 할지, 읍·면 단위가 좋은지, 읍·면 두어 개를 묶은 수준이 좋은지 등에 관해서는 논의를 해보아야 할 일이겠지만요. 어쨌든 통합된 형태의 조직틀을 만들어나가야 지금까지 나타난 문제들을 해결할 수 있다고 봅니다. 그렇게 하면서 행정과 일정한 논쟁을 벌이고 주민 조직들의 역량을 강화하는 일을 지금 다시 시작해야 할 시점입니다.

강마야 저는 농업정책 영역에서 항상 고민했던 부분이 있습니다. 농촌정책 분야만큼의 깊은 고민을 농업정책에서 해왔는가라는 것입니다. 보조사업만 던져주고, 그것이 실제로 어떻게 실행되는지를 관심 갖고 지켜보는 일은 소홀했다는 반성이 듭니다. 우리 연구자들도 그렇고, 현장의 농민들도 그렇고, 끝까지 챙겨야 할 일을 챙기지 못했다는 반성입니다. 농업정책의 보조사업들도 기획에서부터 실행, 모니터링, 성과 평가에 이르기까지의 과정이 잘 돌아가게끔 시스템을 정비해두어야 하겠다는 생각이 듭니다.

보조사업이 잘 실행되기 위해
풀어야 할 세 가지 중요 과제

김정섭 오늘 하신 말씀들을 정리할 때가 되었습니다. 좌담에서 다루려고 했던 몇 가지 포인트들이 있는데, 코로나19 사태 이야기까지는 못 갔습니다. 오늘 나눈 대화에서 중요한 것을 나열하면 다음과 같습니다.

첫째는, 보조사업이라고 말하지만 어떤 경우에는 정부가 할 일을 민간이 대신하는 성격의 사업이 있다는 겁니다. 관에서는 집행이 편하기 때문에 보조사업의 형식으로 추진될텐데, 보조사업이 정확하게 어떤 의미인가를 따져야 한다는 과제가 있습니다.

둘째는, 보조금 정책사업 실행상의 융통성 내지는 통합과 관련된 것입니다. 자치단체 담당 공무원에게 재량권을 주어 정책의 내용을 깊이 있게 파악하면서 융통성 있게 추진하도록 구조를 만들어나가는 한편, 민간 부문에서도 농업과 농촌이 결합되어 다루어지는 통합적 활동 조직을 고민해야 하겠습니다. 비유를 들어 말해보겠습니다. 미술학도가 그림을 그리려 합니다. 마땅한 재료를 구입할 돈이 없어서 물감공장 사장을 찾아갑니다. "그림을 그려야 하는데 붓과 도화지는 있지만 물감이 없습니다. 물감을 지원해주세요"라고 부탁합니다. 물감공장 사장은 "좋습니다. 나중에 당신이 유명한 화가가 되면, 그 덕을 보면서 물감 좀 팔아봅시다"라고 흔쾌히 응하면서 물감을 제공합니다. 빨간색, 파란색, 하늘색, 남색, 검정색 물감을 줍니다. 이 상황에서 미술학도는 초록색을 칠할 수 없습니다. 그래서 물감공장 사장에게 부탁합니다. "노란색 물감을 주시면 파란색 물감과 섞어서 초록색을 만들 수 있습니다." 그랬더니 사장은 노란색 물감을 주는 게 아니라 바로 초록색 물감을 주는 겁니다. 미술학도는 며칠 뒤에 또 부탁합니다. 노란색 물감을 주면 연두색을 만들어 쓸 수 있다고. 그랬더니 사장은 연두색 물감을 내어줍니다. 나중에는 수십 가지 색깔의 물감을 주면서 "자, 골라서 쓰세요"라고 말하지요. 그림 그리는 사람 입장에서는 애초에 빨간색, 파란색, 노란색 세 가지 물감만 주면 될 텐데 매번 하나하나 받아다 써야 하는 상황이 웃기는 겁니다. 물론 삼원색 물감만 가지고 그림을 다채롭게 그리려면, 우선 물감공장 사장이 융통성이 있어서 큰 통으로 빨간색, 파란색, 노란색 물감을 줄 만큼 도량이 있어야 하겠지요. 그리고 미술학도는 적절하게 물감을 섞어서 원하는 색을 낼 수 있는 재주가 있어야 할 터입니다. 그런 재주는 그냥 생기는 게 아니라 연습을 통해서 축적되는 것입니다. 시간이 걸리는 일입니다.

셋째, 농민이나 마을 주민도 보조금이 그냥 거저 도움을 주는 돈이 아니라는 점을 명확히 인식해야 합니다. 개인이 아니라 여럿이 같이, 무언가 공익적이고 좋은 일을 하려고 할 때 정부나 지방자치단체가 도와준다는 의미에서 제공하는 돈이 보조금이라는 점을 잘 알아야 합니다. 책임과 주도권은 민간 부문에 있어야 한다는 점을 인식해야 합니다. 그런 인식을 바탕으로 "로비하면 돈 받아올 수 있어"라는 낡은 관념은 철폐하면서 여러 가지 활동 경험을 쌓아야 합니다. 정부의 정책 추진 체계나 재정 체계는 그런 관점에서 다시 정비되어야 합니다.

서평 책 너머 삶을 읽다

장정일 정착이라는 신화
김건우 삶의 자세로서 '리터러시'

정착이라는 신화

장정일
시인, 소설가

농경의 배신
길들이기, 정착생활, 국가의 기원에 대한 대항서사
제임스 C. 스콧 지음
전경훈 옮김 | 책과함께 | 2019

제임스 C. 스콧의 『농경의 배신: 길들이기, 정착생활, 국가의 기원에 관한 대항서사』(책과함께, 2019)는 국가의 탄생과 문명의 진화에 대한 정형화된 표준서사에 도전한다. 국가와 문명에 대한 표준서사는 최초의 인류가 수만 년에 걸친 수렵·채집과 유목에 의지했던 이동생활을 마치고 곡물과 가축을 길들이며 정착생활을 하게 된 결과 국가가 탄생했다고 말한다. 일반상식이 되어버린 이 표준서사는 이동과 수렵·채집은 정착과 농경보다 미개하며 국가 없는 상태를 야만으로 간주한다. 이처럼 정형화된 서사는, 인간이 농경과 정착을 통해 국가를 만들게 된 것이 곧 문명이라고 주장한다. 우리가 아무런 의심 없이 맹신했던 이 표준서사를 지은이가 어떻게 전복하고 있는지, 그리고 표준서사의 전복이 무엇을 의미하는지 살펴보자.

많은 이론가들이 "정착생활이 일단 성립되고 나면 정치 질서의 논리적이고 가장 효율적인 단위로서 국가/제국이 즉각 등장한다"(28쪽)라고 말해왔다. 하지만 인간은 곡물과 가축을 길들이기 이전부터 정착을 시작했으며, 그 둘을 길들이는 데 성공하고서도 국가 건설을 향해 매진하지 않았다. 메소포타미아 지역에서 도시국가 형태의 크고 작은 국가들이 무수히 생겨나기 시작한 것은 기원전 4,000년부터였지만, 그보다 4,000년 전에 인간이 곡물과 가축을 길들이고 정착을 했다는 증거가 있다. 4,000년 동안의 공백과 지연은 해명을 필요로 한다.

이동생활을 하면서 수렵·채집을 하던 비정착기의 인간들은 곡물이나 가축을 길들이는 정착의 기술을 알면서도 쉽게 정착생활을 선택하지 않았다. 더 중요한 것은 정착을 하더라도 "농경을 거의 하지 않거나 전혀 하지 않으면서도 정착생활"을 하고 있었고, 이와 정반대로 "작물을 재배하면서도 이동생활을 하며, 짧은 수확 기간을 제외하고는 흩어져 사는 사람"(이상 33쪽)들도 있었다. 이런 생활 형태는 사람들이 어서 빨리 이동생활을 포기하고 완전히 정착하기를 간절히 바랐을 것이라는 추정과 정착이 곧바로 국가 설립으로 이어졌을 것이라는 논거를 의문시하게 만든다.

정착에 길든 현대인들은 이동생활을 인내가 필요할 만큼 불편하고 고단한 것으로 여긴다. 그러나 비정착기의 인간은 오히려 반대로 생각했다. 정착은 수렵과 채집보다 더 고단한 일들을 수반했으며 건강에도 좋지 않았고, 영양학적으로도 수렵·채집보다 못했다. 같은 시기에 서로 가까이 살았던 농경민과 수렵·채집민의 유골을 비교해보면, 초기 농경민의 식단은 상대적으로 제한되었고 빈약했던 반면, 수렵·채집민의 식단은 더 다양하고 풍부했음을 알 수 있다. 주변의 위험, 배고픔, 혹은 강압에 시달려 어쩔 수 없었던 사람이 아니라면 어느 누가 수렵·채집이나 목축을 포기하고 완전히 농경에만 몰두하려고 했을까? 인간이 가축과 곡물을 길들였다고 하지만, '개와 씨앗'이 인간을 길들였다고도 할 수 있다.

이동하는 인간이 정착과 농경을 거부한 이유는 크게 세 가지다. 첫째, 정착과 농경은 비지배계층이 힘들고 단조로운 고역을 담당해야 했는데, 그것은 수렵과 채집보다 힘들었다. 많은 인류학자가 주시했듯, "대부분의 환경에서 채집민이 인구압이나 어떤 형태의 강압에 의해 강제되는 경우가 아니라면 자발적으로 농경생활로 이행할 이유는 전혀 없다"(45쪽). 둘째, 사람뿐 아니라 가축과 작물이 한곳에 집중되면서 많은 기생생물이 정착지로 따라 들어와 번식했다. "다수의 전염병은 매우 강력한 의미에서 '문명의 결과'였다. 역사적으로 완전히 신종 질병이었던 콜레라, 천연두, 볼거리, 홍역, 인플루엔자(유행성 감기, 독감), 수두, 그리고 아마도 말라리아 등은 도시생활뿐 아니라 농경이 시작된 결과로서 발생했다"(145쪽). 전염이 과밀화 현상과 결부되어 있음은 실제 질병의 매개체들을 알게 되기 전에도 이미 잘 알려져 있었고, 수렵·채집민은 흩어져 사는 것을 전염병의 접촉을 피하는 방법으로 오래전부터 인식했다. 셋째, 정착이 가져온 또 다른 역병은 "국가에서 곡물·부역·징병 형태로 걷어가는 세금"(45쪽)이었다. 이와 같은 상황에서 초기 국가는 어떻게 국민이 되는 인구를 모으고 유지했으며 늘이기까지 했을까? 이 질문은 첫 번째 이유에 나오는 비지배계층의 형성과 연관된다.

아무도 국민(비지배계층)이 되려고 하지 않았기 때문에 '곡물-인력'의 결합체인 초기 농경국가는 성을 쌓고 '인구'가 빠져나가지 않도록 하는 동시에, 전쟁을 통해 노예를 잡아들였다. 국가는 예속과 강압을 통해 국민을 만들어냈다. "우리는 국가가 노예와 인간 속박을 발명하지 않았다는 것을 알고 있다. 셀 수 없이 많은 국가 이전 사회에서도 노예와 속박은 있었을 것이다. 하지만 강압에 의한 노동에 체계적으로 기초한 대규모 사회는 분명 국가에 의해 발명된 것이다. 아테네, 스파르타, 로마, 신아시리아제국보다 노예의 비율이 훨씬 작았을 때에도, 강제 노동과 노예의 역할은 국가 권력 유지에 너무나 결정적이고 전략적으로 중요했기에, 그것 없이 이들 국가가 오래도록 지속되었으리라고는 상상하기도 어렵다"(233쪽). 이 대목에서 지은이는 베르톨트 브레히트의 시 「책 읽는 노동자의 의문」의 한 구절을 인용해놓았다.

> 누가 일곱 개의 성문을 가진 테베를 세웠는가?
> 책에서는 왕들의 이름을 읽게 될 것이다.
> 왕들이 바위덩어리를 직접 끌어 올렸는가?
> 바빌로니아는 여러 번 무너졌는데
> 누가 몇 번이나 그 도시를 일으켜 세웠는가?(224쪽)

홉스·로크·루소 등의 근대 철학자들은 만인과 만인 사이의 폭력을 회수하기 위한 사회계약이 국가의 시작이라고 말한다. 반면 들뢰즈-가타리는 무국가 상태에서 국가로의 이행에는 어떤 합의나 계약도 없었다면서 국가는 특정 사회 바깥에서 느닷없이 들이닥쳐 사람들을 국민으로 귀속시킨다고 말한다. 사회계약론자들의 국가가 인간이 어떻게 사회를 유지할 것인가를 고민한 끝에 요청된 레비아탄Leviathan이라면, 들뢰즈-가타리가 말하는 원국가Urstaat는 그런 고민이나 요청 없이 무법적으로 생겨난다. 하지만 지은이는 이들에게 동의하지 않는다.

먼저 지은이는 초기 국가 형성이 대체로 강압적인 기획에 의한 것이었다면서 "홉스와 로크 같은 사회계약 이론가들에겐 너무나 소중한 국가의 비전은 재검토되어야 할 것이다. 그들은 국가가 민간의 평화, 사회적 질서, 공포로부터의 자유라는 자석을 통해 사람들을 이끈다고 보았기 때문이다"(50, 52쪽)라고 말한다. 그리고, 아마도 지은이는 어떤 조건에도 제약받지 않으며 처음부터 완성된 채 우리를 덮치는 원국가 따위는 존재하지 않는다고 말할 것이다.

표준서사는 인류의 문명 혹은 최초의 국가가 "건조한 환경 조건"(74쪽)에서 탄생했다고 말해왔다. 이 서사는 관개농업을 통해 '사막에 꽃을 피운 것'이 최초의 실질적인 공동체의 토대가 되었다고 암시하면서, '정착=농경=국가=문명'이라는 일련의 '인간 등정ascent of man' 신화를 뒷받침하고 있다. 그러나 광야를 헤맨 끝에 젖과 꿀이 흐르는 가나안을 찾아냈다는 유대-기독교 설화의 인류학적 판본으로 보이는 저 서사는 거의 모든 면에서 잘못된 것으로 판명되었다. 유프라테스강과 티그리스강 사이에 위치한 (그리스어로 '강들의 사이'를 뜻하는) 메소포타미아 문명, 중국의 황허 문명, 인도의 인더스 문명은 물론이고 멕시코시티 인근의 테오티우아칸이나 페루의 티티카카호와 같이 고도가 높은 고대의 정착지들도 모두 광대한 습지에 자리잡았다. "초기 대규모의 일정한 정착지들은 아주 건조한 환경에서가 아니라 습지에서 우후죽순 생겨났다. 이들 정착지의 주민은 생계를 위해 곡물이 아니라 압도적일 만큼 습지 자원에 의존했다. 그들은 일반적으로 이해되는 의미에서의 관개가 전혀 필요하지 않았다. 이러한 조건에서 인간에 의한 경관 조성이 필요했다면, 그건 관개가 아니라 배수였을 가능성이 훨씬 크다"(76쪽).

대규모 정착지였다가 뒤에 작은 국가statelet가 되는 우르Ur·우루크

Uruk·에리두Eridu는 모두 남부 메소포타미아에 위치해 있는데, 이 지역은 오늘날처럼 내륙 깊숙이 있는 것도 아니었고 지금처럼 건조한 곳도 아니었다. 인류 최초의 대규모 정착지였을 때 저 지역은 바닷물이 들어오는 해침海浸 지역이었으며, 우르의 경우 오늘날의 베네치아처럼 발밑까지 바닷물이 찰랑였다. 이 대규모 정착지에는 충적토에서 자라는 풍부한 식물과 바다에서 건져 올린 해양자원이 있었을 뿐 아니라, 해마다 범람하는 티그리스강과 유프라테스강이 정착민의 농사를 국가라는 매개 없이 물과 만나게 해주었다. 이런 이유들로 이 지역에는 '곡물-인력'의 결합체인 초기 농경국가가 들어설 틈이 없었다. 그런데 기원전 3,300년에서 3,000년 사이에, 훗날 메소포타미아 충적토 지대 전역에서 20개 정도의 경쟁적 도시국가들이 그대로 따라하게 될 국가 형태의 선구자인 우루크가 생겨났다. 독립적인 생활을 하던 우루크의 정착민들이 국가의 국민으로 집결하게 된 이유가 궁금하다.

지은이가 내세운 가설은 기후변화다. 기원전 3,500년에서 기원전 2,500년에 이르는 시기에 해수면이 빠르게 내려가면서 유프라테스강의 유량이 줄어들었다. 기후가 더욱더 건조해지면서, 강물은 본류로만 흐르고 물이 물러간 지역의 토양은 염류화해서 불모지가 되었다. 그럴수록 사람들은 남아 있는 물길로만 모여들게 되었고, 이 과정에서 인구가 현저하게 집중되었다. 그 결과 더 도시적이 되었고, "관개사업이 더 중요해졌거니와 더 노동집약적으로 변했다. 이제는 물을 끌어올리는 일까지 필요했고, 도시국가들은 (움마와 라가시의 사례처럼) 경작 가능한 땅과 관개 가능한 물에 대한 접근성을 확보하기 위해 서로 싸웠다. 시간이 흐르면서 더욱 그물처럼 촘촘해진 수로 체계가 부역과 노예노동을 통해 건설되었다"(168쪽).

관개용수가 부족해지자 인구는 점점 더 물을 잘 댈 수 있는 지역으로만 모여들었고 그곳에서 벗어날 수 없게 되었으며, 수렵·채집 같은 대안적 생계 방식들은 사라지거나 줄어들었다. "건조함이야말로 국가 형성의 시녀였음이 판명되었다. 말하자면, 건조함은 집결된 인구와 집중된 곡물을 배아 상태의 국가 공간으로 몰아주었던 것이다. 그렇지 않았다면, 그 시대에 국가 공간은 절대 다른 방식으로 형성될 수 없었을 것이다"(169쪽). 여기에 무슨 원국가가 있는가? 현재의 기후변화가 현대 국가와 국제 사회를 어떻게 변형시킬지는 21세기의 관심사다.

국가라는 레비아탄이 발명되자마자 곧바로 국가가 지구의 모든 공간과 민족을 집어삼킨 것 같지만, 그것은 "국가가 고고학과 역사학의 기록을 지배"하면서 "국가와 국가가 통치하는 공간의 영구성을 인간 조건의 불가피한 상수常數"(이상 36쪽)로 만들려는 "국가의 자기재현"(40쪽) 노력에 지나지 않는다. 국가가 헤게모니를 잡은 것은 기원후 1,600년경부터이며, 400년 전까지도 지구의 3분의 1은 여전히 수렵·채집을 하는 사람들, 이동 경작을 하는 사람들, 목축을 하는 사람들, 독립적으로 채소를 기르는 사람들이 차지하고 있었다.

인류의 역사는 "비非국가적 역사"(39쪽)라고 주장하는 지은이는, 인간이 농경과 정착을 통해 국가를 만들게 된 것이 곧 문명이라고 주장하는 표준서사를 다음과 같이 공박한다. "모든 농경제에서 계층관계의 핵심 쟁점은 어느 계층이 불가피한 흉년의 충격을 흡수하느냐다 ─ 달리 말하자면, 어느 계층이 다른 어느 계층을 희생시켜 자신들의 경제적 안정을 보장하느냐 하는 것이었다"(263쪽). '농경제'를 '자본제'로, '흉년'을 '공황'으로 바꾸어 읽더라도 지은이는 고개를 끄덕여줄 것이다.

삶의 자세로서 '리터러시'

김건우
대전대 교수

유튜브는 책을 집어삼킬 것인가
삶을 위한 말귀, 문해력, 리터러시
김성우, 엄기호 지음
따비 | 2020

한마디로 이 책은 "변화하는 시대의 리터러시"(19쪽)를 주제로 한다. 일단 리터러시literacy란 무엇인가. 책을 읽어나가기 전에 일반적인 개념에 기대어 '리터러시'란 용어부터 이해하자. 영단어 리터러시는 대체로 '문해력'으로 번역된다. 문해력은 글을 읽고 쓸 줄 아는 능력을 뜻한다. 물론 이런 정의는 상당히 모호하고 폭넓은 의미를 담고 있다. 한글을 읽고 어지간히 맞춤법에 맞게 쓰는 것에서부터, 매우 고급스러운 문장을 이해하고 구사하는 능력, 어휘를 넓게 사용할 수 있는 능력이 문해력이다.

책의 저자들이 생각하는 리터러시는 어떤 것일까. 저자들은 "시대에 따라 리터러시의 개념이 상당히 다르다"는 점을 강조한다. 리터러시란 "불변하는 개념으로 존재하는 것이 아니라 맥락에 따라 적절한 의미가 구성돼온 것"(이상 26쪽)이라고 한다. 이런 서술을 보면, 저자들은 특정 시대 혹은 사회가 요청하는 각각의 리터러시가 있다고 전제하는 듯하다. 예컨대, 한문을 읽고 해석하고 쓸 수 있는 능력인 한문 리터러시가 동아시아 중세사회에서 요청되는 능력이었다면, 오늘날 현대 한국사회에서는 한글 문장에 대한 리터러시가 중심에 놓인다는 식이다. 그렇다면 저자들은 왜 이 시점에서 리터러시를 문제삼는 것일까?

나는 처음 책의 제목을 보고, 오늘날 정보가 생산되고 유통되는 미디어가 문자에서 영상 쪽으로 옮겨가고, 특히 최근 열풍을 일으키고 있는 유튜브라는 새로운 플랫폼이 출현한 현상과 관련해 리터러시의 변화를 이야기하리라 예상했다. 그런데 책의 목차를 보면, 전체 5장으로 구성된 내용 중 문자 미디어에서 영상 미디어로의 변화와 관련해 리터리시를 이야기하는 부분은 3장뿐이다. 놀라운 것은, 그나마도 목차 전체를 통틀어 어디에도 '유튜브'라는 단어는 단 한 번도 등장하지 않는다는 점이다. 3장의 내용을 읽어보더라도 대체로 리터러시 교육의 방향과 관련해 이야기한다. 그렇다면 책의 제목 자체는 출판사 측에서 책의 홍보를 고려해 뽑은 것이라고 생각할 수밖에 없다.

정작 눈여겨볼 것은 책의 부제이다. '삶을 위한 말귀, 문해력, 리터러시.' 책을 찬찬히 읽다보면 이 부제야말로 책의 내용을 지시한다는 것을 알아차리게 된다. 글을 이해하는 것만이 아니라 '말귀'를 알아듣는 것, 다시 말해 다른 사람을 이해하는 능력을 리터러시에 포함시키는 것이다. 여기에 동의하든 안 하든, 책의 저자들은 타인과의 관계, 사회와의 관계 등 삶을 살아가면서 만나는 '관계'에 주목한다. "일종의 다리를 놓는 것이 리터러시입니다. 저는 이것이 민주주의 체제에 맞는 메타포라고 생각합니다"(65쪽). 그렇다면 리터러시란 상대를 '읽는' 능력이고, 상대의 의도와 감정을 이해하고 공감하는 능력이다.

물론, 이것만이 리터러시의 모두는 아니다. 저자들은 리터러시의 본 의미, 즉 '글을 읽는 행위'로 다시 돌아와서, 글을 읽는다는 것이 인간을 어떻게 깊이 있게 만드는지를 새삼 강조한다. "읽기는 고독한 작업이죠. 읽는다는 것은 공동체에서 떨어져나와 여행을 떠나는 거거든요. 개인이 된다는 것에서 고독은 매우 중요한 문제예요. 거기서 내면이 탄생합니다. 내면이 형성되는 계기는 대부분 읽는 행위에서 비롯되죠"(90~91쪽).

종합해보면, 글을 읽고 생각한다는 고독한 행위를 통해 자신의 내면을 형성하고, 이렇게 형성된 눈으로 세상을 바라보고 관계를 맺어가는 것. 이것이 리터러시인 셈이다. "개별 단어나 문장을 넘어 맥락을 읽고, 사람의 말귀를 알아듣고, 그들과 소통할 수 있는 다리를 놓는 그런 역량"(192쪽)이 책이 말하는 리터러시의 의미이다.

이 책이 리터러시의 의미를 제안하는 방식은, 기본적으로 리터러시를 개인에 국한된 문제가 아닌 사회 전체의 역량으로 이해하는 것을 전제한다. 사람과 사람 사이의 관계를 형성하는 능력이 리터러시에서 중요하기 때문이다. 따라서 문제는 자연스럽게 교육과 사회 환경의 문제로 넘어간다. 리터러시 교육은 어떤 방향으로, 어떤 방법으로 이루어지는 것이 바람직한가의 문제가 하나의 초점이 된다.

저자들은 말한다. "교육의 방법론도 중요하지만, 읽고 쓰는 행위 자체가 삶에서 기쁨을 줄 수 있는 행위인가가 중요해요. (…) 리터러시가 기쁨으로 다가갈 수 있느냐, 그런 환경을 만들어줄 수 있느냐 하는 문제죠"(252~253쪽). 읽는 것이 기쁨을 줄 수 있어야 하고, 쓰는 것이 기쁨을 줄 수 있어야 한다는 것인데, 이 대목에서 즐거움이 아니라 '기쁨'

이란 표현을 쓴 것은 곱씹어볼 만하다. '책을 읽으니까 재미있더라'든 가, '글을 쓰는 게 즐겁더라'든가와 조금 다른 이야기이다. 이 기쁨이란 어떤 '내적 충만감' 같은 것이기 때문이다. 누가 시켜서가 아니라 나의 마음 깊은 곳에서부터 차오르는 어떤 의미, 내 존재의 의미, 내가 짐승 이 아니라 인간이라는 무엇. 이런 느낌을 글 한 줄을 읽거나 또 문장 하 나를 쓰면서 얻는다면, 그때 사람은 자신이 존엄한 존재라는 것을 알 게 될 것이다. 자라나는 학생이라면 자존감의 바탕을 이룰 수 있을 것 이다.

만약 기성세대가 우리 사회의 리터러시 교육을 고민한다면, 결국 이 문제는 그런 감정을 느낄 수 있는 환경을 어떻게 만들어줄 것인가로 귀착된다. 기쁨을 느끼는 것은 개인이지만, 그 환경을 만들어주는 것은 사회의 몫, 즉 공공성의 영역이다. 저자들의 말과 같이 "리터러시는 개 인적 역량이지만 그 역량을 키우는 것은 사회적 역량"(139쪽)이다.

리터러시 역량을 키우는 것이 사회의 몫이라면, 저자들은 이에 대 해 어떤 방안을 제시하는가. "리터러시를 공공성으로 볼 때 대표적으 로 우리가 생각할 수 있는 게 도서관입니다"(202쪽). 그런데 도서관이 차를 타고 몇십 분씩 걸리는 거리에 있다면 실제로는 소용이 적을 것 이다. 또 그렇게 도서관에 간다고 한들, 내가 궁금해하고 내게 필요한 책이 무엇인지 알 수 없다면, 역시 의미가 없을 것이다. 요컨대 "걸어 갈 수 있는 가까운 거리에 동네 도서관이 있는가, 도서관에 가면 내가 읽을 만한 책을 추천해줄 사서가 있는가"(134쪽)가 중요하다. 이것은 예산의 문제이고, 세금의 용처 문제이며, 따라서 정책 담당자의 인식 문제가 된다.

사실 이 책에서는, 이런 정도 이상의 리터러시 교육 방법론이나 교 육 환경에 대해 제시하고 있지는 못하다. 그럼에도 일독할 가치가 있다. 배우는 학생이나 젊은 청년에게 이 책을 읽어보라고 권할 이유는 없어 보인다. 이 책을 읽어볼 필요가 있는 사람은 가르치는 자리에 있는 이, 혹은 작은 규모나마 정책을 결정하는 자리에 있는 이다.

나는 개인적으로, 이 책의 진정한 효용은 조금 다른 데 있다고 생각한다. 언어학과 사회학을 전공한 두 전문가가 대담하는 형식으로 쓴 이 책은, 자신의 전문성을 뽐내는 모양새가 아니다. 자신이 공부한 자리에서 진정으로 사회에 기여할 수 있는, 우리 삶을 더 가치 있게 만들 수 있는 방안이 무엇인가를 깊이 고민한 사람들의 말들로 이루어져 있다. 두 저자는 매우 사려 깊게, 조심스러우면서도 열린 태도로 이야기를 풀어간다. 두 사람의 마음가짐이 내가 있는 자리를 돌아보게 한다. 모든 좋은 책은 그런 효용이 있다.

저자들

강마야 충남연구원 경제산업연구실 연구위원으로 재직 중이다. 농업경제학 전공이고 현재 충남에서 농업정책 및 농가경제와 관련한 다양한 분야의 연구를 진행하고 있다. 주로 농정 분야 제도 개선 중심으로 연구를 하다 보니 자연스럽게 들여다봐야 할 주제 범위가 넓어졌다. 공익형 직불제부터 농정추진체계, 농정예산구조, 축산 관련한 환경질 개선, 농지소유와 이용실태까지 연구 중이다.

강홍구 디지털 사진을 매체로 한 작업을 주로 하고 있다. 재개발로 사라지는 마을들과 장소성, 일상적 삶의 공간에서 나타나는 자본과 권력의 지배 방식과 그에 관한 사람들의 무의식적 반응에 관심을 갖고 《미키네 집》, 《오쇠리 풍경》 등 다수의 개인전을 열었고 많은 기획전에 초대되었다. 『미술관 밖에서 만나는 미술』 1·2권, 『디카를 들고 어슬렁』, 『시시한 것들의 아름다움』, 『아뜰리에 탐험』 등의 저서가 있다.

구자인 마을만들기 방법론으로 지역문제를 해결할 수 있다는 생각에 생태학·환경정책·도시계획 등을 공부하고 서울의 실천 현장도 돌아다녔다. '농촌이 살아야 도시 문제도 해결된다'는 깨달음으로 일본 유학을 거쳐 2004년 12월부터 전북 진안군청 계약직 공무원으로 만 8년간 근무했다. 민관협치의 정책 시스템에서 중간지원조직의 중요성을 강조하며 진안군마을만들기지원센터를 설립하고 2년간 센터장을 맡았다. 2015년 3월부터 충남으로 넘어와 광역 단위 활동을 하고 있다.

김건우 1968년 대구에서 태어났다. 서울대 국어국문학과를 졸업하고 같은 대학원에서 박사학위를 받았다. 현재 대전대학교 문학역사학부 국어국문창작학과 교수로 재직하고 있다. 한국문학을 한국학이라는 더 넓은 지평에서 바라보면서, 해방 후 지성사와 문학사를 연구하고 있다. 지은 책으로 『사상계와 1950년대 문학』, 『혁명과 웃음』(공저), 『대한민국의 설계자들』 등이 있다.

김상철 대학에서 정치학을 전공하고 2004년부터 진보정당의 당직자로 활동했다. 한국사회의 급진적인 변화에 필요한 정책의제를 만드는 데 관심을 가지고 그에 필요한 구체적인 개입을 하고 있다. 『모두를 위한 마을은 없다』(공저), 『무상교통』, 『공동경험』, 『안티 젠트리피케이션』(공저), 『참여예산』(공저) 등의 책을 냈다. 지금은 오랜 당직자를 벗어나 나라살림연구소, 공공교통네트워크, 정보공개센터, 예술인소셜유니온, 경의선공유지시민행동 등에서 활동 중이다.

김정섭 한국농촌경제연구원 연구위원, 마을학회 일소공도 운영위원. 농촌의 지속가능성을 화두삼아 연구하고 있다. 적게 먹고, 삼천 권의 책을 읽고, 산책하고, 가끔 벗이 찾아오면 시절時節을 평評하며 지내고 싶다. 몰라도 아는 체해야 하는 전문 지식 행상을 강요하는 체계와 불화不和하고 싶다. 그러나 뜻대로 되지 않는다는 걸 배우며 산다.

박기윤 화천현장귀농학교 교장. 2004년 첫눈을 맞으며 서울에서 무지 추운 강원도 화천으로 귀농해서 여자 셋과 함께 살고 있는 남자. 우리나라에서 교육 기간이 가장 길고 빡세기로 유명한 귀농학교를 운영하며 농업과 농촌의 가치를 이야기하고 있다. 낯가림이 심하지만 사람 만나 노는 것도 좋아한다.

박영선 마을학회 일소공도 대표 및 편집위원장. 사진아카이브연구소와 고등과학원 연구원을 지냈다. 근현대 문명의 세부를 결정하는 시각매체인 사진과 시스템의 관계, 이를 매개로 펼쳐지는 문화 현상에 관심을 가지고 작업한다.

안병은 정신건강의학과 전문의. 수원시자살예방센터장, 행복한우리동네의원장, 협동조합 행복농장 이사장. 공저로 『별이 빛나는 건 흔들리기 때문이야』, 역서로는 『우리 아이의 정신질환 이해하기』, 『녹색 돌봄』, 『사별을 경험한 아동·청소년 상담하기』, 『자살하려는 마음』 등이 있다.

유대칠 어느 지방대 사라진 철학과 출신이다. 자본주의 사회에서 철학은 돈이 되지 않는 무력한 애씀일 뿐이었다. 그렇게 버려진 자리에서 버려진 애씀을 돌아보며 철학의 쓸모를 다시 고민하며 살아간다. 우리에게 제대로 쓸모 있는 철학, 우리에게 뜻으로 다가오는 철학, 바로 그 철학을 만들어내는 철학노동자가 되기 위해 애쓰며 살아가고 있다. 지은 책으로는 『아퀴나스의 신학대전』과 『신성한 모독자』 그리고 『대한민국철학사』가 있으며, 조만간 몇 권이 더 속간될 것이다.

임경수 대학원에서 생태와 유기농업을 공부했다. 호주의 생태마을 방문 시 퍼머컬처permaculture에서 영감을 얻어 지난 20년간 농촌에서 마을만들기, 지역공동체와 관련된 일을 했다. 현재는 완주군 고산면에서 살고 있으며 협동조합 이장의 대표를 맡고 있다. 지은 책으로 『이래서 나는 농사를 선택했다』, 『농, 살림을 디자인하다: 퍼머컬처로 이루는 농업살림, 농장살림, 농촌살림』이 있다.

장정일 1962년 경북 달성 출생. 1984년 무크지 『언어의 세계』에 시를 처음 발표한 이래 여러 장르의 글을 써왔다. 대표작으로 시집 『햄버거에 대한 명상』, 『길안에서의 택시잡기』 등이 있다.

정기황 건축학과에서 근대도시 서울의 변화과정에 대해 공부했고, 주로 일제강점기와 군사정권기 충격으로 인한 도시와 주거의 적응과정을 기록해 건축학 석·박사 학위를 취득했다. 현재는 사단법인 문화도시연구소 소장으로 '북촌: 경복궁과 창덕궁 사이의 터전(서울역사박물관)' 등 장소인문학적 도시연구를 진행하고 있다. (주)엑토종합건축사사무소 소장으로 건축설계를 하고 있다.

정민철 경주에서 태어나 대구에서 공부했다. 풀무학교와의 인연으로 홍동면으로 이주하여, 농사와 농촌 마을 그리고 교육에 대해 배웠다. 2012년 두 청년과 젊은협업농장을 협동조합 방식으로 만들어 농사를 짓고 있다. 아직은 농사를 배우고 싶어하는 청년들과 함께 일한다. 농장이 있는 장곡면 도산리에서 다양한 사람들과 교류하며 농촌 마을의 새로운 가능성을 모색 중이다.
협동조합젊은협업농장 collabofarm@gmail.com, collabo-farm.com

마을 총목차

창간호 | 2017. 12. 17
농촌에서 공부하다

열며
다시 마을의 삶을 상상한다 | 박영선
트임 | 농촌에서 공부하다
대화와 학습, 마을을 만드는 일 | 김정섭
농과 촌, 일과 학습, 마을과 학교 — 충남 홍성군 장곡면 젊은협업농장의 실험 | 정민철
학교를 넘어 마을과 함께 | 양병찬
울림
21세기의 일소공도 정신, 진리에 바탕한 사랑의 실천 | 홍순명, 이번영, 신소희, 장유리
이음 | 마을사람들의 도서관
홍동밝맑도서관이 세워지기까지 | 이번영
안남배바우작은도서관과 주민 자치 | 황민호
비판과 저항으로서의 책읽기 | 안찬수
스밈
천 개의 기억 1 — 문화동어린이집 | 정예화, 장유리, 신소희
억울함과 공동체 | 금창영
홍동인상기 | 김건우
새로운 물결 | 신관호
홍성통, 청년을 공부하다 | 안현경
우리 지역에서 결혼하고 아이 낳으면 다른 데보다 돈 더 줄게 | 김명숙
번짐
일하는 노자 — 도가의 마을 구조 | 함성호
'정통 우익'의 장소적 기원, 혹은 온전히 설명되지 않은 그 용어
— 김건우의 『대한민국의 설계자들』을 읽고 | 장정일
부록 | 마을학회 일소공도 소개

통권 2호 | 2018. 7. 27
마을, 교육, 마을교육공동체

열며
마을, 교육환경에서 교육 주체로 | 김정섭, 박영선
트임 | 마을, 교육, 마을교육공동체
마을이 학교라더니? | 김정섭, 안현경, 정민철
마을교육공동체가 아니라 마을학교공동체다 | 임경수
마을 사람들이 마을을 위하여: 초록누리협동조합이 걸어가는 길 | 박진희
이음 | 마을 사람들의 아이 키우기
주민들이 세운 갓골어린이집 | 이번영, 장유리
사람과 마을을 변화시키는 공동육아 | 국승용
벼림
농촌의 지속가능성, 미래의 농민, 도전해야 할 과제 | 김정섭, 정민철, 황수철
스밈
천 개의 기억2: 현광학원 | 이민형, 신소희
상하중 마을의 옛 이름 | 신관호
진정 진심이 만나서야 말로 | 금창영
친환경 농업과 함께 살기 | 김경숙
꽃피는학교의 젊은협업농장 체험 보고서 | 송영미
숲에서 | 이준표
번짐
장소와 교육 | 장정일
일하는 노자2: 인(仁)의 마을에서 | 함성호
한국의 농민 연구, 미래를 그려보자:
— 얀 다우 판 더르 플루흐의 『농민과 농업』을 읽고 | 송원규
부록 | 마을학회 일소공도
창립선언문
함께 만드는 사람들
활동소식

통권 3호 | 2019. 1. 24
농지, 미래의 농農을 위한 땅

열며
공동의 땅, 공동의 기억과 미래를 위해 | 박영선
트임 | 농지, 미래의 농農을 위한 땅
한국 근현대 농지제도의 변천과 농업의 미래 | 박석두
청년 창업농과 농지지원정책:
청년 창업농은 '어떻게' 농지를 확보하여 이용하고 있는가? | 이향미
지속가능한 농지 공유화와 보전 | 홍순명
정농회의 공유농지운동 | 금창영
이음 | 농업환경 보전정책과 농촌 현실
농업생태환경 프로그램의 도입과 향후 과제 | 이관률
농업환경의 보전과 지역사회의 실천: 네덜란드 지역협동조합의 기원과 특징 | 김정섭
벼림 | 다기능 농업과 새로운 농민
농업농촌농민 연속좌담 | 다기능 농업과 새로운 농민 | 김정섭, 정민철, 황수철
스밈
금평리 김애마을 만주노인과 마을땅 | 최성윤, 이번영, 장유리
농부와 땅과 집 | 최문철
나의 유기인증 취소 체험기 | 조대성
숨은자원모으기 행사의 숨은 의미 | 정영환
스마트팜과 땅을 일구는 삶 | 김세빈
풀무학교와 젊은협업농장 | 정민철
번짐
인간은 책임을 회피하지 말라:
『인류세』와 『다른 세상을 위한 7가지 대안』 | 장정일
풍류와 공부 | 함성호
어의도—기억과 소멸 | 강홍구
지역창작공간의 사회적 의미: 충남 홍성군 이응노의 집 | 윤후영
마을의 삶을 소환하는 마을사진가들 | 박영선
부록 | 마을학회 일소공도 소개와 활동 기록

통권 4호 | 2019.8.30.
농민과 주민은 누구인가

열며
국가와 법의 호명 너머 | 박영선
트임 | 농민과 주민
농업인인가 농민인가 | 김정섭
농민 농업, 자율과 협동 | 얀 다우 판 더르 플루흐
여성농업인의 자리는 어디인가 | 김귀영
청년 농민을 키우는 지역의 실천농장 | 김기흥
누가 마을의 주인인가, 주민은 누구인가:
변화하는 농촌 사회, '마을 주민이 될 자격'을 다시 묻다 | 구자인
포토에세이 | 한국 근현대 마을 공간 변천기 2
사진/2번 국도 마을 풍경 | 이영섭
글/2번 국도 마을 풍경의 조건 | 이경민
스밈 | 농촌으로부터
윤재영씨 | 홍순명
Beyond 소농 | 조대성
협동조합젊은협업농장 실험보고서 2
젊은협업농장과 마을 | 정민철
일하는 노자 4
풍류에서 살기: 비보풍수와 도시재생 | 함성호
벼림 | 농업·농촌·농민 연속좌담 3
지역농업 조직화와 마을만들기 | 구자인, 김정섭, 정민철
서평 | 책 너머 삶을 읽다
촘스키가 없는 미국은 얼마나 끔찍할까 | 장정일
새로운 지역공동체를 위한 마을 속의 집 | 정기황

통권 5호 | 2020.2.20.
마을농업을 제안한다

열며
농업과 농촌의 상호지속은 어떻게 가능한가 | 박영선
트임 | 마을농업을 제안한다
왜 마을농업인가 | 구자인
전근대 농촌 사회의 두레 다시 보기 | 배영동
일본 집락영농의 현황과 시사점 | 유정규
농업환경 보전과 마을농업 | 김정섭
벼림 | 농업·농촌·농민 연속좌담 4
마을과 농업 | 구자인, 김정섭, 정민철
포토 에세이 | 한국 근현대 마을공간 변천기 3
불안, 불-안 | 정주하
스밈 | 농촌으로부터
귀농 20년, 기억나는 말들 | 길종각
소농의 힘은 어디서 오는가 | 금창영
「윤재영 씨」, 그 뒤 | 홍순명
협동조합젊은협업농장 실험보고서 3: 협동조합과 젊은협업농장 | 정민철
일하는 노자 5
이야기가 만드는 인간과 공동체의 가치 | 함성호
서평 | 책 너머 삶을 읽다
꿈이 부담스러운 나이 | 조대성
생태를 보호하는 법과 '생태적 법질서' | 장정일

마을의 삶은
모두가
연결되어 있다는
진실에
공감하면서부터
시작됩니다

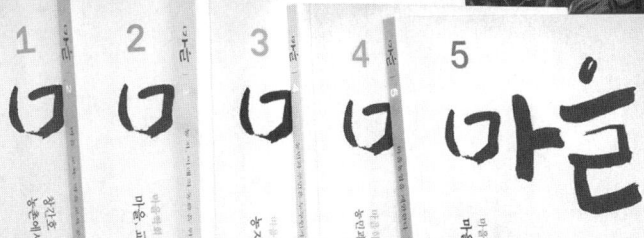

마을학회 일소공도
강학회 講學會

1박2일 12시간 연속 강연!
바쁜 삶을 되돌아보는 휴식과
좋은 삶을 찾는 공부가
깊고 행복하게 농촌에서 만납니다

강학講學은 조선시대 서원에서 스승과 유생이 함께 경서를 강독하고 뜻을 풀이하며 문답하는 학습 방식입니다. 강학 활동 중에서도 강회講會, symposium는 유능한 스승을 모셔 특정 주제나 교재를 중심으로 여러 사람이 모여 며칠밤낮으로 집중적인 논의와 토론을 하는 집단학습을 말합니다. 서원과 마을이 함께 배움의 장을 열고, 스승과 제자가 서로 도와 앎을 이루어가며, 그 공부를 생활세계인 마을의 결속으로 연결하는 강회의 정신은 마을학회 일소공도의 뜻과 맞닿아 있습니다.

제7회 강학회, 〈농촌에 농민만 살았던 적도 없었고 농민이 농사만 지었던 적도 없었다〉

언젠가부터 공부는 대처로 나가서 해야 하고, 농촌은 못 배운 사람들이 힘겹게 일만 하는 곳으로 여겨져 왔습니다. 이런 통념을 뒤집는 발상의 전환이 필요합니다.

농촌이야말로 자연과의 교감 속에서 바쁜 삶을 되돌아보는 휴식의 시간과 공부의 시간이 행복하게 만나는, 생성적 공간일 수 있습니다.

한겨울과 한여름은 농촌에서나 도시에서나 비교적 여유로운 때입니다. 이런 때에 도시와 농촌 사람들이 경계 없이 모여, 한 분야에서 일가를 이룬 사람의 공부와 삶을 깊고 밀도 있게 만나고 대화할 수 있다면 어떨까요?

소비하는 휴가가 아니라 공부와 친교를 통해 삶을 성찰하고 변화하는 휴가를 농촌에서 보내는 것은 어떨까요?

농촌을 공동학습과 성장의 공간으로 재발견하고, 길고 여유로운 호흡 속에서 공부와 휴식의 시간을 누릴 수 있도록, 마을학회 일소공도는

한 분의 강사가 1박2일 12시간 강연하는 강학회를 여름과 겨울 휴가철에 엽니다.

마을학회 일소공도 강학회

제8회 2021년 1~2월 개최 예정

제7회 농촌에 농민만 살았던 적도 없었고 농민이 농사만 지었던 적도 없었다 | 2020.7.25
임경수 | 협동조합 이장 대표

제6회 유라시아 견문부터 개벽파 선언까지 | 2020.2.21~22
이병한 | EARTH+ 대표, 원강대학교 동북아인문사회연구소 교수

제5회 농촌마을정책, 우리 스스로 만드는 정책 설계 | 2019.7.19~20
구자인 | 충남마을만들기지원센터장

제4회 문명사: 우리는 누구인가? | 2019.1.25~26
함성호 | 건축가, 시인, 건축실험집단EON 대표
　　　*소리도움 | 권병준 | 다매체 예술가

제3회 한국농업사: 땅과 농민의 삶 | 2018.7.27~28
박석두 | 한국농업사학회 회장, 전 한국농촌경제연구원 선임연구위원

제2회 현대한국지성사: 『대한민국의 설계자들』을 중심으로 | 2018.1.19~20
김건우 | 대전대 국어국문창작학과 교수

제1회 농민의 자율성, 체계의 변화 | 2017.7.28~29
김정섭 | 한국농촌경제연구원 연구위원

평민마을학교

평생 배우고 일하며 협력하는 마을, 돈과 경쟁이 아닌 흙과 협동의 가치에 한걸음씩 다가가는 마을, 자신들이 살아가는 땅에 발을 붙이고 아래로부터 그러한 삶을 이뤄가려는 사람들이 모였습니다.

평민마을학교는 시대의 소리에 응답하는 이촌위교以村爲校(마을이 학교가 된다)의 정신을 이어서 온 마을로 교육의 마당을 열어갑니다.

교육의 본질은 개인의 성장을 돕는 '조육助育'이면서, 다양한 개인으로 이루어진 이웃공동체의 관계와 테두리를 깊고 건강하게 넓혀가는 '공육共育'입니다.

평민마을학교에서는 일상의 일과 생활에 필요한 앎을 이루기 위해 종교·농업·사상·역사·생태·복지·문화·마을 등을 함께 공부합니다.

마을은 생활의 공간이면서 학교 교정이고, 마을의 농장은 노동의 공간이면서 학습장이며, 마을 사람은 학생이면서 교사이고, 마을 건물은 활동의 장이면서 교실입니다.

함께하는 단체 마을을 기반으로 노동과 학습을 일상 속에서 함께 하는 평민마을학교

사단법인 홍동밝맑도서관	협동조합젊은협업농장
학교법인 풀무학원	협동조합행복농장
마을학회 일소공도	(가)풀무농장
오누이친환경마을협동조합	월천농장
청년농부영농조합법인	교육농연구소

공부 주제

책읽다 모임
혼자 읽기 어려운 책을 함께 읽습니다. 알랭 바디우의 『사도 바울』과 니체의 『차라투스트라는 이렇게 말했다』를 읽고 있습니다.

마을의 이해
마을의 공간·시간·조직·경제에 대한 개관과 풀무학교와 마을 단체의 역사와 현황을 논문과 보고서를 읽으며 공부합니다.

《생명수》 읽기 모임
일본의 무교회 잡지 《いのちの水생명수》를 함께 읽는 모임입니다. 누구든지 일본어를 공부하고, 글을 읽고 나누고 싶은 사람들이 모입니다.

농-다; 농촌에서 공부하다
마을학회 일소공도에서 발간하는 반연간지 『마을』을 함께 읽고 생각을 나눕니다. 격주로 풀무학교 학생도 참가하고 필자의 강의도 듣습니다.

농업과 곤충
매주 농장의 곤충 현황을 조사하고 기록합니다. 해충과 천적을 포함하여 농업과 관련된 곤충을 관찰하고, 공부합니다.

바이시끌
한 달에 한 번 자전거로 홍성 주변 지역을 다녀옵니다. 다양한 마을과 풍경, 사람들을 만나면서 지역의 문화와 공간을 입체적으로 이해합니다.

성서 읽기 모임
기독교 경전의 핵심은 복음서입니다. 성서의 네 복음서를 매주 한 장씩 읽으며 공부합니다. 세계의 종교는 다양합니다. 어느 쪽을 택하더라도 다른 쪽을 존중하는 것이 지구 시대 공생의 길입니다.

함께 모여
공부하는 마을

충남연구원 충남마을만들기지원센터에서는 농촌 마을 지도자들이 읽을 만한 학습용 잡지로 1년에 네 번 『마을독본』을 발간하고 있습니다. 『마을독본』은 단순히 활동 소식을 전하는 뉴스레터나 신문이 아니라, 들고 다니며 읽을 수 있고 책꽂이에도 보관할 수 있는 실용적인 잡지 형식을 취하고 있습니다. 잡지 명칭은 윤봉길 의사(1908~1932)의 『농민독본』에서 따왔습니다. 이 잡지가 농촌 마을을 지키고 이끌어가야 할 마을 지도자들이 마을만들기를 학습하는 데 밝은 길잡이가 되었으면 좋겠습니다.

지난 『마을독본』 특집 주제

창간준비 1호 **마을의 주민조직**

창간준비 2호 **마을의 공동재산 관리**

제1호 창간호 **마을자치규약**

제2호 **마을 회의와 기록관리**

제3호 **마을공동체 농업: 초고령화 시대의 농업**

제4호 **마을공동체 복지: 요람에서 무덤까지, 농촌복지의 길**

제5호 **마을교육공동체: 학교와 마을은 어떻게 만날까?**

제6호 **마을의 후계자: 누가 마을을 이어갈 것인가?**

제7호 **읍면과 행정리: 주민자치회 전환과 직접민주주의**

제8호 **농촌마을교통: 우리에게도 이동할 권리가 있다**

제9호 **마을회관: 농촌공동체 복지의 중심공간**

제10호 **마을 경관: 자연과 더불어 살아가는 주민들의 약속**

발행처 | 충청남도·충남연구원·충남마을만들기지원센터
10,000원 | 구입문의 시골문화사 010-3191-0477

마을 6	2020년 가을 ǀ 통권 6호
펴낸날	2020년 9월 18일

마을학회 일소공도
편집위원장	박영선
편집위원	구자인 금창영 김건우 김명숙 김정섭
	배지현 양병찬 이번영 정민철
사무국	장유리 오선재

편집	박영선
교열교정	조희주 장현숙
디자인	김나영
제호 손글씨	고은이
사진	이준표

펴낸곳	시골문화사
등록일	1981년 11월 2일
등록번호	제460-4600000251001981000001호
펴낸이	정민철

주소	충남 홍성군 홍동면 홍장남로 668
전화	010-3191-0477
이메일	maeulogy@gmail.com
	sigolmoonhwa@gmail.com
홈페이지	https://cafe.naver.com/oolocalsociety

인쇄제본	경북프린팅
오프라인 유통	시골문화사
온라인서점 영업대행 및 반품	한국출판협동조합 02-716-5616~9

정가	15,000원 파본은 교환해드립니다.

이 책에 실린 글과 도판은 무단 전재하거나 복제해서 사용할 수 없습니다.

ISBN 979-11-967790-3-0

이 도서의 국립중앙도서관 출판예정도서목록(CIP)은 서지정보유통지원시스템 홈페이지(http://seoji.nl.go.kr)와
국가자료종합목록 구축시스템(http://kolis-net.nl.go.kr)에서 이용하실 수 있습니다. (CIP제어번호 : CIP2019032744)